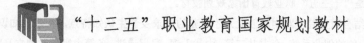

"十三五"职业教育国家规划教材

创业基础与实训

陈 申 编

机械工业出版社

本书是"十三五"职业教育国家规划教材。

本书结合职业院校对创新创业人才培养的要求及学生认知特点，构建了知识、技能和素养三位一体的创业系统。全书共三篇，由浅入深，层层递进，各篇内容相对独立又紧密结合。

基础篇讲述创业的基本实践技能和方法，包括组建创业团队、整合创业资源等。实训篇提供虚拟职业体验，增强跨学科体验，全面提升学生创业素质和管理能力。综合篇结合具体案例，讲述如何创立企业和经营企业，提高创办和管理企业的综合素质和能力。

本书配套提供教学建议，并配有创业学堂、创业实训平台、创业体验平台，可访问网站 www.pficy.com 进行体验，也可在手机应用商店下载"平凡 i 创业"APP，或扫描教材封面二维码。

图书在版编目（CIP）数据

创业基础与实训/陈申编．—北京：机械工业出版社，2019.7（2021.2重印）

ISBN 978-7-111-62511-7

Ⅰ．①创… Ⅱ．①陈… Ⅲ．①创业—高等职业教育—教材 Ⅳ．①G717.38

中国版本图书馆CIP数据核字（2019）第069000号

机械工业出版社（北京市百万庄大街22号 邮政编码100037）

策划编辑：高 倩 赵志鹏　　责任编辑：赵志鹏

责任校对：梁 静　　封面设计：马精明

责任印制：常天培

北京盛通商印快线网络科技有限公司印刷

2021年2月第1版第3次印刷

184mm×260mm・14.75印张・351千字

标准书号：ISBN 978-7-111-62511-7

定价：38.00元

电话服务　　　　　　　　网络服务

客服电话：010-88361066　　机 工 官 网：www.cmpbook.com

　　　　　010-88379833　　机 工 官 博：weibo.com/cmp1952

　　　　　010-68326294　　金 书 网：www.golden-book.com

封底无防伪标均为盗版　　机工教育服务网：www.cmpedu.com

在"大众创业、万众创新"的时代号召下,学校通过创业教育的开展、课程实践的革新来推进创新文化,为创新型国家建设提供人才支撑。不断涌现的信息技术改变了课程的教学方式,还为师生关系增添了变化。在创新创业课程开展过程中,编者基于信息化手段,以更好地服务于"教师的教""学生的学"为宗旨,编写了本书。

主要内容

本书针对职业院校各年级在校生,无须预备知识,既可以作为全校创业课程的入门级教材,也可以作为创业实践的指导教材。本书包括创业基础篇、实训篇和综合篇,各篇内容简介如下。

1. 基础篇。围绕创业的各个要素"创业团队、创业机会、商业模式、创业计划、创业资源"讲述创业的基本实践技能和方法,开发创新思维,熟悉创业规律及流程,点燃创业激情。

2. 实训篇。学生通过体验虚拟智能制造工厂各岗位(生产、销售、仓储、采购、财务)任务感知企业环境,增强跨学科体验,实现"创中学,学中创"。全面提升学生创业素质和能力。

3. 综合篇。以虚拟智能制造企业为例,生动且详细地讲述如何创立企业和经营企业。能使学生用创新思维解决未来创业过程中遇到的问题,提高创办和管理企业的综合素质和能力。

本书特色

1. 本书涵盖创业的理论知识、实训指导和综合应用,由浅入深,层层递进,各篇内容相对独立又紧密结合。在更为广阔的视角下让学生体验创业,了解创业,不惧创业,开发创新思维,为今后的职业生涯打下基础。

2. 在信息化时代,教师的角色从知识的灌输者逐渐转变为学习的指导者和促进者。本书提供了大量的教学案例、动画、试题、教学设计参考示例及虚拟仿真实训平台,方便教师开展课程设计和探索新的课堂教学模式。

3. 本书提供了虚拟体验式学习场所,基于智能制造背景下,让学生沉浸在创办企业及经营企业的环境中。

本书在编写过程中,深入各中高职院校,调研创新创业课程开展情况,整合院校、教师和学生多方需求,力图编写出切合教师需求、符合学生认知、理论实践紧密结合的实用教材。

在编写本书过程中,参阅和借鉴了大量的相关书籍,谨向这些书籍的作者表示最诚挚的谢意。特别感谢参与调研的院校领导、教师和学生的支持。希望本书能为创业课程的推进及开展略尽微薄之力,愿学生能学有所获。最后,由于编者的水平和经验有限,书中不妥之处在所难免,诚望广大教师和读者提出宝贵批评和建议。

编 者

前言

基 础 篇

项目1　认识与选择创业 // 002
 1.1　认识创业活动 // 002
 1.2　做出创业选择 // 008
 1.3　形成创业团队 // 012

项目2　发掘创意与认知机会 // 021
 2.1　创意挖掘 // 021
 2.2　创业机会识别 // 025
 2.3　创业风险评估 // 031
 2.4　创业机会的发现与建构 // 036

项目3　开发商业模式 // 040
 3.1　商业模式内涵 // 041
 3.2　商业模式设计 // 043
 3.3　商业模式评估 // 048
 3.4　商业模式应用 // 051

项目4　设计创业计划 // 056
 4.1　创业计划准备 // 056
 4.2　创业计划撰写 // 061
 4.3　创业计划展示 // 068

项目5　整合创业资源 // 073
 5.1　创业资源获取 // 073
 5.2　创业资源管理 // 076
 5.3　开展创业融资 // 080

项目6　创建创业企业 // 088
 6.1　创业企业属性 // 088
 6.2　创业企业法务 // 094
 6.3　创业企业运营 // 101

实训篇

项目7 公司成立 // 110
7.1 商业计划书 // 110
7.2 创业融资 // 113
7.3 企业选址 // 117
7.4 材料准备 // 120
7.5 公司注册 // 124
7.6 人力资源招聘 // 127
7.7 员工辞退 // 130

项目8 采购管理 // 134
8.1 明确采购需求 // 134
8.2 供应商调查与选定 // 136
8.3 采购谈判 // 139
8.4 采购合同签订 // 141

项目9 销售管理 // 145
9.1 目标市场选择 // 145
9.2 建立客户关系 // 148
9.3 客户忠诚管理 // 151
9.4 投标 // 154
9.5 签订合同 // 157

项目10 库存管理 // 160
10.1 入库作业 // 160
10.2 出库作业 // 163
10.3 调拨业务 // 166
10.4 盘点作业 // 169
10.5 仓库安全管理 // 173

项目11 生产管理 // 176
    11.1 物料需求计划（MRP）// 176
    11.2 普通生产任务 // 179
    11.3 返工生产任务 // 182
    11.4 生产过程质量检验 // 185
    11.5 安全文明生产 // 188
    11.6 设备管理 // 191

项目12 财务管理 // 195
    12.1 财务报表概述 // 195
    12.2 资产负债表 // 198
    12.3 利润表 // 202
    12.4 现金流量表 // 205
    12.5 企业纳税 // 208

综 合 篇

项目13 创业企业经营 // 212

参考文献 // 227

基 础 篇

- 项目1 认识与选择创业
- 项目2 发掘创意与认知机会
- 项目3 开发商业模式
- 项目4 设计创业计划
- 项目5 整合创业资源
- 项目6 创建创业企业

项目 1

认识与选择创业

项目概要

通过对本项目的学习,学生可以了解创业的本质与特征、要素与类型,创业者的特征,创业团队的界定,理解创业的过程与阶段,创业决定的做出,明确创业团队的组建与管理。

重点难点

重点:创业的本质与特征、要素与类型、过程与阶段

难点:创业者和创业团队

案例引入:创业动机

西少爷:"逃离"大企业

谈到西少爷肉夹馍创业动机,"西少爷"创业团队成员之一袁泽陆曾说过:"在大企业里,我们只能是颗螺丝钉。出来创业,别管成功、失败,我们都能自己做主。"1990年出生的袁泽陆,毕业后进入百度担任大数据部门的一名产品经理,却在不到1年后辞职加入"西少爷"团队。这也是这支年轻团队的共同点:"逃离"大企业,多数是学习计算机和理科专业的,在此之前基本都在"BAT"(百度、阿里巴巴、腾讯)工作,却纷纷在不到2年时间里辞职。

饿了么:一起"饿"出来的创业

饿了么的创业动机与创始人张旭豪的一段经历密切相关。一天晚上他和室友一边打游戏一边聊天,突然感到饿了,打电话到餐馆叫外卖,或者打不通电话,或者餐馆不送餐。于是,他和同学们一起将学校附近的餐馆信息搜罗齐备,在校园内做起了送外卖的生意。

好利来:买不到适宜的生日蛋糕

好利来的创业动机源于罗红母亲的一个生日。为了给母亲选购一个样式新颖、口味鲜美的生日蛋糕,罗红几乎跑遍了全城,也没有选购到一个合适的生日蛋糕。就是怀着这样一种遗憾,罗红下定决心:创立自己的蛋糕店。

1.1 认识创业活动

核心问题

什么是创业?

学习目标

1. 了解创业的本质与特征、要素与类型。
2. 理解创业的过程与阶段。

1.1.1 静态角度认识创业

路障：创业是什么？
路标：创业的本质＋特征＋要素＋类型。

1．创业的本质和特征

（1）创业本质

创业是创业者在创业精神驱动下所开展的综合性和复杂性管理活动，是在不确定环境中突破资源束缚和寻求有效机会的价值创造过程。

1）Who——创业主体要素　创业是创业者受创业精神驱动的结果，即决定成为创业者和形成创业团队，创业活动较多地依赖于创业者及其团队的能力与素质，创业者及其团队是创业活动的主导者。

2）What——创业活动内容　创业既是复杂管理活动又是价值创造过程，创业活动在高度资源约束下，在不确定性环境中展开，资源整合和机会开发是创业活动的本质特征。

3）How——创业实现方式　对于复杂管理活动而言，有效实现方式是遵循创业活动逻辑，即对未来活动关注于创造而非预测，对行动的采取强调利用现有手段而非确定未来手段，对路径选择体现偶然性而非既定承诺，对风险的态度瞄准可承受损失而非预期回报，对其他公司态度视为伙伴而非竞争。对于价值创造过程而言，有效实现方式是突破当前资源束缚，识别与捕捉创业机会，开发和利用创业条件，以实现价值创造的目标。

（2）创业特征

1）结果属性＝价值创造＋创新变革＋风险承担　价值创造是创业活动的根本目的和直接动力，而实现价值创造需要依托创新的驱动和风险的承担。创新为创业带来全方位的内在推动，创业本身就是一个创新变革过程。创业处于不确定性环境中，风险是创业所具有的天然属性。

2）行为属性＝资源整合＋关注机会＋自主超前　创业行为是整合资源和寻求机会的统一。面对约束而整合利用资源，面对机遇而寻求开发机会，是有效创业必不可少的活动，而这些活动又展现了自主行为和超前行动的性质。

2．创业的要素和类型

（1）创业的要素

有关创业要素的界定，不同学者的关注视角和得出的观点结论不尽相同。

1）蒂蒙斯（Timmons J.A）创业过程模型　创业机会、创业资源和创业团队是创业活动的关键要素。创业活动始于创业机会的识别，创业过程贯穿创业资源的整合过程，而机会与资源的适配需要创业团队的分工与协作。因此，创业机会是核心线索，创业资源是必要支持，创业团队是主体力量。此时，创业是一个不断寻求要素之间平衡和匹配的动态过程。蒂蒙斯创业过程模型如图 1-1 所示。

2）威克姆（Philip A. Wickham）创业模型　创业者、机会、资源和组织是创业活动的重要因素。创业者处于中心位置，是确认机会、管理资源和领导组织的核心主体，需要有效协调机会开发、资源利用和组织形成之间的关系。因此，创业者是核心因素，引导创业组织通过开放性学习向成功发展。此时，创业是一个不断收获成功和体会失败的学习过程。威克姆创业模型如图 1-2 所示。

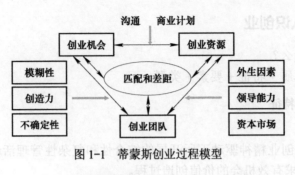

图 1-1 蒂蒙斯创业过程模型

图 1-2 威克姆创业模型

3）盖特纳（William B. Gartner）创业模型　新创企业是个人、环境、组织和过程相互作用的结果，个人围绕环境形势采取行动（过程），从而创立新组织。因此，过程是重要元素，集合创业要素和解释创业过程。此时，创业是一个整合内外和关注互动的复杂行动过程。盖特纳创业模型如图 1-3 所示。

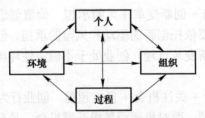

图 1-3 盖特纳创业模型

4）莫里斯（Michael H. Morris）综合模型　从创业过程的投入和产出角度构建综合图景。投入环节关注环境机遇、创业者、独特创意、组织环境和资源对创业过程的作用，产出环节关注创业强度对产出结果的影响，即创业事件数量和创业程度对创业产出的作用。此时，创业是一个围绕投入和产出，关注多种因素的整体性过程。莫里斯综合模型如图 1-4 所示。

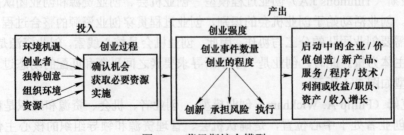

图 1-4 莫里斯综合模型

（2）创业的类型

创业类型的划分围绕为什么创业（动机）、谁在创业（主体）、创业投入怎样（投入）

和创业产出如何（产出）四个维度展开。创业类型的划分维度如图1-5所示。

图1-5 创业类型的划分维度

1）创业动机维度：生存型创业＋机会型创业　生存型创业是指创业者出于满足生存和解决困境的目的而不得不参与创业，其特征是将创业作为获得生存的基本条件。机会型创业是指创业者出于抓住机会和实现价值的愿望而选择创业，其特征是将创业作为个人发展的有效选择。生存型创业和机会型创业共同勾勒出创业活动的基本轮廓，并在一定情况下可以相互转化。下岗职工创业行为是生存型创业，比尔·盖茨（Bill Gates）放弃学业、决定创业的行为是机会型创业。

2）创业主体维度：个体创业＋公司创业　个体创业是指不依托于特定组织开展的创业活动，起点是具有潜在价值的创意和具备创业理想的团队。但个体创业深受基础资源匮乏的局限。公司创业是指已有组织发起的创新活动，起点是现有成熟组织。现有成熟组织整合已有资源、开发崭新机会并实施创新过程。90后创业新星王锐旭的创业属于个体创业，YY从游戏平台转战在线教育平台属于公司创业。

3）创业投入维度：初始条件视角＋衍生视角　初始条件视角下，利用不确定性和投资两个初始条件构建"投资－不确定性－利润"模型，并将原创性创业划分为边缘创业、冒险型创业、与风险投资融合的创业、大公司内部创业和革命性创业。边缘创业如理发店，冒险型创业如惠普公司，与风险投资融合的创业如英特尔公司，大公司内部创业如开发Windows 10，革命性创业如联邦快递。"投资－不确定性－利润"模型如图1-6所示。

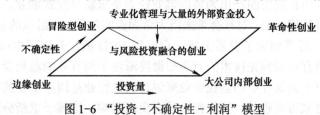

图1-6 "投资－不确定性－利润"模型

衍生视角下，基于母体企业支持程度和资源分享状态，可细分出衍生创业。衍生创业指现有组织中的个体或团队，脱离服务组织并独立开展活动的创业行为。1996年，伊利集团成立，成为全国乳品行业第一家上市公司，创业企业的核心人物之一是牛根生。1999年，牛根生离开伊利，与旧部一起筹集资金并注册"蒙牛"乳业公司，而蒙牛就属于衍生创业企业。图1-7展示了衍生视角下的衍生创业。

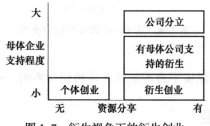

图1-7 衍生视角下的衍生创业

4）创业产出维度：价值创造视角＋效果视角　价值创造视角下，依照创业对价值创造和个人改变的影响程度，将创业分为复制型创业、模仿型创业、安家型创业和冒险型创业。

基于价值创造的创业类型如图 1-8 所示。复制型创业是基于现有运营模式的简单复制；模仿型创业给客户带来很少的新创价值，而给创业者带来较大的命运改变；安家型创业对创业者个人命运改变不大，却不断为市场创造新价值；冒险型创业将极大地改变个人命运和创造市场价值，但风险很大且失败可能性较高。

某软件公司部门主管离职后创办一家与之前公司相似的新软件公司，而且两家公司在经营领域与管理风格上均基本相同，这属于复制型创业。某家电公司经理辞职后模仿别人新创办了一家网络公司，这属于模仿型创业。某 APP 开发公司的内部研发小组开发完一款新 APP 产品后，继续在该公司开发另一款 APP 产品，这属于安家型创业。某医院医护人员辞掉工作并进行人工智能高科技领域的创业，这属于冒险型创业。

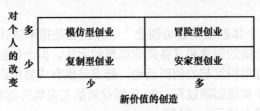

图 1-8　基于价值创造的创业类型

创业效果视角下，按照创业在组织层面和社会层面的产出大小，将创业分为成功的创业、催化剂式创业、失败的创业和重新分配式创业。基于创业效果的创业类型如图 1-9 所示。在组织和社会层面都是正产出的创业行为是成功的创业，在组织和社会层面都是负产出的创业行为是失败的创业，在组织层面产出为负而社会层面产出为正的创业行为是催化剂式创业，在组织层面产出为正而社会层面产出为负的创业行为是重新分配式创业。某企业的创业行为直接或者间接地造成环境污染，对社会带来巨大负面影响的同时，组织的长远发展也会受限，这属于失败的创业。万燕创造了世界上第一台家用 VCD 机，开创了中国的 VCD 行业，但仅 3 到 4 年时间，拥有这项领先技术的万燕却最终淹没于同行业的激烈竞争中，所以万燕属于催化剂式创业。对于钢铁行业的创业企业来说，钢铁行业是国家重要的原材料工业之一，其资源稀缺性既能带来可观收益，又能带来社会负面影响，这属于重新分配式创业。成功的创业也非常多，如星巴克、戴尔等。

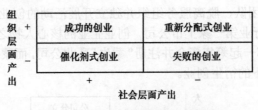

图 1-9　基于创业效果的创业类型

课堂活动：配对游戏

基于创业类型模型，在现实中为其配对真实的创业实例，看看谁配对更多和更准确。

1.1.2　动态角度认识创业

路障： 创业是什么？

路标： 创业过程+阶段。

1. 创业过程（图 1-10）

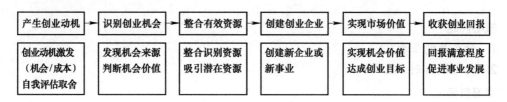

图 1-10　创业过程

以大疆创始人汪滔的创业路为例，解读创业的动态过程。

产生创业动机和识别创业机会：汪滔最初在大学宿舍中制造飞行控制器原型，2006 年与两位同学来到深圳，将大学奖学金全部拿出来搞科研，"我当时不知道市场规模究竟会有多大，我们的想法也很简单，开发一款产品，能养活一个 10～20 人的团队就行了"。

整合有效资源和创建创业企业：由于缺乏早期愿景，团队内部纷争不断。随着核心团队的建立，汪滔继续开发产品，并开始向国外业余爱好者销售。2011 年 8 月，科林·奎恩（Colin Guinn）在大疆支持下成立了大疆科技北美分公司，旨在将无人机引入大众市场。

实现市场价值和收获创业回报：大疆科技试图买下大疆科技北美分公司的所有股份，但未能实现，奎恩带着很多同事一起加盟大疆科技的竞争对手 3D Robotics。现在 3D Robotics 已经彻底退出了无人机制造领域，在与大疆创新的竞争中败下阵来，沦为一家挣扎求生的软件公司，而大疆目前已是全球领先的无人机飞行器控制系统及无人机解决方案的研发和生产商，客户遍布全球 100 多个国家。

2. 创业阶段

创业过程经历创业理解的认知阶段、创业准备的策划阶段、创业实施的行动阶段以及创业管理的持续阶段。创业阶段如图 1-11 所示。创业理解阶段通过理解什么是创业而认识创业，通过理解如何成为创业者和组建团队而选择创业；创业准备阶段通过发掘创意和认知机会而识别创业时机，通过开发商业模式和设计创业计划而谋划创业蓝图；创业实施阶段通过整合资源而打好基础，通过创建企业而开发局面；创业管理阶段通过管理特有问题和发展战略规划而促进创业企业健康成长。

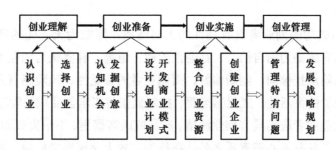

图 1-11　创业阶段

1.2 做出创业选择

核心问题
1. 什么是创业者？
2. 如何做出创业选择？

学习目标
1. 了解创业者的特征。
2. 理解创业决定的做出。

1.2.1 创业者特征

路障： 谁适合成为创业者？
路标： 创业者特质＋素养＋伦理。

> **课堂活动：勾勒创业者画像**
> 结合上一小节课后实践活动所收集的创业者故事，将学生随机分成5～7人的学习小组。在所有小组中，一半小组在白纸上画出创业者的形象特征，另一半小组在白纸上画出就业者的形象特征。15分钟后，各小组展示创业者或就业者画像，并分别进行2分钟的陈述。

1. 创业者特质

（1）基本元素

亚瑟 C.布鲁克斯研究发现创业者具有区别于一般人的特质，即创新、成就导向、独立、掌控命运的意识、低风险厌恶、对不确定性的包容。杰弗里·蒂蒙斯从以训练可强化的态度和行为角度，总结出创业者的特质有责任感与决策力、领导力、机遇导向、容忍风险和不确定性、忍受失败、追求成功；从他人向往但不一定习得的态度和行为角度，归纳出创业者的天赋有身心素质好、创造力强、才智过人、远见、高尚的价值观。库拉特科和霍杰茨概括了对创业活动可能造成伤害的性格特征，过强的控制欲望、过强的敏感反应、过高的成就需要以及过度的乐观心态是非创业特质。杰弗里·蒂蒙斯认为非创业因素包括不会受伤害、表现欲强大、反对权力、冲动、完美主义者、无所不知、绝对独立。

（2）典型特征

郎宏文等提出成功的创业者具有共性的人格特质，即敢为天下先的风险意识、坚忍不拔的吃苦精神、具有感染力的自信心、社会性的商业道德。林嵩认为创业者最为基本的特征是成就感需求、风险承担倾向、创新偏好，而创业者的警觉性、风险感召力和自信将影响创业机会识别，创业者的灵活性、成就感需要、控制欲望将影响创业成长管理。布鲁斯 R.巴林格等认为成功的创业者应当具有创业激情、产品或顾客聚集、不怕失败和坚忍不拔等特质。成功的创业者除了具备基本心理素质之外，在行为方式上呈现勤学好问、执着、灵活应变、吃苦耐劳、脚踏实地和雷厉风行等特点。创业者特征见表1-1。

表 1-1 创业者特征

特 征	说 明
由团队创建企业	团队创建新企业能为企业提供更丰富的资源、更多样的观点和更广泛的项目选择
受教育水平较高	高水平的教育能够提升重要的创业技能
前期创业经验	具有前期创业经验的创业者,要比刚刚接触创业过程的创业者更熟悉创业过程,更有可能避免犯重大错误
相关产业经验	与没有相关产业经验的创业者相比而言,具有新企业所在行业经验的创业者更有可能避免犯重大错误
广泛的社会和职业网络关系	具有广泛的社会和职业网络关系的创业者,很有可能获取额外的技能、资金和消费者认同

2. 创业者素养

(1) 创业能力

张玉利提出创业者所需具备的创业能力有控制内心冲突的能力、发现因果关系的能力、应变能力和洞察力等。贺尊认为创业者应具备决策管理、计划管理、制度管理、信息管理、授权管理、财务管理、项目管理、沟通管理、商务谈判、危机管理、培训员工等方面的能力。刘志阳等认为创业能力是综合性的能力,包括领导能力、学习能力、沟通能力、整合能力、决策能力、执行能力。郎宏文等认为成功的创业者至少应当具备战略识别的能力、学习与创新的能力和知人善任的能力。李时椿认为创新能力、学习能力、经营管理能力和人际关系能力是创业者需要具备的重要能力。

(2) 创业素质

《科学投资》基于案例研究总结中国创业者的基本类型有为谋生计的生存型创业者、以无形资源变为有形货币的变现型创业者、自觉自动的主动型创业者、喜欢创业的兴趣型创业者,中国创业者的十大素质是欲望、忍耐、眼界、明势、敏感、人脉、谋略、胆量、与他人分享的愿望、自我反省的能力。郎宏文等认为创业者必须具备创造性思维素质、经济与管理素质、法律意识和素质、修养与心理素质,才能成功开创事业。

(3) 创业知识

合法开业知识、市场营销知识、货物知识、金融与财务知识、服务行业知识、经济法规常识是创业者必备的创业知识。

3. 创业者伦理

创业不仅获得回报和成功,也面临负面因素带来的不利影响。对于创业者而言,创业的负面影响主要有风险、压力和自我主义。面临的风险包括财务风险、职业风险、家庭与社交风险和心理风险;压力的来源主要是孤独、人际问题、成就需要;自我主义特质包括极强的控制欲、缺乏信任、极强的成就欲和不切实际的乐观。因此,创业者需要在创业项目选择、团队利益分配和创业经营管理上遵守伦理要求,以降低创业风险所带来的不利影响。创业项目选择中的伦理问题有:模仿尺度应当是创新和区别而不是假冒和伪劣、项目来源应当是有效学习经验且符合竞业禁止原则和明确权益归属问题、知识产权观念、环境友好责任。团队利益分配中的伦理问题是严守分配约定和开展充分合作,创业经营管理中的伦理问题有遵守投资契约和恰当经营管理。

> **课堂活动:创业者特征"连连看"**
>
> 以学习小组为单位,每个小组选择一位具有典型特征的创业者,从特质、素质和伦理角度对其进行"连连看",15分钟后总结该创业者所具有的特征及其原因。

1.2.2 创业决定

路障： 怎样做出创业决定？
路标： 心理过程+社会因素+经济决策+做出决定。

创业决定是在不确定性且资源约束情境下，对创业过程中动态行为进行无先例可遵循的评判和抉择。创业决定由创业活动、决策者和环境组成，包括关联到创业活动的具体决策、关联到决策者的特征因素、关联到环境的情境因素。因此，我们将从决策者的心理过程、决策情境的社会因素、创业活动的经济决策和做出决定四部分来介绍。

1. 心理过程

创业者为什么要选择创业，在选择过程中其内在心理动机发挥了重要作用。刘沁玲等总结了创业者所具有的心理动机有经济和社会需要，如比尔·盖茨投身慈善事业；追求创造的喜悦，如马化腾认为写软件不是自娱自乐的事情，必须使更多人应用才有价值；满足个人成就感，如周鸿祎说做自己想做的事是最重要的；实现个人理想，如《2016大学生就业质量研究》表明希望通过创业实现个人理想是2015届本科毕业生创业者最主要的动机；分享幸福，如巴菲特说创造财富的目的是为了分享；承担社会责任，如马云说阿里巴巴上市不是为了赚钱，而是为了服务全世界的小企业。

巴林格等研究发现，创业者最基本的创业动机是自己当老板即对成就的需要、追求自己的创意即对独立的追求、获得财务回报即对生活的改善。从决定创业开始，历经创业战略、创业管理和公司业绩的发展历程，在此过程中，创业者的心理动机受到多种因素共同影响，创业者的个体因素（个性特征、个人背景、个人目标）、所处的商业环境和可行的商业计划将激发创业者萌生创业想法，创业者在创业行动后预期的结果与心理期望之间的对比，以及付出的能力和可能的收获之间的关系，将影响创业者维持创业的动力和继续创业的决定。

创业者在心理动机的驱使下，通过构建个人创业策略来事先评估创业计划。创业者首先进行自我评估，观察评价自己的思想行为以及收集分析他人的评价反馈，以了解自身和团队存在的认知盲点。其次是获取信息，通过历史分析、现状描述和获取有效反馈来搜集有关创业的信息，以了解创业的机会和环境。然后是综合分析，将自我素质和创业机会整合起来分析，以创业者在心态、经验和技能上的素质高低和创业机会的吸引力大小为维度，划分为四种分析结果即无发展潜力且素质较低、无发展潜力且高素质、有一定发展潜力但可能无法把握机会、高发展潜力能把握机会。最后是确立目标，即确立明确具体且可行可测的目标，确定优先解决的主要矛盾和阻碍目标的潜在问题，提出解决方案并说明行为步骤，明确结果评估、进度制定、面临风险和可用资源，阶段性审核并及时地修正目标。

2. 社会因素

创业者身处社会环境之中，不利境况、榜样力量、不同寻常的经历和情境感知将激发创业者做出创业决定。处在社会边缘的个人或团队，对自我实现的机会和控制命运的吸引非常敏感，再加上现实中没有占据有利位置而顾虑和纠结较少，因而常常选择自主创业来摆脱孤独和平衡内心。榜样力量将对创业者产生正面的拉力效应，通过经验共享、风险分担、相互帮助、资源分享等方式激发创业激情。不同寻常的经历将对创业者产生积极的推力效应，创业者的职业阅历、教育背景、工作经验和曾任职的关键岗位将为其提供创业机遇和给予创业能力。情境感知即对创业愿望的感知和对创业可行性的感知，将触发创业者的创业动力。

创业活动面临的社会因素如图 1-12 所示。

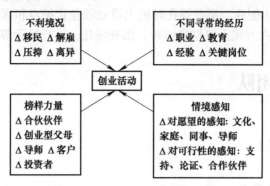

图 1-12 创业活动面临的社会因素

3．经济决策

创业者的创业选择源于创业的经济决策即预期收益和机会成本之间的比较，理性的创业者在创业选择之前通过搜寻信息和分析预测，以追求预期收益并尽量规避风险。创业者的预期收益是其决定创业的重要动因，主要包括精神层面的预期收益即个人价值的实现和社会地位的获得，心理层面的预期收益即开创属于自己的事业和不用担心失业，物质层面的预期收益即改善个人和家庭的经济状况。创业者的创业成本是其选择创业的关键顾虑，主要包括潜在的投资风险、收益的不确定性、超负荷的时间成本和心理成本。此外创业收益还包括独立、工作条件自定、满足、财务回报、自尊，创业成本还包含企业失败、困难、孤独、财务风险、长期艰苦工作、机会成本。

成本－收益分析是进行创业决策的重要工具，创业可能性与收入成本比较结果正相关，即创业决策取决于预期收益的最大化和创业成本的最小化。$P=f(I-C)$，其中 P 为创业可能性，I 为创业预期收入，C 为创业可能成本。当预期收入大于可能成本时，创业者选择创业的可能性大，当预期收入小于可能成本时，创业者放弃创业的可能性大，当预期收入等于可能成本时，创业者更倾向于观望和等待。

4．做出决定

做出创业决定包括创业启动决定和创业退出决定。

创业启动决定需要正确地理解创业，做好充分的条件准备，在理解创业上要确立正确的创业动机，处理好成长与成功的关系；定位明晰的创业目标，处理好目标与过程的关系；选择恰当的创业形式，处理好起步与发展的关系。在条件准备上要做好身体、家庭、团队、项目、政策、资金和场地的充分准备。对于创业者而言，一旦做出创业启动决定，便要进行创业准备和生涯设计。创业准备过程中需要关注创业者心理曲线和创业过程曲线；生涯设计过程中需要评估自己和计划未来。创业者心理曲线是从无知的乐观历经知情的悲观、危机阶段，挺过即可进入知情的乐观阶段，否则进入崩溃阶段。创业过程曲线的变化经历"初创的热情－现实阻力－动力不足－机会成本－不称职的崩溃－强化执行－技能提升、扩大网络、获得投资－规模增长－进入持续发展"九个阶段。自我评估可以通过三步进行：确认与创业有关的技能、兴趣、需求和愿望；确定创业生涯的领域和目标；与同学、朋友、家人深入交流，收集自己创业相关的信息和测试自己创业成功的可能。

创业退出决定是有关持续经营与创业中止／终止之间的抉择，如果创业者选择持续经营，那就要关注创业企业的成长发展、明确创业事业的最终目标和做出长久经营的前提准备;如果创业者选择中止/终止创业,那就要在时机上设立创业止损点和区别真假危机,在行为上当机立断和果断行动,在方式上以彻底出售、部分转让、委托经营等方式寻找创业出口。

1.3 形成创业团队

核心问题
1. 什么是创业团队?

学习目标
1. 理解创业团队的界定。
2. 明确创业团队的组建与管理。

1.3.1 创业团队界定

路障:什么是创业团队?
路标:创业团队的内涵+类型。

1. 创业团队内涵

创业团队是指在创业过程中基于一定利益关系,以满足共同价值追求为目标,共同承担风险责任和共同分享未来收益而紧密结合的正式或非正式组织。创业团队具有其显著特性:目的具有开创性、结构具有变动性、关系具有平等性、能力具有全面性、运作具有协作性、人员具有凝聚力和归属感。创业团队与一般团队的区别见表1-2。

表1-2 创业团队与一般团队的区别

比较项目		创业团队	一般团队
目的		开创团队或拓展新事业	解决某类具体问题
职位层级		团队成员居于高层管理者职位	团队成员并不局限于高层管理者职位
权益分享		一般情况下团队成员拥有股份	并不必然拥有股份
组织依据		基于工作原因而经常性地共事在一起	基于解决特定问题而临时性地相聚在一起
影响范围		影响组织决策的各个层面,涉及的范围广	只是影响局部性的、任务性的问题
关注视角		战略性的决策问题	战术性的、执行性的问题
领导方式		以高管层的自主管理为主	受公司最高主管的直接领导和指挥
冲突化解过程	表现方式	认知性冲突隐性化;情感性冲突缓慢堆积而成	认知性冲突公开化;情感性冲突瞬间对峙形成
	解决机制	内部沟通	内部沟通,借助上诉途径请高管成员仲裁
团队成员对团队的组织承诺		高	较低
成员与团队之间心理契约关系		心理契约管理特别重要,影响到企业家精神强度	心理契约关系尚不正式,其影响力很小

资料来源:陈忠卫. 创业团队企业家精神的动态性研究[M]. 北京:人民出版社,2007.

课堂活动:举举例

依据创业团队和一般团队的区别,为这两种类型的团队分别列举不少于3个实例

2. 创业团队类型

创业团队一般分为星状创业团队、网状创业团队和虚拟星状创业团队三种类型。

（1）星状创业团队

在星状创业团队中，常常存在一个核心主导者扮演领袖角色。核心主导者开启选择创业的想法，依据其创业设想而组建创业团队，其领袖角色在创业团队形成之际便已建立，其他成员则扮演支持者角色。此种类型的创业团队具有以下特点：第一，核心主导者影响力大，团队结构紧密，团队成员凝聚；第二，团队决策程序较为简单，管理效率相对较高；第三，容易因权力过于集中而加大决策失误的风险；第四，容易因领袖者与支持者之间发生冲突而增大人员流失的风险。

（2）网状创业团队

在网状创业团队中，成员往往在创业之前就已有密切关系，他们一起发现创业机会并共同进行创业，他们根据自身特点而自发组建团队和定位角色，没有明确和独特的核心人物，在创业初始阶段都扮演协作者角色。此种类型的创业团队具有以下特点：第一，团队没有核心人物，结构较为松散；第二，决策方式常采用沟通讨论和集体决策，决策效率相对较低；第三，团队成员地位相当，易形成多头领导，如发生冲突，应平等协商和积极解决，否则易整体涣散。

（3）虚拟星状创业团队

在虚拟星状创业团队中，拥有一个由团队成员协商而确立的核心成员，他是团队的代言人，而非主导者，其行为需充分考虑成员意见，不具独特地位和权威特质。此种类型的创业团队由网状创业团队演变而来，是介于之前两种类型的中间形态。

创业团队类型的不同之处集中体现在团队形成、结构和发展上。从团队形成角度看，星状创业团队是先有创业想法再来组建团队，而网状创业团队是先有伙伴结识再来提出点子；从团队结构角度看，星状创业团队围绕核心人物形成紧密的结构，更强调权威地位，而网状创业团队串联伙伴成员形成松散结构，更强调人际关系；从团队发展角度看，星状创业团队更具稳定性，而网状创业团队更具合作性。

> **课堂活动：归归类**
>
> 依据创业团队类型，举出若干创业团队的实例，将它们进行归类，区分哪些属于星状团队，哪些属于网状团队，哪些属于虚拟星状团队。

1.3.2 创业团队组建

路障： 创业团队如何组建？
路标： 创业团队的构成＋组建。

1. 创业团队构成

（1）创业团队要素构成

创业团队要素构成的 5P 模型，即目标（Purpose）、人（People）、定位（Place）、权限（Power）和计划（Plan）。既定的共同目标是创业团队的指向标，引导创业团队的努力方向和体现创业团队的存在价值，目标的完成是团队成员通力合作的结果和获得回报的基础。人是创业团队构成中的核心性主体力量，人力资源是所有创业资源中的能动性关键资源，成员的共同努力是创业目标实现的基础，成员的分工合作是创业团队运作的前提。定位包括创业团队的定位和创业成员的定位，前者是指创业团队在组织中的位置，后者是指创业成员在团队中的角色，定位不同则意味着创业团队的运作方式不同，伙伴成员的合作形式不同。权限是创业团队所承担的职责和拥有的权利，权限界定意味着明晰创业团队的工作重心、责权范围和职能定位，创业团队的权限与组织特征、所赋资源、工作能力、自身定位相关，团队中领导人的权限与团队发展阶段和所在行业相关。计划是指将团队权限分配给成员，并确定成员之间的分工合作，涵盖两层含义，一是为了实现最终目标而制定一系列行动方案，二是在实施方案过程中分解出需要共同完成的细节性计划。

(2) 创业团队人员构成

创建者在单独创办企业和团队创建企业之间，倾向于组建初始创业团队来创建企业，因此管理团队的素质是企业未来发展的重要预测指标。而创建者具备的素质如受教育水平、前期创业经验、相关产业经历、社交网络关系是初创企业最有价值的资源。创建者面临的一项紧迫任务是招聘核心员工并把他们安排到关键岗位上，核心员工不仅是创建者的创业伙伴，更关系到新创企业的成长。董事会是公司制企业需要成立的，是创业初期创业团队的重要组成部分，能够为初创企业提供支持和增加资信。顾问委员会、贷款方和投资方、咨询专家共同构成创业企业的专业顾问，为创业企业提供信息和提出建议。创业团队人员构成如图1-13所示。

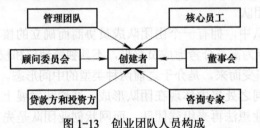

图1-13　创业团队人员构成

(3) 创业团队角色构成

不同学者以不同视角对创业团队的角色构成进行了划分与界定，刘志阳等从功能作用角度将创业团队区分为革新者、倡导者、协调者、塑形者、监控者、团队工作者、贯彻者和完成者八种角色，并界定了角色的特征和行为。创业团队角色见表1-3。谢科范等从岗位配置角度将创业团队划分为组织、动议、监督、执行、设计五种角色，并分析了角色的特质与区别。基于七维度分析的创业团队成员特征识别见表1-4。

表1-3　创业团队角色

角色	角色描述
革新者	解决难题、富有创造力和想象力、不墨守成规
倡导者	外向、热情、健谈、发掘机会、增进联系
协调者	成熟、自信、是称职的主事人、阐明目标、促使决策制定、分工合理
塑形者	激发人的、充满活力、在压力下成长、有克服困难的动力和勇气
监控者	冷静、有战略眼光与识别力、对选择进行比较并做出正确选择
团队工作者	协作温和、感觉敏锐、老练、建设性的、善于倾听、防止摩擦、平息争端
贯彻者	纪律性强、值得信赖、有保守倾向、办事高效利索、把想法变成实际行动
完成者	勤勤恳恳、尽职尽责、积极投入、找出差错与遗漏、准时完成任务

表 1-4　基于七维度分析的创业团队成员特征识别

团队角色	岗位配置	创新意识	守则意识	风险意识	道德心	责任心	表达力	决断力	补位
组织角色	领导	强	强	强	强	强	强	强	—
动议角色	销售	中偏强	中	中偏强	中偏强	中	强	中	组织角色
监督角色	财务	中偏弱	强	强	强	强	中偏强	中	组织角色
执行角色	生产	中偏弱	中偏强	中偏弱	中偏弱	强	中	中偏弱	组织与设计
设计角色	研发	强	中	中偏弱	中偏强	中	中偏弱	中	组织与执行

2．创业团队组建

（1）创业团队组建原则

高效的创业团队的组建原则是目标明确合理、计划切实可行、人员互补匹配、分工职责明晰、动态渐进调整。创业团队在共同认可的目标的指引下实现有序和高效运转。明确合理的目标是创业团队的方向引领，而目标是否能够有效落实以及计划是否能够贯穿执行关系到创业团队的行动过程。创业团队成员之间在志趣、愿景、理念上的相投，在知识、能力、素质上的互补以及在心理、角色、行为上的匹配是团队通力合作和共同努力的重要基础，即团队成员志同道合、能力卓越互补、行为风格匹配和相互信任尊重。创业工作复杂且创业过程艰难，只有在统一指挥和分工协作之下，创业团队才能在一致的方向下互信合作、分工配合。与此同时，应当设计权责利制衡机制以合理分配权力和明确规定责任，即股权设计适宜和职权责利对等。创业团队运作过程是一个稳定与灵活结合的过程，稳定是创业事业持续发展和不断积累的前提，灵活是创业企业应对环境改变而做出调整以改善适应性的选择。而创业团队也是经历一个动静结合的过程，一方面通过制定一个大家一致认同的流动规则，实现团队的公平变动和合理动态，另一方面通过按需组建和适用磨合的方式实现团队的渐进成熟和日益完善。

在创业团队组建原则之下，细致设计创业团队的组建内容，从业务角度看，创业团队应当包括技术人员、管理人员、市场开发和销售人员、财务管理人员、法律人员、商务金融人员，创业团队成员的选择标准应当考量基本特质和素质结构；从数量角度看，创业团队人数取决于创业企业的特征、创业任务的性质和创业团队的特质等，创业团队规模控制在 2～12 人为最佳，而核心成员不宜过多，一般是 3～5 人。

（2）创业团队组建过程

创业团队组建过程往往经历确定创业目标、招募合适人员、明确职权划分、构建制度体系和开展调整融合几个阶段。创业团队组建过程如图 1-14 所示。高效创业团队首先需要确定团队发展目标和制定创业计划。招募团队伙伴是团队组建的关键一环，需要考虑互补匹配和规模适度。接下来是明确职权划分和建立权责利管理机制，以便明晰任务职责和厘清利益关系，在此基础上构建制度体系以约束、控制、激励和引导团队成员，以公开合理和客观规范管理创业团队。最后，伴随团队的组建与运作，创业团队需要动态持续地调整和融合，这是一个不断完善和日益成熟的过程。

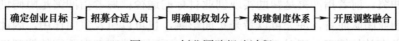

图 1-14　创业团队组建过程

（3）创业团队组建方法

组建创业团队的方法有通过识别创业机会而萌发创业点子，通过撰写商业计划书而整理创业思路，通过优劣势分析而认识实际情况，通过寻求创业伙伴和确定合作方式而落实创业想法，通过沟通交流而达成创业协议，通过落实谈判而确定合作权责利。创业团队组建方法如图1-15所示。

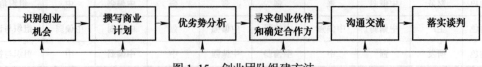

图1-15 创业团队组建方法

在创业团队组建方法中，创业者自我的评估、团队成员的评估以及团队行动的原则是关系到创业团队组建与发展的重要环节。其中，创业者自我评估主要考虑知识基础、专门技能、动机差异、承诺意愿、个人特质；团队成员的评估主要考虑知识评估、经历评估、经验评估、关系评估、能力评估、资质评估。创业团队行动原则有创业机会为线索、凝聚力为核心、合作精神为纽带、完整性为基础、长远目标为导向、价值创造为动力、公正性为准绳。创业团队发展会经历创业启动、成长导向、愿景共享和制度化阶段，而优秀创业团队往往具有以下特征：拥有杰出的团队领袖、拥有共同使命的团队伙伴、目标明确且权责清晰的团队结构、和谐互助的团队氛围、积极持续的创业激情。因此，优秀创业团队的开发应当形成一致且认可的创业理念和思路、建立共同且规范的行动纲领和制度、设计合理且科学的管理机制和措施、进行动态且持续的团队调整和行为修正。

> **课堂活动：组建创业团队并模拟电梯演讲**
>
> 　　参照创业团队组建相关内容，请同学们自由组成小组。每个小组代表一个创业团队，通过讨论确定创业意向，就团队的创业意向进行三分钟电梯演讲，并清楚了解自己，明确是否适合创业，分析自己的优势和劣势以及在创业团队中的分工。
>
> 　　电梯演讲训练形式的由来：假设有一天，创业者在乘坐电梯时遇到了重要的投资人，在电梯运行的有限时间内，创业者需要把握宝贵时机，在最短时间内言简意赅地讲述清楚自己的创业计划，引起投资人的浓厚兴趣和高度重视。
>
> 　　电梯演讲训练的注意事项：把握时间、抓住重点、善于归纳、直击主题和结果。

1.3.3 创业团队管理

路障： 创业团队如何管理？

路标： 创业团队的冲突与治理＋领导与激励。

1. 创业团队冲突与治理

创业团队冲突按照内容可分为认知冲突和情感冲突。前者指团队成员因对管理过程存在问题的相关观点不一致和想法有分歧而产生矛盾，论事不论人；后者指团队成员因人格化的差异和个人导向的矛盾而产生冲突，论人不论事。创业团队冲突按照后果可分为建设性冲突和障碍性冲突。前者指冲突是帮助实现创业目标的途径；后者指冲突是阻碍创业愿景实现的因素。对创业团队而言，冲突可以带来正面影响，也可以引发负面作用，因此需要对创业团队进行科学有效的管理。而对于创业冲突管理，不同情境下存在不同的管理风格和解决模型，详见表1-5和表1-6。

表1-5 创业冲突管理风格

较多考虑他人的需求	随和型风格 ◆ 消极行为 ◆ 你赢我输		合作型风格 ◆ 维权行为 ◆ 你赢我赢	较多考虑他人的需求
		谈判型风格 ◆ 维权行为 ◆ 你赢一些、我赢一些		
较少考虑自己的需求	回避型风格 ◆ 消极行为 ◆ 你输我输		强制型风格 ◆ 攻击行为 ◆ 你输我赢	较少考虑自己的需求

表1-6 合作型创业冲突解决模型

	着手解决冲突		回应解决冲突		调停解决冲突
步骤1	策划一份维持问题所有权的BCF声明。当你实施B（行为）时，发生了C（结果），而我感到了F（感觉）	步骤1	倾听并使用BCF模型解释冲突的结构	步骤1	令各方用BCF模型陈述自己的意见
步骤2	陈述自己的BCF声明，双方就冲突的问题达成一致意见	步骤2	认同对方抱怨中的某些方面	步骤2	各方共同认可冲突问题
步骤3	询问或提出冲突的解决办法	步骤3	询问或给出解决冲突的方法	步骤3	商讨冲突解决方案
步骤4	达成协议，做出改变	步骤4	达成协议，做出改变	步骤4	达成协议，做出改变
				步骤5	采取后续行动，确保解决冲突

创业团队治理有四种类型：松散型、约束型、放任型和共生型。松散型治理是指团队战略的制定源于个人志向和先前经验，团队目标是让创业企业能够获利和存续。约束型治理是指注重治理的结构和制衡的作用，团队目标是满足创业企业所选择的市场需求。放任型治理是指欠缺治理结构和缺乏制衡安排，容易以人治代替法治，以人情代替规则。共生型治理是指团队治理结构扁平化和团队职能沟通化，创业是团队的综合反映而非个人的选择。

2．创业团队领导与激励

（1）创业团队的领导

美国学者丹尼尔·戈尔曼（Daniel Goleman）基于调查研究概括出六种类型的领导风格，即标杆式领导、权威式领导、亲和式领导、辅导式领导、高压式领导和民主式领导。标杆式领导注重明确引导，通过优异表现和自我引导来成为模仿对象；权威式领导关注最终结果，通过推动团队前进发展而实现最终目标；亲和式领导重视培养感情，通过关系培养和感情联络而成为一家人；辅导式领导强调人才培养，通过辅导帮助而为未来储备人才；高压式领导关注服从命令，通过强势压力而要求全员绝对服从于领导；民主式领导注重平等自主，通过全员参与而形成共识。

研究发现，创业型领导是创业团队领导者所需扮演的崭新角色。创业型领导是指创建愿景以召集和动员下属去发现创业机会与实现创业目标的领导方式，包括两个挑战维度，即愿景设定和角色创建。愿景设定是指在资源约束条件下，创造可以对当前处理方式加以彻底变革的机会；角色创建是指使他人确信在这个愿景下，通过资源整合和改变处理方式，可以成功实现预期目标。在愿景设定中，创业型领导扮演三种角色，即创设挑战、肩负责任和清除障碍；在角色创建中，创业型领导发挥两种作用，即建立承诺和明晰界限。创业型领导理论框架见表1-7。

表1-7 创业型领导理论框架

维度	作用	特征	含义
愿景设定	创设挑战（描述一个具有挑战性但可以实现的结果）	绩效导向	设定高绩效标准
		雄心壮志	设立高目标，努力奋斗
		见多识广	知识渊博，知晓信息
		洞察深邃	直觉敏锐
	肩负责任（承担未来失败的责任）	充满愿景	树立愿景，憧憬未来
		战略预见	预见未来可能发生的事件
		建立自信	帮助别人获得自信，并对他们充满信心
	清除障碍（与反对者进行谈判并澄清情境实现的路径）	善于交际	深谙人际技能
		擅长谈判	能高效地与别人谈判
		令人信服	具有不寻常的说服能力
		鼓励促进	给予勇气、信心或希望
角色创建	建立承诺（建立一个令人鼓舞的目标）	鼓舞人心	激发别人的情感、信念、价值观和行为，并激励他们为实现愿景而努力奋斗
		满腔热情	展示和传授浓厚的工作热情
		组建团队	促进团队成员共同工作
		持续改进	致力于持续改进绩效
	明晰界限（明确什么事能做，什么事不能做）	高效整合	将人和事整合成一个富有凝聚力的工作整体
		智力激发	鼓励别人开动脑筋去挑战其他人的信念、成见和态度
		积极进取	通常保持乐观自信
		果断决策	坚定快速地做出决策

（2）创业团队的激励

创业团队的有效激励需要树立分享财富的理念，综合考虑团队与个人目标，规范制定报酬制度和合理实施分配方案，同时仔细思考分配的时机和方式，针对不同对象和不同岗位采取差异化且针对性的激励措施，不同对象的激励措施见表1-8，企业员工之间激励方式的比较见表1-9。

表1-8 不同对象的激励措施

	激励对象		
	创业者	关键技术人员和研发人员	一般员工
激励措施	自我激励：自我意识激励、自身价值激励、自我理念激励、自我兴趣激励、创业目标激励、同行差距激励、财富积累激励 个人股权激励 可中断分期投资策略激励	薪酬激励\股权激励\机会激励\研发生涯路径激励\情感激励\环境激励\其他激励	评价激励\报酬激励\目标激励\理想激励\参与激励\位置激励\榜样激励\能力激励\荣誉激励\环境激励\竞赛激励\授权激励

表 1-9 企业员工不同激励方式的比较

激励形式	人员类型			
	一般管理人员	销售人员	研发人员	车间人员
评价激励	优、中、一般	优、中、一般	优、中、一般	优、中、一般
报酬激励	考核绩效、职位等级	销售量、市场占有率	产权激励	产量
目标激励	职能领域工作	新市场开发等	研发新产品	日均产量
理想激励	职业经理人、企业家	经理人	技术专家	高级技工
参与激励	职能管理、公司战略	营销管理	技术创新管理	生产管理
位置激励	部门经理	区域销售经理	技术发展部经理	车间管理人员
榜样激励	高管、优秀员工	高管、优秀员工	高管、优秀员工	高管、优秀员工
荣誉激励	优秀部门员工	销售状元	技术改造先进个人	车间能手
能力激励	职业培训、工作轮换	营销技能	技术培训及进修	操作规程
环境激励	办公环境、工作氛围	员工对他们的态度	管理较为宽松	操作环境
竞赛激励	—	销售竞赛	—	生产竞赛
授权激励	职务丰富化	负责销售区域扩大	负责整个项目	某项目主权

实践练习

头脑风暴

(1) 从《西游记》《水浒传》《三国演义》等古典名著中,选择几个团队,从创业团队组建形成、任务分工、扮演角色、冲突解决、团队治理、激励领导和演化发展等多个角度,剖析创业团队有效运营的核心要素和关键规律。

(2) 请同学们在课上组建若干团队,各团队在课后就创业展开特训,深入讨论创业主题方向的适合性和可行性,并通过共同努力使团队的创业想法变为现实。

(3) 观看纪录片《公司的力量》,了解公司的发展历程、创业的意义等;观看由CCTV-2 制作的《创业英雄汇》节目,和同学们交流观后感或体会。

小　　结

内容要点

[1] 创业是创业者在创业精神驱动下开展的综合性和复杂性管理活动,是在不确定环境中突破资源束缚和寻求有效机会的价值创造过程。

[2] 创业过程包括产生创业动机、识别创业机会、整合有效资源、创建创业企业、实现市场价值和收获创业回报。

[3] 创业者的特质、素质和伦理决定了谁能成为成功的创业者,创业者的心理过程、社会因素、经济决策和做出选择决定了如何做出创业决定。

[4] 创业团队是指在创业过程中基于一定利益关系,以满足共同价值追求为目标,共同承担风险责任和共同分享未来收益而紧密结合的正式或非正式组织。

[5] 高效的创业团队的组建原则是目标明确合理、计划切实可行、人员互补匹配、分工职责明晰、动态渐进调整。

[6] 对于创业冲突管理，不同情境下存在不同的管理风格和解决模型，创业团队治理有四种类型，松散型、约束型、放任型和共生型。

[7] 创业团队的有效激励需要树立分享财富的理念，综合考虑团队与个人目标，规范制定报酬制度和合理实施分配方案，同时仔细思考分配的时机和方式。

重要概念

创业要素　创业类型　创业过程　创业阶段　创业者特征　创业决定　创业团队组建　创业团队管理

复习回顾

[1] 创业的本质和特征是什么？

[2] 创业的要素与类型有哪些？

[3] 简述创业者特征和创业决定做出缘由。

[4] 创业团队如何组建和管理？

延伸阅读

[1] 詹姆斯·M. 库泽斯，巴里·Z. 波斯纳. 领导力：如何在组织中成就卓越 [M]. 徐中，周政，王俊杰，译. 5版. 北京：电子工业出版社，2013.

[2] 知乎. 创业时，我们在知乎聊什么 [M]. 北京：中信出版社，2014.

[3] 本·霍洛维茨. 创业维艰——如何完成比难更难的事 [M]. 杨晓红，钟莉婷，译. 北京：中信出版社，2015.

教辅资料

相关教学设计及配套资源可至 www.pficy.com 或"平凡 i 创业" APP 获取。

项目 2

发掘创意与认知机会

项目概要

通过本项目的学习,了解创意的内涵和特征、创业机会的内涵和外延、创业风险的主要类型和创业机会的发现方式,熟悉创意的来源、创意挖掘方法、创业风险的识别方法和评估内容,理解创业机会识别的因素、创业机会与信息加工的联系,掌握创业机会的识别过程和技巧、应对不同类型风险的方法。

重点难点

重点:创意挖掘、创业机会识别、创业风险评估

难点:创业机会评价、创业风险评估

案例引入:自由女神像与垃圾

美国的自由女神像在翻新大修时留下了 200 吨废料,美国政府就此向社会广泛招标。但由于清理垃圾工作量大,美国的垃圾处理法又非常严格,几个月过去了,也没人应标。

当时正在法国旅行的商人斯塔克得知消息后,马上意识到这是一个很好的赚钱机会。于是,他立即飞往纽约向政府申请承包这堆被众人视为垃圾的废料的清理工作。

纽约许多运输公司对他的这一愚蠢举动不理解,因为垃圾处理有严格规定,弄不好会受到环保组织的起诉。但斯塔克没有被吓倒,他把这些废料全部拉到自己的工厂,组织工人对废料进行分类,经过巧妙的开发与营销策划,把废铜改铸成小自由女神像作为纪念像、纪念币,水泥碎块加工成小型纪念碑,木料加工成精美的纪念盒,全部作为特殊纪念品高价出售。最后,他甚至把从自由女神身上扫下来的灰用特制的纸袋包装起来作为花肥出售给花店。不到 3 个月的时间,他让这堆废料变成了 350 万美元现金。200 吨废料的处理不仅没有造成任何环境污染,反而使他发了大财。

2.1 创意挖掘

核心问题

1. 什么是创意?
2. 如何挖掘创意?

学习目标

1. 了解创意的内涵和特征。
2. 熟悉创意的来源。
3. 熟悉创意挖掘方法。

2.1.1 创意的塑造与挖掘

路障： 创意来源及其挖掘。

路标： 创意来源＋创意挖掘要素＋挖掘过程。

创意是指具有一定创造性的点子、主意和想法。它是创意者在知识与经验积累的基础上进行创造性思考的结果。一般来说，好的创意表现出如下特点：

（1）创造性

创造性是创意的本质属性。它既可以表现为对原有事物的优化改造，也可以表现为对新事物的创造。

（2）价值性

好的创意能给各利益相关主体带来诸多价值：对于创意者而言，好的创意能给创意者带来大量的经济回报、尊重和认可；对于投资者而言，好的创意能获得丰厚的利润；对于消费者而言，好的创意可以更好地满足消费者自身的需求。

（3）可操作性

创意不是空想，而是具有较强的现实意义。人们可以借助一些手段把创意开发成一定形式的产品或服务。

1．创意来源

创意的来源非常广泛，一般来说，创意的来源主要有问题、经验、直觉、兴趣爱好、需求和看待事物的方式方法等。

1）问题　现实中，人们会遇到很多问题，也会思索问题的解决之道。人们寻求点子以创造性地解决问题的过程，也即创意产生的过程。

2）经验　人们于生活、工作中不断积累知识、经验，获取行业、市场信息，发现市场机会，从而产生新的构想。

3）直觉　直觉即直观感觉，它是一种重要的认知方式。许多创意的产生与创意者的直觉密切相关，他们在知识和经验的基础上，结合自身的直观感觉，提出新的想法。

4）兴趣爱好　兴趣爱好也是创意的重要源泉，热衷于创意的人会在兴趣爱好的驱使下，构想出各种各样的创意。

5）需求　创意也常常产生于那些未被满足的需求，当人们的需求没有得到很好地满足时，一些人会积极寻求创造性的方法以满足这些需求。

6）看待事物的方式方法　大量创意挖掘的案例表明，没有恰当的方式方法，创意很难产生。换一种思路、角度来思考问题往往会产生新的想法、点子。

2．创意挖掘要素

创意挖掘活动与社会其他活动一样，涉及多种要素的参与。其中，创意挖掘的主体、对象和手段是创意挖掘活动中最基本的要素。

（1）创意挖掘主体

创意者是创意挖掘活动的主体，这一主体在创意挖掘活动的过程中发挥着主导和支配的作用：①创意挖掘的目标由创意者设定，创意挖掘可以指向不同类型的目标，创意者往往会根据自身的条件，结合发展预期，设定合适的目标；②创意挖掘的手段选择在很大程度上取决于创意者，创意者究竟选择何种手段取决于创意者所拥有的手段，以及对手段的理解与认知；③创意挖掘结果受创意者的素质、能力的影响，具有较高素养和能力的创意者往往能及时发掘出具有较高商业价值的创意。

（2）创意挖掘对象

创意挖掘是有目的性的活动，是围绕某一特定对象而展开的。在创意挖掘的过程中，明确挖掘创意对象有着十分重要的作用：创意是创意者针对特定的问题而提出的具有创造性的想法和点子，明确创意挖掘对象有助于创意者分析和厘清创意挖掘所要解决的问题，以让创意者做到"有的放矢"和"对症下药"。

（3）创意挖掘手段

任何活动的实施都离不开一定的手段和方法，创意挖掘活动也不例外。成功的创意挖掘活动需要不同手段的支撑，因此，创意者需要根据需要，适时组合不同的挖掘手段以满足创意开发的需要。例如，技术研究开发工作既需要仪器设备、原材料和经费等"硬性"开发手段，也需要创造性思维等"软性"开发手段。

3．创意挖掘过程

创意挖掘是一个具有创造性的过程。一般来说，创意的挖掘和产生需要经历孕育期、形成期和成熟期三个阶段：

（1）创意孕育期

创意是知识、经验积累和创造性思维共同作用的结果。在创意孕育期，创意者一方面需要通过市场调查、阅读报刊文献、参加会议和与他人交流等渠道来收集大量信息并积累丰富经验，另一方面还需要通过各种方法来锻炼创造性思维。

（2）创意形成期

创意形成阶段是创意者思考如何挖掘、构思创意的阶段。这一阶段需要创意者综合运用创造性思维整理、分析大量信息资料。创意的形成可能是突发的、跳跃的，也可能是渐进的、连续的，但无论是哪一种方式，都需要充分发挥逆向思维、发散思维等创造性思维，都需要获得足够的信息资料并加以分析。

（3）创意成熟期

创意成熟期是对所形成的粗线条的创意进行深入挖掘的阶段。在创意形成期，创意还只是一个粗略的构想，还需进一步修正、检验。在这一阶段，创意者需要对创意的价值、可行性进行分析，以挖掘出具有较高价值和较高可行性的创意。

2.1.2 创意的挖掘方法

路障：怎么挖掘创意？

路标：分析法 + 协作法 + 系统法 + 思维法。

创意挖掘离不开一定的方法，现实生活中，人们可以借助大量的方法来挖掘创意。其中，比较典型的创意挖掘方法主要有：分析法、协作法、系统法和思维法等。

1．分析法

分析法是一种借助于一些有效的分析工具、手段来挖掘创意的方法，主要包括SWOT分析法和调查法。SWOT分析法是一种基于企业自身既定的内外部环境，分析企业的优势、劣势、机会和威胁的方法。创意的成功挖掘需要以一定的客观情况为基础，SWOT分析法充分分析企业所面临的内外部情况,被广泛使用。但是这种方法作为一种定性分析法也存在精确度不够的缺陷,因此,在运用 SWOT 方法挖掘创意时,需要尽量真实、精确和客观,并提供一定的定量数据做补充。

调查法是一种通过电话、邮件、网络或实地访问等方式收集信息资料的方法。在运用这种方法时,由于调查总体规模庞大、费用与时间有限等原因,通常从调查总体中随机抽取或非随机抽取一部分样本进行调查。例如,如果想知道某城市居民对某产品的消费意愿,通常不会调查这个城市的所有居民,而会选取该城市中的一部分居民来调查。现实中有很多通过调查法挖掘创意的例子,如史玉柱的脑白金广告——"送礼就送脑白金",就是从调查中发现老人对保健品有需求,但不愿自己购买的这一现象中构想出来的。

2. 协作法

协作法是一种通过团队协作的方式,充分发挥团队的智慧来挖掘创意的方法,这种方法主要有头脑风暴法、焦点小组法等。头脑风暴法是人们最常使用的方法,它是围绕某一特定的主题,以小组讨论会议的形式来挖掘创意的过程。通常,构成小组讨论会议的成员有限,一般以 5 到 10 名成员为宜,与会成员各抒己见、相互启发、激发创意。在小组会议讨论的过程中,应鼓励与会者尽可能提出多的想法,并不对任何想法做出评价。

焦点小组法是指由一个训练有素的主持人以无结构或半结构的形式组织被调查者的讨论。与头脑风暴法不同,焦点小组法允许个人提出尝试性的意见或建议,随后其他人可以对此意见或建议进行评价、否决。通过这种方法,创业者可以从这些自由讨论中获得一些深刻的见解,可以得到一些意想不到的发现。

> **案例:让核桃自动裂开**
>
> 某蛋糕厂为了提高核桃裂开的完整率,对"如何使核桃裂开而不破碎"进行了一次小型的头脑风暴会议,会上大家提出了近 100 个奇思妙想,但似乎都没有实用价值。其中有一个人提出:"培育一个新品种,这种新品种可以在成熟时自动裂开"。当时人们认为这是天方夜谭,但有人利用这个设想的思路继续思考,想出了一个可以使核桃被完好无损地取出的简单有效的好方法:在外壳上钻一个小孔,灌入压缩空气,靠核桃内部压力使核桃裂开。
>
> (资料来源:http://www.mifengtd.cn/articles/what-is-brainstorming.html)

3. 系统法

系统法是一种从系统、整体的视角来挖掘创意的方法,其代表是 TRIZ 法。作为发明问题的解决理论,TRIZ 揭示创造发明的内在规律,澄清系统中存在的矛盾,其最终目标是解决矛盾,获得理想解。在运用 TRIZ 法时,创业者首先需要对给定的问题、矛盾进行分析,然后选择相应工具、方法去解决,最后评价问题、矛盾是否得到很好的解决。实践证明,运用 TRIZ 方法,除了可加快人们创造发明的进程外,还能得到高质量的创新产品。

4. 思维法

思维法是一种借助于一些创造性的思维来挖掘创意的方法,其中比较典型的有自由联想法、逆向思维法等。自由联想法是指由某一事物联想到其他事物的心理认知过程。自由联想可以把表面上没有关系的事物联系起来,从而获得新的创意。华佗在看到被马蜂蜇肿的蜘蛛在绿苔上打滚消肿的现象后，把绿苔同人的治病联系起来；法国医生雷奈克把木杆传递声音的游戏同病人的病情诊断联系起来，最终在此基础上，发明了听诊器。

逆向思维法是指从反面、对立面来分析、思考问题的方法。在思考问题的过程中，人们常会沿着习惯性的思维路径思考，这样往往得不到答案。换一种思维，或换一种角度，从反面、反方向来分析问题，会产生很多创意。这也是人们热衷于用逆向思维来挖掘创意的重要原因。逆向思维产生创意的例子很多，如用水刀来切割金属等。

创意挖掘的过程也是人们走出思维定式的过程，现实生活中，人们并不会只局限于一两种创意挖掘方法，而会根据实际情况的需要，适时尝试各种方法，直至有价值创意的产生。

2.2 创业机会识别

核心问题
1. 什么是创业机会？
2. 如何识别创业机会？

学习目标
1. 了解创业机会的内涵和外延。
2. 理解影响创业机会识别的因素。
3. 掌握创业机会的识别过程和技巧。

2.2.1 创业机会概述

路障： 什么是创业机会？
路标： 创业机会内涵 + 特征 + 类型。

1. 创业机会的内涵与特征

创业活动是建立在创业机会的基础上的，从一定意义上来说，创业活动实质上是机会的识别、开发与利用活动。创业机会是一组有利于创业的条件组合，是商机、创意、资源、能力等要素有机结合的产物，它表现出如下特征：

（1）价值性

创业机会的价值性特征主要体现在以下两方面：①对市场上的顾客而言，创业机会能满足顾客未得到有效满足的需求，或能解决顾客所普遍遇到的问题；②对企业而言，识别、开发创业机会并不是创业者和投资者的最终目的，而是他们借以获取利润的手段，创业者通过生产出顾客愿意购买的产品或服务，从而为企业创造了价值。

（2）持久性

创业机会的持久性是指市场上存在相对足够的时间供创业者开发创业机会。从商业创意的产生到具体产品、服务的面市，需要历经一段时间，如果创业机会背后的市场需求不具备持久性、成长性或市场需求在机会开发期已被其他企业的产品、服务所满足，针对这一机会的创业行为可能会面临重大失败。因此，创业者在识别创业机会的过程中，需要时刻注意创业机会的持久性问题。

（3）适时性

创业机会是一组有利条件的组合，它存在于一定的时间段内，并随着市场供需、竞争对手、市场环境和政策环境的变化而消逝。通常，这一时间段也被称为"机会窗口"。"机会窗口"是创业的最佳时机，创业机会的适时性特征要求创业者在"机会窗口"内率先开发出相应的产品或服务并推向市场，以抢占先机。

2. 创业机会的类型

创业机会的类型划分可以从机会面向的市场类型、机会的性质和机会产生的方式三种角度来进行。

（1）按机会面向的市场类型来划分

从市场类型的角度，可以把创业机会划分为面向现有市场的机会、面向空白市场的机会以及面向全新市场的机会三类。

由于在现有市场上已有一些比较成熟的企业，创业者如想在现有市场上进行创业，只有通过有效的创新，才能在现有市场上站稳脚跟。典型的例子是戴尔公司，迈克尔·戴尔（Michael Dell）在进入个人电脑产业时，个人电脑产业已有很多成熟企业，这些企业之间展开着激烈竞争。为了在个人电脑产业立足，戴尔另辟蹊径，绕开分销商，实行直销模式，最终大获成功。

空白市场是指现有行业内尚未被开发的市场。这类市场可能是某类利基市场，被大企业所忽略。尽管这类市场规模可能会比较小，但是如果开发得当，也会收获很大价值。例如女性吉他市场，一些企业专注于这一空白市场，也取得了不错的成绩。

面向全新市场的机会不属于任何已存在的行业。在这种市场上，创业者没有现成的经营模式可供参考，需要创业者不断摸索。进入这种市场时，创业者需要时刻谨慎，需要全面考察该市场的成长性、新进入者的威胁等问题。

（2）按机会的性质划分

从机会性质的角度，可以将创业机会划分为问题型机会、趋势型机会以及组合型机会三种类别。

问题型机会是指由于一些问题的存在而产生的机会。大量机会的产生都是一些问题引发的，如消费者买不到好产品的问题，为那些能生产优质产品的创业者提供了机会；又如现有企业生产效率低的问题，为那些能高效率生产的新创企业提供了机会。

趋势型机会是指通过观察，分析未来的发展趋势而得到的机会。未来的发展趋势蕴藏着大量的机会。例如，随着时间的推移，我国的老龄人口将不断增多，并且老年人也越来越重视生活的品质，很多创业者正是意识到这些现象从而专注于高品质养老产品的研究与开发。

组合型机会是指通过组合不同的技术、产品或服务等要素而产生的机会。有时通过组合不同的要素可以产生更好的结果，从而萌生了新的机会。例如瑞士军刀，它组合了剪刀、平口刀、开罐器、镊子和圆珠笔等众多产品。

（3）按照机会产生的方式划分

从机会产生的方式来看，可以将机会划分为发现型机会、建构型机会以及发现+建构型机会三类。其中，发现型机会是指创业者通过系统搜寻或意外发现而找到的机会；建构型机会是指创业者在充分分析市场、消费者等要素的基础上建构出来的机会；而发现+建构型机会则兼具发现和建构的成分。

2.2.2 创业机会识别

路障：怎么识别创业机会？
路标：创业机会来源＋影响因素＋识别过程＋识别技巧。

1．创业机会的来源

变革和创新是创业机会的重要来源，美国学者斯科特·谢恩（Scott Shane）提出了产生创业机会的四种变革：技术变革、政治和制度变革、社会和人口结构变革以及产业结构变革。

（1）技术变革

技术是创业者开展各类创业活动的重要手段，技术变革可以让创业者去做之前不可能做到的事情，或者以更加有效的方式去做之前所做的事情。如互联网的出现，一方面可以让创业者的信息获取更加及时、有效，另一方面也可以让创业者的沟通更加便捷、低廉。

（2）政治和制度变革

政治和制度变革蕴含着丰富的创业机会，如"醉驾入刑"的实施，酒后代驾服务开始不断走俏。

（3）社会和人口结构变革

社会和人口结构的变革意味着市场需求、消费结构等方面的变化，这些变化都将创造大量的创业机会。例如，随着经济发展水平的不断提高以及中产阶级数量的不断壮大，人们越来越追求生活的质量，将更多的收入投入到旅游、娱乐等方面，这极大地促进了旅游、娱乐等事业的发展。

（4）产业结构变革

企业的消亡，或企业间的吞并，改变了产业中的竞争状况，进而形成了或终止了创业机会，例如，托拉斯式企业的消亡可能为小微企业的发展带来机遇；另外，产业融合、新兴产业的出现也会为创业者带来大量创业机会，例如通信业和IT业的融合催生了大批新企业。

2．创业机会识别的影响因素

创业者的机会识别活动受诸多因素的影响，一般来说，主要的影响因素有三类，即机会层面的影响因素、创业者层面的影响因素以及环境层面的影响因素。

（1）机会层面的影响因素

机会层面的影响因素主要指机会的自然属性。从本质上来说，创业机会是一组有利条件的组合，而这组条件的成熟与否直接影响创业者的机会识别活动。另外，成功的创业活动是创业者与创业机会相匹配的结果，如果机会的属性与创业者不匹配，那么创业者也不会认为此机会是创业机会。

（2）创业者层面的影响因素

1）个体特质　个体特质主要包括性别、年龄、悟性、灵感、创造性和创业警觉性等。这些创业者个人特质与创业机会识别密切相关，有大量研究表明，创业者的警觉性越高、悟性和创造性越强，越有助于机会的成功识别与开发。

2）先前经验　大量研究表明，创业者的先前经验会影响创业者的机会识别活动，通常，创业者的先前经验越丰富，创业者越能在相关领域内发现和把握创业机会。一方面，先前经验丰富的创业者更能对相关机会的商业价值、投资回报等做出全面、客观、清晰的分析和考察，如市场的潜在规模、机会的预期回报等；另一方面，先前经验丰富的创业者更能从自身、市场和社会的角度考虑相关机会的时效性、可行性，如市场需求的持久性与成长性，开发该机会需要什么样的投入，自身是否有能力开发该机会等。

3）领域知识　领域知识，即与某专业领域相关的知识组群，它影响着创业者的机会识别能力。一般来说，具备相关领域知识的创业者会比其他创业者更容易发现该领域的创业机会。例如，在计算机软件开发领域，计算机工程师的机会识别能力会强于律师，这主要是源于计算机工程师对计算机软件开发领域有更多、更深刻的理解和把握。因此，决定在某领域创业的创业者需要不断了解、学习相关领域的知识。

4）认知因素　创业者的心理认知也是影响创业机会识别活动的重要因素：①创业者对创业机会特征的认知影响创业机会识别，创业机会是商机、创意、资源、能力的有机结合。越从这几方面来分析机会，越能把握住真正的创业机会；②创业者的学习能力影响创业机会识别，在识别机会的过程中，创业者需要不断接触新事物，通常具有良好学习能力的创业者会比其他学习能力一般的创业者更快、更及时地识别到创业机会。

5）社会关系网络　社会关系网络是创业者重要的隐性资源，它对创业者的机会识别活动起着非常重要的作用：①社会关系网络的多寡影响创业者识别机会，通常情况下，拥有大量社会关系网络的创业者比那些拥有少量社会关系的创业者更容易发现创意和机会，一项调查报告显示，超过半数的调查者是通过社会关系网络得到创意的；②社会关系的异质程度影响机会识别，社会关系的异质性越强，创业者越可能得到新想法、新创意、新视野，进而推动创业机会的识别。

（3）环境层面的影响因素

环境层面的影响因素包括技术、市场和政策法规等。环境对创业者的机会识别活动具有双重作用：一方面，技术变革、新需求的出现会产生大量机会，这使得创业者能把握和开发的机会增加；另一方面，环境也会在一定程度上限制机会识别活动，创业者只能在现有的政策法规下识别开发机会。

3．创业机会识别过程

创业机会的识别过程是创业者与环境不断互动的过程，也是机会搜寻与建构、机会评价和机会阐述的过程。

（1）机会搜寻与建构

机会搜寻与建构是创业机会识别活动的起点。没有相应的机会搜寻与建构活动，机会识别将会成为无本之木。机会不会"不请自来"，在机会搜寻和建构的过程中，创业者需要收集、整理和分析大量资料。

（2）机会评价

创业者在搜寻和建构机会后，需要对所搜寻和建构的机会展开进一步的分析，以判断该机会是否值得开发。其中，对机会的评价和分析应包含以下几方面：行业与市场、投资与收益、赢利时间、竞争优势、致命缺陷、进入障碍和管理团队等。

（3）机会阐述

机会阐述是创意变为最终形式的过程。在这一过程中，创意被进一步明确和细化，变为有价值的东西，如新的产品、服务或商业概念。对于新创企业来说，这正是编写创业计划书的时候。

4. 创业机会识别技巧

创业者可以借助多种技巧来识别创业机会，其中，比较普遍的方法是通过分析现存问题、收集顾客建议、发现市场缝隙、观察环境趋势变化和产品功能等来获得创业机会。

（1）从问题和建议中获取创业机会

1）分析现存问题　问题蕴含着丰富的商机，围绕问题来搜寻创业机会是一种非常有效的方法。创业者在运用问题分析法时，首先要找出个人或组织所面临的问题、痛点，这些问题和痛点既可以是消费者的需求没有得到很好地满足，也可以是市面上产品存在的缺陷；其次针对这些问题和痛点提出有效的解决方案，只有问题，没有合适的解决方案成为不了机会。隔热杯套的发明就是典型的例子，由于纸杯太烫，促使杰伊·索伦森（Jay Sorensen）发明了隔热杯套，并由此大获成功。

2）收集顾客建议　创业机会也蕴含于顾客的建议中，创业者可以通过收集顾客建议来获取创业机会。在使用产品或服务的过程中，当产品或服务低于顾客的心理预期时，顾客往往会对产品或服务提出一些建议或抱怨，这些抱怨或建议可能很简单、非正式，也可能很系统、很正式，但无论何种形式的建议或抱怨，创业者都应积极吸取、认真对待并及时做出反应。例如，双门冰箱的出现就与消费者的建议和抱怨有关。

（2）从市场缝隙和环境变化中获取创业机会

1）发现市场缝隙　市场缝隙一般是大企业所忽视的细分市场。市场缝隙的存在，意味着潜在商业机会的存在。通过充分开发、利用市场缝隙，创业者往往能出奇制胜。

2）观察环境趋势变化　趋势变化是创业机会的重要来源。通过观察、分析环境的趋势变化，有助于创业者识别和把握创业机会。一般而言，创业者应关注的重要趋势变化主要有国内外经济社会发展趋势、技术变革、政策和制度变革、人口结构和消费结构变革、市场环境变化等。一方面，顺应经济社会发展的趋势有助于保证创业方向的正确性；另一方面，迎合变革，有助于创业者找到新的突破点。

（3）从产品功能中来获取创业机会

1）功能拓展法　它指的是对产品的功能进行扩展，例如，厨房用的刀具主要是"切"，但很多时候使用者会其他需求，如"刮""拍"等，那么可以对刀具的功能进行拓展，如在刀背上设计锯齿，满足使用者"刮"的需要。

2）功能联想法　它指的是通过对产品的功能进行相关联想，创造性地改进或设计产品，例如将自由女神像的废料与纪念像、纪念币联系起来。

3）功能组合法　它指的是将不同的功能组合在一起，强调功能的合理配置和结构的节约性，例如多功能消防锤，不仅具有敲击的功能，还具有割绳刀、警示灯、手电筒、磁力和鸣笛等众多功能。

4）功能削减法　与功能组合法相对，它既可以看作是功能与形式的合理配置，也可以看作是功能的细化，最大限度满足消费者的需求，如宜家出售家具组件并提供图纸、起子等工具，由顾客自己组装。

5）功能定义法　它指的是将功能从产品形态中分离出来，对功能进行重新定义，例如沙漏，它除了计时功能，还兼具装饰、艺术功能。

2.2.3 创业机会评价

路障： 怎么评价创业机会？
路标： 产业环境评估＋目标市场状况评估＋拟开发产品或服务的吸引力评估＋盈利能力评估＋创业者素质与能力评估。

一个完整的机会识别过程还包括对所获取的机会进行评价，如果缺乏对机会的有效评估，那么围绕这一机会的创业活动可能会遭受重大损失。创业机会评估涉及众多方面：产业环境、目标市场状况、拟开发产品或服务吸引力、盈利能力、创业者素质与能力等。

1. 产业环境评估

机会的商业价值受产业环境的影响，创业者在筛选与评估机会时首先需要分析产业环境的状况。产业环境包括众多要素，波特认为，企业在发展过程中受五个产业因素的影响，它们分别是新进入者威胁、供应商的讨价还价能力、产业竞争者的威胁、消费者的讨价还价以及替代品的威胁。

在具体操作层面，新进入者的威胁可从产业进入壁垒的角度来展开，如规模经济、产品差异、品牌认定、交易成本等；供应商的讨价还价能力可通过企业对供应商的依赖程度来评估，具体的指标如重要供应商的数量以及被供给资源的重要程度等；产业竞争者的威胁可以通过评估竞争者数量、增长率以及额外容量等指标来展开；消费者讨价还价能力可以通过评估重要消费者数量以及产品或服务对消费者的重要性等指标来展开；替代品的威胁可以通过评价替代品的可用性以及替代品的性价比等指标来展开。

2. 目标市场状况评估

目标市场是企业拟进入的、消费群体具有类似特征的细分市场。在评估目标市场的状况时，可从潜在消费群体的状况、目标市场的增长潜力等方面来展开。

机会能否最终实现商业价值在于消费者是否愿意购买从机会中开发出来的产品或服务。如果潜在消费群体的规模小、购买力差并且购买意愿低，那么势必会影响企业的盈利能力。因此，分析潜在消费群体的状况具有十分重要的意义。为了获取潜在消费群体状况的信息，可以针对目标市场的潜在消费群体开展市场调查活动，有目的地获取有关他们的一手信息资料；另外，还可以通过各种方式查询各类最新的统计年鉴、报告来获得潜在消费群体的收入、支出等资料。

企业的可持续发展要求目标市场具有较大的增长潜力。创业者在筛选和评估机会的过程中，势必要考虑到目标市场的潜力，缺乏潜力的市场，企业也只能获得一时的发展。目标市场增长潜力的信息可从以下两类渠道来获得：一是查阅相关产业的期刊、数据库；二是通过专业网站、专业权威来获取相关资料。

3. 拟开发产品或服务的吸引力评估

产品或服务的吸引力是衡量相应机会价值大小的重要指标。企业在开发产品或服务的过程中，围绕的问题不是"我能生产什么"，而是"我应该生产什么"。"企业生产什么，就卖什么"的传统生产观早已过时，"消费者需要什么，企业就生产、销售什么"的理念已成为当今社会的主流。

在评估拟开发产品或服务的吸引力时，需要不断深入了解潜在消费者，分析他们的"痛点"，挖掘他们的需求和面临的困境。在分析消费者的基础上，把拟开发的产品或服务与消费者的"痛点"、需求和困境相匹配，以考察将推出的产品或服务能否为消费者解决他们的"痛点"，满足他们的需求。另外，还需与市面上已有的产品或服务进行比较，分析自己的产品或服务是否有比较大的优势、亮点，能否为消费者提供独特的价值。

4．盈利能力评估

企业是以盈利为目的的经济型组织，其目的是追求利润的最大化。因此，对机会的盈利能力进行评估显得非常必要。为了评估机会的盈利能力，需要创业者评估开发机会的资本需求量、同类企业的盈利能力以及财务吸引力。

机会开发需要投入相应资本，一般来说，主要包括固定资产投资和流动资金，前者如厂房、设备等费用，后者如工资、原材料、差旅等费用。很难直接推测出新创企业的盈利能力，一般情况下，可以通过评估同类企业的盈利能力来推测新创企业的盈利能力。

5．创业者素质与能力评估

在所有生产要素中，人居于核心地位，是推动其他生产要素发挥作用的关键。因此，从人的角度来评估机会开发的可行性也显得非常重要。在评估创业者素质与能力时，可从以下几方面来展开：创业者个人相关的经验与技能、社会关系网络、资源整合能力以及创业团队状况等。

在实际操作过程中，相关经验与技能的评估可从以往的学习、工作和生活经历来展开，相关经验与技能越丰富，越有助于机会的开发。社会关系网络的评估可从关系网的广度与深度来进行，既有广度又有深度的关系网才能在机会开发中立于不败之力。在评估资源整合能力时，需要着重两方面：一是资源的吸纳能力，二是资源的管理、分配与安排，越能合理吸收、利用资源，越能为机会开发提供保障。创业团队的评估可从团队的互补性、凝聚力、稳定性等方面来开展，越是富有互补性、凝聚力和稳定性的团队，越能在机会开发过程中取得好的效果。

> **思考：下面这个案例是个创业机会吗？**
>
> 机会：在高尔夫球内安置一个电子小标签，以使它们在丢失后容易被找到。
>
> 讲述：高尔夫比赛期间，还有什么比丢球更令人沮丧的呢？不仅丢球使球手付出2杆的代价，而且找球也减缓了高尔夫球赛进程。开发一种电子小标签，置入高尔夫球内，不就可以解决问题了？
>
> 你觉得这是一个好的机会吗？你会如何去论证？

2.3 创业风险评估

核心问题

1. 如何识别和评估创业风险？
2. 如何应对不同类型的创业风险？

学习目的

1. 了解创业风险的主要类型。
2. 熟悉创业风险的识别方法和评估内容。
3. 掌握应对不同类型风险的方法。

2.3.1 创业风险的内涵

路障： 创业风险要素？
路标： 风险因素＋风险事件＋风险损失。

任何创业活动都是机会与风险并存的。在创业的过程中，如何识别、规避创业风险是每个创业者都需要认真思考的问题。创业风险是指由于创业环境和创业机会的复杂性、不确定性以及创业者自身资源、经验与能力的有限性，导致创业活动偏离预期目标的可能性，它由风险因素、风险事件和风险损失三个要素构成。

1．风险因素

风险因素是引发风险事件的原因，在实际创业的过程中，存在众多的风险因素，根据风险因素的来源不同，可以将风险因素划分为系统风险因素和非系统风险因素，其中前者来源于创业环境，如市场供需、竞争对手等；后者来源创业者自身，如创业者的实力、能力等。

2．风险事件

风险事件是指潜在的风险变成了现实，它是造成损失的直接原因，也是损失发生的重要媒介，即只有实际发生了风险事件，才可能导致损失。如上游物资供应链中断，导致了企业的生产无法继续进行。

3．风险损失

风险损失即由风险因素和风险事件造成的利益的损失或减少，它包括直接风险和间接风险，一般可用货币来衡量。对于各类风险，防范的关键在于识别、预测、评估、预防风险因素和风险事件的发生。

2.3.2 创业风险的识别与评估

路障： 怎么识别和评估风险？
路标： 风险识别＋风险评估。

1．创业风险识别

识别风险是防范和规避风险的第一步，只有在正确识别出自身所面对的风险后，才可能采取有效措施来加以处理。

（1）风险的类型

创业的过程也即风险识别、承担与化解的过程。按照创业风险内容的表现形式，可将机会风险分为机会选择风险、环境风险、人力资源风险、技术风险、市场风险、管理风险和资金风险。

1）机会选择风险　机会选择风险是指创业者由于选择了创业而失去了其他方面的所得或发展机会。例如，辞职创业失去了比较稳定的收入来源、职位晋升机会和相关的福利等。从经济学的角度来看，这种风险主要来源于资源的有限性、稀缺性，即由于精力、时间等资源的有限，个人无法同时专注于多件事，只能从中选择某件事，从而产生了机会选择风险。机会选择风险的存在，客观上使得人们更加谨慎地对待创业。

2）环境风险　环境风险是指由于政策、法律法规等社会环境或自然环境的变化而导致创业失败的风险。有时创业者可能想到了一个很好的商业模式或生产出了全新的产品或服务,并为此投入了大量的人力、物力、财力,但随着环境的变化,如新政策的出台、法律法规的约束,创业者的这些投入都化为了"沉没成本",预期收益也无法获得,如最初一些国家对转基因食品销售的限制。因此,创业者在创业时,需要加强对创业环境的分析和预测,以降低环境带来的风险。

3) 人力资源风险　人力资源风险是指在创业过程中,由于人力资源的原因给企业造成的风险。人力资源风险表现在以下三方面:①人力资源能力风险,即由于能力的缺失与不足而造成的风险,如由于创业者的组织协调能力差,无法有效应对所遇到的问题,致使创业失败;②人力资源流失风险,如企业关键人才的流失,会给企业造成难以挽回的损失;③人力资源道德风险,即一些不道德的行为造成的风险,如创业者以权谋私的行为会损害企业形象和利益。

4) 技术风险　技术风险是指因技术的不确定性而导致创业失败的可能性。技术尤其是高新技术对企业的生存与发展发挥着越来越重要的作用,越来越多的企业投入到技术研发、创新的活动中。对企业而言,技术风险主要表现在以下几方面:①技术成功的不确定性,即技术研发或创新活动并不能保证百分之百成功;②技术前景的不确定性,即由于各方面的限制,难以确定所研发技术的发展前景;③技术效果的不确定性,即在技术研发未完成时,很难知道技术是否可以达到预期的效果。

5) 市场风险　市场风险是指由于市场的不确定性而导致创业失败的风险。从广义上来说,市场风险包括项目选择风险、市场进入风险、营销风险、竞争风险等。其中项目选择风险主要是指由于创业者在创业前缺乏足够的市场调研和论证,发生了认知偏差,导致了创业失败;市场进入风险是指细分市场的定位或进入市场的时机存在偏差;营销风险是指市场营销行为与定位的失误或偏差;竞争风险主要是指在竞争中无法取胜、被竞争对手替代的风险。

6) 管理风险　管理风险是指由于企业管理失当而引发的风险。管理者素质、决策活动以及组织结构调整影响着管理风险的大小:①管理者可以不具备高深的技术知识,但是必须具备创新意识、机会意识、责任感、乐观、坚忍不拔和诚信等素质,这些素质影响管理风险的大小;②对于决策活动来说,不进行科学分析,仅凭管理者好恶或个人经验做决策很容易导致创业失败;③在企业发展过程中,如果没有相应的组织结构调整,会衍生出诸多管理问题。

7) 资金风险　资金风险是指由于资金供应中断而导致创业活动失败的可能性。缺乏资金是创业者普遍面临的问题,如果资金问题没有得到很好的解决,势必会使创业者错失良机,会影响企业的业务拓展。大量的实例表明,资金的不当管理很容易导致资金供应的中断,进而引发资金风险,如超负荷融资使企业背负了大量债务,致使企业的大部分收入用于偿还债务,甚至偿还不了债务。

(2) 风险的识别方法

创业风险可以借助一定的方法来识别,一般而言,创业风险的识别方法主要有环境分析法、财务报表分析法以及专家调查法等。

1) 环境分析法　创业环境可以分为宏观环境和微观环境,其中,前者主要指经济、政治、社会和自然等环境;后者主要指供应商、消费者、分销商和竞争者等环境。环境分析法是指创业者通过对宏观环境和微观环境的分析,找到企业的机会、威胁、优势和劣势,进而识别出企业可能面临的风险。风险来源于不确定性和变动性。由此,环境分析法的重点在于分析宏观与微观环境中的不确定性和变动性因素,以及分析各要素间的相互作用。

2) 财务报表分析法　财务报表分析法是一种从企业财务的角度来识别风险的方法,又称财务分析法，它是以财务报表和其他资料为起点，对企业过去和现在的现金流量、资产负债和利润等状况展开的系统分析和评价。由于财务报表等书面文件综合反映了企业在一定时期内的财务状况和经营状况，因此，通过分析财务报表等书面文件，创业者可以从中发现潜在的风险。在具体的方法层面，财务报表分析法可分为杜邦财务分析法、比较分析法、比率分析法、因素分析法、综合系数分析法和趋势分析法等。

3）专家调查法　专家调查法是一种借助于相关领域内的专家来识别、分析创业风险的方法。它依靠专家的知识、经验，充分发挥专家所长，由专家在分析研究的基础上对问题做出评估和预测。一般而言，专家调查法具有如下特点：函询，用邮寄方式征询专家意见；多向，专家一般分布于不同领域；匿名，专家可以通过调查组织者了解到其他专家的意见，但他们互不了解对方是谁；反复，轮番征询和反馈意见；集中，用统计方法整理所有专家的意见，使每个专家的意见都尽可能地反映在最后的结论中。

2．创业风险评估

创业者在识别出了潜在的创业风险后，还需要对风险进行评估，一般而言，创业风险评估的内容主要包括风险估计、创业者风险承担能力评估以及风险收益估计。

（1）风险估计

风险估计是指对创业风险的来源、发生概率、发生时间、影响范围和影响程度等几个方面进行估计。风险估计是对创业风险的进一步认识，可以为创业者的风险应对决策提供有力帮助：一方面，创业风险的发生是由一些风险因素和风险条件引发的，揭示创业风险发生的原因，可以让创业者在应对风险时做到有的放矢；另一方面，创业者在创业过程中会遇到诸多风险，但每种风险的发生时间、发生概率、影响程度和影响范围是不一样的，在时间、精力和资源有限的情况下，通过风险估计，创业者可以优先应对那些即将发生且影响范围和影响程度大的风险。

（2）创业者风险承担能力评估

在对潜在的创业风险进行估计后，还需要对创业者的风险承担能力进行评估。创业者的风险抵抗能力与创业者的经验、能力和收入等息息相关。在对创业者的风险承担能力进行评估时，可以从以下几方面来展开：①用于抵抗风险的资金数量，风险损失的直接表现是资金的损失，因此，在一定程度上，创业者有多少用于承担风险的资金决定了创业者的风险承担能力；②获取其他渠道收入的能力，创业者获取其他渠道收入的能力越强，相应地，风险抵抗能力也越强；③风险管理经验，一般情况下，创业者风险管理经验越丰富，越能及时采取有效措施应对风险的发生。

（3）风险收益估计

创业是一项充满风险的活动，获取风险收益是创业者开展创业活动的主要动因，即只有当预计产出大于预计投入的时候，创业者才可能会去冒险创业。由此，除了风险估计、风险承担能力评估外，风险评估活动还应包括风险收益估计。风险收益受诸多因素的影响，如技术与市场的成功概率及优势、创业者的优势及策略等。为较精确地估计风险收益，创业者需要全面分析各类影响风险收益的因素。

2.3.3　创业风险的防范与规避

路障：怎么防范和规避创业风险？

路标：机会选择＋环境＋人力资源＋技术＋市场＋管理＋资金等风险防范。

风险识别与评估的最终目的是为了防范和规避风险。在防范和规避风险的过程中，创业者除了需要树立风险意识、建立风险预警机制外，还需要具体问题具体分析，针对不同类型的风险采取适宜的应对措施，以下主要对机会选择、环境、人力资源、技术、市场、管理和资金等风险的应对逐一做出解读。

1．机会选择风险防范与规避

机会选择风险主要发生于个人的抉择中。由此，在防范和规避此类创业风险时，创业者需要在全面权衡创业风险和收益的基础上，分析和比较创业目标与当前的职业收益，如果创业机会成熟，又能带来巨大收益，那么就不要犹豫，全身投入于创业；如果时机不成熟，收益不明晰，自身也不具备相应素质，那么就不要急于创业，应该静待时机，并积累经验，锤炼技能，以提升自我。

2．环境风险防范与规避

一般而言，环境风险是创业者难以掌控的，为防范此类风险，创业者所能做的一般只是加强监测和预警：①任何现象的出现都是有一定预示的，环境风险也不例外。因此，在风险发生前，创业者需要通过各种渠道来识别、监测各类环境风险，并及时找到有效方法来加以应对；②从宏观层面理解和把握国家经济和社会的发展趋势，从而为企业的重大决策提供向导，这需要创业者不断关注国内外重大时事，加强各类环境风险的研究、预测等；③提高警惕性，树立危机意识，意识是行动的先导，现实中，有许多本可以防患于未然的危机，由于缺乏危机意识，造成了重大损失。

3．人力资源风险防范与规避

对于企业而言，防范和规避人力资源风险可从人力资源招聘、培训、考核和薪酬绩效等方面来展开：①坚持"宁缺毋滥"的原则，严把用人关，在招聘人员时，需要对应聘人员的知识、技能和素养等进行全方位的考察和分析；②加强人员培训，创业者要根据实际情况的需要，及时开展各类培训工作，以提高企业人员的各方面能力；③加强考核，创业者需要对企业员工进行全面的考核，以了解每个员工的工作情况，为人力资源决策奠定基础；④加强薪酬绩效管理，在激发企业人员努力工作的同时，留住优秀的人才，如把公司股份授予优秀员工；⑤加强制度和文化建设，增强企业的向心力和员工的凝聚力。

4．技术风险防范与规避

技术风险主要来源于技术的不确定性，对于企业而言，降低技术不确定性的方法主要有：①加强技术研发的可行性论证，以提高技术研发的成功概率。在技术研发过程中，创业者要充分考虑企业的研发能力，如果发现研发能力不足，创业者需要通过各种途径来提升企业的研发能力，如外聘相关领域内的专家；②坚持市场导向，以减少企业技术研发的随意性和盲目性，创业者要紧紧围绕市场上消费者的需求来确定技术项目，并将所研发的技术转化为消费者需要的产品或服务；③技术研发要"快"，现如今，技术的更新换代速度不断加快，创业者需要在技术的生命周期内研发出技术并推向市场。

5．市场风险防范与规避

市场风险主要是由市场的不确定性造成的，因此，防范与规避这类风险的要点在于降低市场的不确定性：①在选择项目时，要进行充分的市场调研和市场分析，其中，调研和分析的信息主要包括竞争环境、市场供需、行业结构、消费者需求及购买行为等方面；②明确产品或服务定位，选择合适的目标市场，这要求创业者在市场调研和分析的基础上，根据产品或服务的定位，做好市场细分；③制定切实可行的营销策略，针对细分市场，创业者要有效组合营销四要素，即产品、价格、渠道和促销；④对市场要时刻保持灵敏性，市场环境变幻莫测，创业者要时刻注意到市场的变化，并及时做出反应。

6. 管理风险防范与规避

管理风险与管理者、决策、组织密切相关。大量研究表明，越是良好的管理素质、科学的决策、恰当的组织结构，越能降低管理风险。由此，对于管理风险的防范与规避，可以从三方面来着手：①努力提升管理者的素质、能力或者聘请管理方面的专业人才；②杜绝主观武断，建立科学的决策机制，以减少失误决策的发生概率；③根据企业所处的阶段，确立相适应的组织结构，避免组织结构僵化、臃肿。

7. 资金风险防范与规避

资金风险主要是由资金供应中断引起的，由此，应对此类风险的关键点是防止企业资金供应的中断。具体来说，主要的方法有：①合理融资，确定合理的融资规模，融资规模过大容易背负巨大债务压力，融资规模过小难以发挥融资应有的效果，另外融资时机与融资结构也需合理，过早或过晚融资以及融资结构不合理都容易引发资金风险；②制定科学合理的财务计划，并加强现金流管理。现实中，许多创业企业出现资金供应中断的现象在很大程度上都是由于缺乏合理的财务计划和有效的现金流管理。

2.4 创业机会的发现与建构

核心问题

1. 创业者可以借助哪些方式来获取创业机会？
2. 创业机会与信息加工有什么联系？

学习目标

1. 了解创业机会的发现方式。
2. 理解创业机会与信息加工的联系。

对于"创业机会的起源与产生"这一问题，不同的学者有不同的回答。有学者认为创业机会存在于客观世界，是创业者发现的结果；有学者认为创业机会并非客观存在，是创业者建构的结果；还有学者认为创业机会是创业者发现+建构的结果。一般而言，创业机会的探索和形成是多种途径的，有些机会是创业者发现的，而有些机会是创业者建构的，还有些机会是创业者发现+建构的，这三种方式都是创业者探索创业机会的非常重要的途径。

2.4.1 创业机会的发现

路障： 如何发现创业机会？
路标： 主动搜寻+意外发现。

创业机会发现论者认为创业机会是客观存在的，是被创业者发现出来的。例如，张朝阳就是因为发现了互联网中的商机而创办了搜狐。创业机会发现论者强调环境对创业者的影响，认为创业者所经历的客观环境会在创业者身上留下印迹，这种印迹影响着创业者的机会发现能力。一般而言，有两种机会发现方式。

1）主动搜寻　创业者有意识地通过系统搜寻来发现创业机会，它涉及信息搜集与信息加工两个层面。创业者能否通过主动搜寻的方法发现创业机会与其信息搜集加工的方式、能力有关。通常，系统性搜寻并对所搜寻的信息资料进行深度加工，能提高创业者发现创业机会的概率。

2）意外发现　创业者凭借自己积累的知识来"意外"发现创业机会，它与创业者的先前知识和创业警觉性密切相关。先前知识的多寡、创业警觉性的高低影响创业者意外发现机会的能力。先前知识的类型影响创业者意外发现机会的类型。因此，为增强意外发现机会的能力，创业者一方面需要不断积累、扩充知识，另一方面需要通过多种途径来提高自身的创业警觉性。

Murphy依据主动搜寻与意外发现两个维度，提出了一个机会发现的二维框架，如图2-1所示。这个二维框架把机会发现的方式分为惊喜发现、周密搜寻、坐享其成和意外发现四种。其中，惊喜发现指的是在高度的主动搜寻后终于发现了超乎预期的机会；周密搜寻指的是机会意外出现的可能性比较小，创业者必须通过主动、系统的搜寻才能够发现机会；坐享其成指的是个体无须主动搜寻，也不会有意外发现，如家族企业的继承；意外发现指的是个体无须搜寻，凭借先前知识和创业警觉性就能意外发现机会。

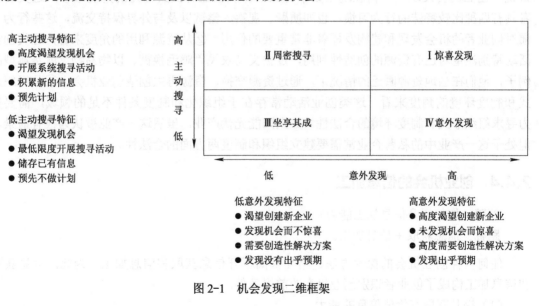

图 2-1　机会发现二维框架

2.4.2　创业机会的建构

路障： 怎么建构创业机会？

路标： 理解力和创造力＋互动和交流＋规则和资源。

机会建构论者认为创业机会并不预先存在,而是创业者通过对市场、消费者等因素的认知与理解建构出来的。例如,阿里巴巴建构的双十一购物节。一般而言,创业机会的建构过程包含三个方面。

1)理解力和创造力　在机会建构论者看来,创业机会与创业者密不可分且相互交织在一起,它是由具有主动性、目的性和创造性的创业者建构出来的。

2)互动和交流　创业机会的建构离不开互动和交流,它是创业者在与他者的互动过程中建构出来的,他者既可以是"人",如潜在消费者、竞争者、供应商、分销商和零售商等,也可以是"物",如环境、制度、规则和资源等。

3)规则和资源　创业者是处于一定环境中的人,他们的任何行为活动都会受到环境和自身条件的双重影响。创业机会的建构也不例外,在众多影响因素中,规则和资源是影响创业者机会建构活动的首要因素。

2.4.3　创业机会的发现 + 建构

路障: 创业机会发现 + 建构的特点。
路标: 创业者及其行为角度 + 资源利用角度 + 组织形式和制度环境角度。

创业机会发现 + 建构论者认为创业机会的出现兼有"发现"和"建构"的特征,是两者相互作用的结果。"打车软件"就是典型的例子,它事先发现了市民的出行需求没有得到很好满足的市场机会,并在此基础上通过借助移动互联网技术建构出了新的创业机会。一般来说,创业机会发现 + 建构表现出如下特征。①从创业者及其行为的角度来看,这类创业者具有四种比较特殊的行为习惯,也即质疑、观察、尝试以及与外界保持交流,这些行为习惯对创业者的机会发现和建构发挥着非常重要的作用。②从资源利用的角度来看,这类创业活动特别注重对已有资源的创造性利用,过去义乌农民"鸡毛换糖、以物易物"就是典型的例子,他们在当地资源匮乏的情况下,通过资源交换、资源再生创造创业机会。③从组织形式和制度环境的角度来看,这类创业活动常存在于组织化和制度条件不足的领域,需要努力寻求组织形式和制度环境的合法性。如太阳能光伏产业,虽然这一产业被认为很有前景,但处于这一产业中的私营企业常需要建立组织和制度两方面的合法性。

2.4.4　创业机会的信息加工

路障: 如何提升信息加工能力?
路标: 信息获取 + 信息加工。

任何一种创业机会的探索方法、路径都离不开信息获取和信息加工。为此,信息获取和信息加工构成了创业者识别创业机会的前提条件。

(1)提升获取有价值信息的能力

创业机会来源于各种变革和创新,获取这些变革和创新信息能有效帮助创业者识别创业机会。但每个创业者的信息获取能力并不一致,为提升信息获取能力,可以从以下几方面来进行:①扩大交往圈,获取不同类型的信息;②在交往圈中占据有利位置,及时和有效获取各个交往圈的信息;③提高创业警觉性,以获取那些未被他人注意到的有价值的信息。

（2）增强信息加工的能力

识别创业机会还离不开创业者的信息加工能力，信息加工能力的大小直接影响创业机会探索的结果。信息加工能力与创业者的经验、心态和洞察力密切相关，因此，为增强创业者的信息加工能力也可从这几方面来进行：①反复提炼和总结经验，增强创业者组织和利用信息的能力；②保持乐观心态，从不确定性和危机中看到机会；③提高分析问题、解决问题以及把握趋势的能力，可以从细微处发现有价值的信息或预测未来的发展趋势。

小　结

内容要点

[1] 创意是指具有创造性的点子、想法，它是创意者在知识与经验积累的基础上进行创造性思考的结果。

[2] 创意的来源非常广泛，一般来说，创意的来源主要有问题、经验、直觉、兴趣爱好、需求和看待事物的方式方法等。

[3] 创业机会是一组有利于创业的条件组合，是商机、创意、资源、能力等要素有机结合的产物。

[4] 变革和创新是创业机会的重要来源，创业机会的四种变革有：技术变革、政治和制度变革、社会和人口结构变革以及产业结构变革。

[5] 创业者的机会识别活动受诸多因素的影响，一般来说，主要的影响因素有三类，即机会层面的影响因素、创业者层面的影响因素以及环境层面的影响因素。

[6] 创业者可以借助多种技巧来识别创业机会，其中，比较普遍的方法是通过分析现存问题、收集顾客建议、发现市场缝隙、观察环境趋势变化和产品功能等来发现创业机会。

[7] 创业风险是指由于创业环境和创业机会的复杂性、不确定性以及创业者自身资源、经验与能力的有限性，导致创业活动偏离预期目标的可能性，它由风险因素、风险事件和风险损失三个要素构成。

[8] 创业风险评估的内容主要包括风险估计、创业者风险承担能力评估以及风险收益估计。

重要概念

创意　创业机会　机会识别　创业风险　风险识别　机会发现　机会建构

复习回顾

[1] 创意、创业机会之间存在什么样的联系和区别？

[2] 对于某些创业机会，为什么有些人能识别和把握，而有些人却不能？

[3] 创业机会具有哪些特征？如何评价创业机会？

[4] 如何识别和评估创业风险？

延伸阅读

[1] 亚里·拉登伯格，夏罗默·迈特尔. 创新的天梯 [M]. 司哲，张哲，译. 北京：机械工业出版社，2014.

[2] 肖恩·怀斯，布拉德·菲尔德. 创业机会 [M]. 凌鸿程，刘寅龙，译. 2版. 北京：机械工业出版社，2018.

[3] 罗希特·巴尔加瓦. 隐秘的商机 [M]. 武越，译. 北京：中国人民大学出版社，2016.

教辅资料

相关教学设计及配套资源可至 www.pficy.com 或"平凡 i 创业"APP 获取。

项目 3

开发商业模式

项目概要

通过本项目的学习,了解商业模式的含义,商业模式设计的特点和框架,商业模式创新的类型、动力及阻力,熟悉商业模式的特征,商业模式的评估准则,理解商业模式的核心逻辑,掌握商业模式的设计过程和方法,商业模式的评估方法,商业模式的创新方法。

重点难点

重点:商业模式的逻辑、商业模式的设计框架、商业模式设计与评估方法。

难点:商业模式创新、商业模式实践。

案例引入:施乐的崛起

20 世纪 50 年代中期,美国商业复印市场上有光影湿法和热干法两种成熟的复印技术。但这两种方法都存在易弄脏复印品、复印张数有限以及复印件不能持久保存等缺点。为了吸引更多客户购买,当时通常采用"剃须刀+刀片"模式,对复印机设备采用成本价加上一个适当的价格卖出,而对配件和耗材单独收费,并且通常会在其成本价之上加高价以获取高额利润。

后来,切斯特·卡尔森发明了一项被叫作"静电复印术"的新技术,并与 Haloid 公司的总裁乔·威尔逊合作发明了第一台利用静电复印技术复印的 914 型复印机。"静电复印术"是利用静电把色粉印在纸上,所以复印出来的页面既干净又整洁,复印的速度大大提高,每天能达数千张。但由于其生产成本高达 2 000 美元,威尔逊在寻找生产和营销合作伙伴时都被以静电复印技术没有多大的商业价值回绝。

威尔逊坚信 914 型复印机有很好的市场前景,为了克服复印机高昂的价格问题,他开始以一种全新的模式——提供租赁服务的方式将 914 型复印机推向市场。消费者每个月只需支付较少的费用便能租赁使用 914 型复印机,每个月如果复印的张数不超过 2 000 的话,则不需要再支付任何其他费用,超过 2 000 张以后,每张再支付 4 美分。公司同时提供必要的服务和技术支持。如果客户希望中止租约,只需提前 15 天通知公司即可。

令人难以置信的事情发生了:由于 914 型复印机复印质量很高而且使用方便,推入市场便受到了极大的欢迎。在随后的十几年里,这种模式使公司的收入增长率一直保持在 41%,其股权回报率也一直长期稳定在 20% 左右。到了 1972 年,原本一家资本规模仅有 3 000 万美元的小公司已经变成了年收入高达 25 亿美元的商业巨头——施乐公司!

3.1 商业模式内涵

核心问题
1. 什么是商业模式?
2. 商业模式的本质是什么?

学习目标
1. 了解商业模式的含义。
2. 熟悉商业模式的特征。
3. 理解商业模式的核心逻辑。

3.1.1 商业模式的界定

路障: 什么是商业模式?
路标: 内涵 + 特征。

商业模式是将商业创意转变为商业价值的一套逻辑化方式方法,其本质是创造并传递价值的系统逻辑。一个好的商业模式能够准确回答四个基本问题:企业是做什么的;企业为谁而做;企业是怎么做的;企业利润如何实现。一般而言,成功的商业模式表现出如下特征。

1. 全面性

商业模式是对企业经营活动的全面归纳和总结。因此,在内容上,商业模式不仅包括企业的价值创造,还包括企业的价值传递和价值获取。全面系统地考虑企业经营的各项活动有助于创业者全方位了解经营过程中可能遇到的问题与风险,并采取有效措施加以应对,进而推动新创企业的成功。

2. 独特性

成功的商业模式往往具有一定的独特性。商业模式的独特性可以表现在多方面:①价值的独特性,即企业能为顾客提供具有独特价值的产品或服务;②价值传递的独特性,即企业能借助一种不同于以往的渠道,把产品或服务更高效地传递给顾客;③价值获取的独特性,即企业的利润获取方式的独特性。无论哪种独特性,都源自创新,因此,为使自己的商业模式具有更多的独特性,需要创业者充分发挥创新精神。

3. 难以模仿

成功的商业模式需要形成一定的壁垒,让其他人难以模仿。如果商业模式很容易被他人模仿,那么,即使该商业模式再全面、再独特,企业也很难依靠这一模式取得持续发展。难以模仿性一方面要求创业者通过知识产权、保密等手段加强商业模式的保护,另一方面要求创业者充分发挥先发优势,先发优势有助于率先形成企业的规模效应,让后来者的获利性降低,进而减弱他们的模仿意愿。

4. 顾客价值最大化

成功的商业模式以市场上潜在的顾客为出发点,推动顾客价值最大化。顾客价值最大化要求创业者在识别潜在顾客的基础上分析他们的需求或面临的问题,然后围绕这些需求或问题进行价值创造。企业的长远利益与顾客价值的最大化密切相关,现实中,很多创业者在开发商业模式的过程中并没有充分认识到这点,只是一味地追求自身利益的最大化,忽视了顾客,进而很快地导致了这些企业的失败。

5. 持续赢利

持续赢利既是成功商业模式的结果,也是成功商业模式的特征。商业模式的持续赢利主要来源于两方面:一是顾客,企业的利润来源于顾客,只有有效满足顾客的需求或解决顾客的问题,顾客才会不断青睐企业的产品或服务,企业也才能实现赢利;二是市场壁垒,其他企业对商业模式的模仿会在很大程度上侵蚀企业已有的利润,因此,市场壁垒的存在意味着竞争的减少,也意味着企业可以获得比较持久的赢利。

3.1.2 商业模式的本质

路障: 商业模式的本质是什么?
路标: 价值发现 + 价值创造 + 价值传递 + 价值获取。

商业模式的本质体现在层层递进的四个方面,即价值发现、价值创造、价值传递和价值获取。商业模式的本质如图 3-1 所示。识别目标顾客及其具体需求是企业价值创造的前提与基础,企业价值创造的最终目的是为了获取利润,而利润的获取又依赖于企业通过一定的渠道把这些有价值的产品或服务传递给顾客。

图 3-1 商业模式的本质

1. 价值发现

价值发现是价值创造的基础,也是机会识别的延伸。产品或服务只是企业的手段,企业能否最终赢利取决于它是否拥有顾客。因此,创业者需要明确目标顾客及其需求,这是开发商业模式的关键环节。很多创业企业由于脱离了顾客的实际需求导致了重大失败,铱星公司就是典型的例子,尽管它花费了大量的资金和时间来生产铱星手机,但该手机并没有给顾客带来便利和实惠,导致了铱星手机的失败。为此,在开发商业模式的过程中,创业者需要根据目标顾客的实际需求有效调整原本构想的产品或服务,以更好地满足顾客的需要。

2. 价值创造

价值创造涉及两个方面:一是明确企业的具体业务,即明确企业针对目标客户的什么需求或什么问题,生产什么形式的产品或服务,以及决定企业的哪些业务由企业自身完成,哪些业务由外包完成;二是建立合作关系网络,新创企业在开发机会以满足顾客需求时一般不具有所有的资源和能力,为了在机会窗口期内抢占先机,几乎所有的企业都需要借助外力,与其他企业建立合作关系。例如,戴尔公司的成功在很大程度上就与它建立起的高效合作关系网密切相关。

3. 价值传递

企业在为顾客创造出了有价值的产品或服务后,需要借助一些方式、渠道把这些产品传递给市场上潜在的顾客。一般而言,价值传递也涉及两个方面:一是价值传递渠道,渠道是顾客了解、购买企业产品或服务的重要通道,为此,创业者需要广开各种渠道,以保证企业产品或服务的信息能及时有效地传递出去,并让顾客可以很方便地购买;二是顾客关系,大量实践表明,做好顾客关系有助于企业更好地传递价值,因此,创业者在努力传递价值的过程中,还需要注重顾客关系的建立与维护。

4. 价值获取

价值获取是创业者开展创业活动的目的,也是企业生存下来的关键。如何获取更大的价值是每个创业者都在思索的问题。为了提高企业的价值获取能力,创业者可以通过在价值链中占据核心角色来实现:产品或服务从构思、研发到生产再到顾客手中需要经历若干环节,每一环节都或多或少产生价值,这些环节组成的链条也被称为价值链,基于每个环节创造的价值不同,创业者如想提高价值获取能力,需要尽可能地在价值链中把控那些能产生大量价值的关键环节,如拥有核心技术。

3.2 商业模式设计

核心问题

1. 商业模式的设计包括哪些核心内容?
2. 商业模式设计有哪些方法?

学习目标

1. 了解商业模式设计的特点和框架。
2. 掌握商业模式设计的过程和方法。

3.2.1 商业模式设计特点

路障:商业模式设计有哪些特点?
路标:以市场和产品的特征为起点+系统性+动态适应性。

商业模式设计是一项重要而又严谨的活动,了解商业模式设计的特点有助于创业者设计出一份行之有效的商业模式。一般来说,商业模式的设计表现出如下特点。

1. 以市场和产品的特征为起点

商业模式并不是凭空臆想出来的,而是立足于市场和产品的特征之上。以市场和产品的特征为起点,需要创业者在设计商业模式时重点关注以下三方面:一是市场的情况,如顾客的特征、顾客的需求等;二是产品的特征,如拟生产的产品具有什么价值,有哪些功能等;三是产品与市场的契合度,如拟向市场投放的产品是否是市场所需要的、是否能满足顾客的需求等。脱离了这三者,所设计的商业模式难以获得成功。

2. 系统性

商业模式设计的系统性主要表现在两方面:一是对诸多要素进行系统地分析、阐释和组合,它不是对单个要素的阐释和设计,而是对价值发现、价值创造、价值传递和价值获取等多个要素的系统阐释和组合;二是系统性地考虑众多利益相关者的利益,创业活动涉及诸多利益相关者,如供应商、分销商、消费者、员工和投资者等,商业模式的设计应把这些利益相关者的利益综合起来考虑,以实现共赢。因此,可以说,商业模式是创业者开发创业机会的系统性行动方案。

3. 动态适应性

商业模式的设计不是一蹴而就的,而是一个动态适应环境和组织的过程。一般而言,成功的商业模式一方面紧密围绕市场,另一方面适合于组织,然而,这两者都不是一成不变的,它们会随着时间的推移发生一些变化。因此,创业者在设计商业模式的过程中,需要随着市场环境和组织的变化,适时地做出调整和修正。另外,商业模式的设计也是一个不断试错的过程,创业者在创业实践中如果发现问题,需要及时加以调整。

3.2.2 商业模式设计框架

路障: 商业模式包括哪些内容?

路标: 客户细分+价值主张+渠道通路+客户关系+收入来源+核心资源+关键业务+重要合作+成本结构。

商业模式内部存在一定结构性,即相互联系的基本要素和要素间的连接关系构成了商业逻辑。奥斯特瓦德和皮尼厄将要素之间的逻辑关系绘制成商业模式画布,即客户细分、价值主张、渠道通路、客户关系、收入来源、核心资源、关键业务、重要合作和成本结构。商业模式框架如图 3-2 所示。

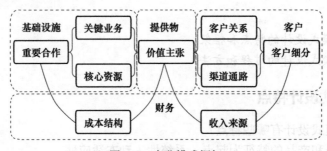

图 3-2 商业模式框架

1. 客户细分

客户细分模块用来描述企业试图接触和服务的不同群体或组织。客户构成了商业模式的核心,没有客户,企业将无法生存。在这部分主要回答以下问题:①企业为谁创造价值;②谁是企业最重要的客户。

客户细分群体存在不同类型,其中主要有:①大众市场,即价值主张、客户关系等聚焦于一个大范围的客户群体,这个群体内的客户具有大致相同的需求和问题;②利基市场,即价值主张、客户关系等针对某一利基市场的特定需求定制;③区隔化市场,即为略有不同的细分群体提供略有不同的价值主张;④多元化市场,即为完全不同的细分群体提供完全不同的价值主张;⑤多边平台市场,即为两个或两个以上的相互依赖的客户细分群体服务。

2. 价值主张

价值主张模块用来描述拟向客户提供的产品或服务,主要回答以下几个问题:①企业该向客户提供什么样的价值;②企业正在帮助客户解决哪些问题;③企业正在满足哪些需求;④企业正在为客户提供哪些产品、服务。

价值主张通过满足客户细分群体的特定需求来创造价值,以下几方面有助于为客户创造价值：①新颖；②改善产品或服务的性能；③定制化；④把事情做好；⑤设计；⑥品牌/身份地位；⑦价格；⑧成本削减；⑨帮助客户抑制风险；⑩可达性，即客户能购买得到产品或服务；⑪便利性/可用性，使产品或服务易于使用。

3. 渠道通路

渠道通路是企业接触客户、传递价值的重要媒介，主要回答以下问题：①通过哪些渠道可以接触客户；②企业现在如何接触他们，如何整合渠道；③哪些渠道最有效；④哪些渠道成本效益最好；⑤如何把企业的渠道与客户的例行程序进行整合。一般来说，渠道通路主要有自有渠道、合作伙伴渠道两种，其中前者包括自建销售队伍、在线销售等，后者包括合作伙伴店铺、批发商等。

4. 客户关系

客户关系模块用来描述企业与客户建立的关系类型。客户关系是商业模式的重要组成部分，它深刻地影响着客户对企业产品、服务的体验。这一部分主要回答以下问题：①客户希望企业与他们建立何种关系；②哪些关系企业已经建立起来了；③这些关系的成本有多大；④如何把客户关系与商业模式的其他部分进行整合。

客户关系可以分为以下几种类型：①个人助理，即人与人之间通过呼叫中心、电子邮件等方式进行互动；②专用个人助理，即为单一客户安排专门的客户代表；③自助服务，即为客户提供自助服务所需要的条件；④自动化服务，整合了更加精细的自动化过程，可识别不同客户，并提供与客户订单或交易相关的服务；⑤社区，利用用户社区与客户建立深入联系并促进社区成员间的互动；⑥共同创作，即与客户共同创造价值。

5. 收入来源

收入是企业持续发展的动力。收入来源模块主要用来描述企业从细分客户群体中获取收入，主要围绕以下问题来展开：①什么样的价值能让客户付费；②客户现在花钱买什么；③客户如何支付费用；④客户更愿意怎样支付费用；⑤每个收入来源占总收入的比例。

一般而言，企业可以通过以下方式来获取收入：①资产销售，即通过出售产品的所有权来获得收入；②使用收费，即通过特定的服务来收费；③订阅收费，即通过销售重复使用的服务来获得收入；④租赁收费，即通过租赁来获得收入；⑤授权收费，即通过知识产权的授权使用来获得收入；⑥经纪收费，即通过提供中介服务来获取收入；⑦广告收入，即通过提供广告宣传服务来获得收入。

6. 核心资源

商业模式的运行需要核心资源的支撑。企业只有在拥有了这些核心资源后，才可能开展相关的经营活动。这一部分主要回答价值创造、价值传递和客户关系维护等活动需要哪些核心资源。一般来说，核心资源有以下几类：①实体资产，如生产设备等；②知识产权，如品牌、专利等；③人力资源；④金融资产。

7. 关键业务

关键业务模块主要用来描述企业必须做的事情。这一部分主要回答价值创造、价值传递、客户关系建立与维护、收入来源需要哪些关键业务。一般来说，关键业务可以分为以下几类：①制造产品，如设备生产企业等；②问题解决，如咨询公司、医院等服务机构；③平台/网络，如淘宝和百度等。

8. 重要合作

重要合作模块主要描述企业的合作关系网络。一方面，企业与企业之间的竞争越来越体现为供应链的竞争；另一方面，企业的时间、精力、能力和资源有限，不可能凭借一己之力完成所有的活动。由此，企业越来越重视自身的合作关系网络建设。这一部分主要回答以下问题：①谁是企业的重要伙伴；②谁是企业的重要供应商；③企业从合作伙伴那里获取哪些核心资源；④合作伙伴都执行哪些关键业务。

9. 成本结构

成本结构模块主要描述企业在运行商业模式时所产生的成本。价值发现、价值创造、价值传递、价值获取和客户关系维护等活动都会发生成本。为了增加收益，每个企业都需要考虑如何降低这些成本。这一部分需要明确以下问题：①什么是最重要的固有成本；②哪些核心资源的成本最高；③哪些关键业务的成本最高。

3.2.3 商业模式设计过程

路障：商业模式设计过程是怎样的？
路标：识别顾客细分群体＋明确企业价值主张＋设计企业核心活动＋制定企业获利方式。

商业模式的设计是一个不断反复的过程，一般来说，它需要经历以下过程。

1. 识别顾客细分群体

顾客细分是商业模式设计的基础。创业者只有在明确了谁是顾客这一问题后，才能有效地开展商业模式设计的后续工作。现实中，很多初创者最容易犯的错误就是没有从顾客的真实需求出发。然而，产品能否卖出去，企业能否获利，取决于顾客是否会购买。因此，设计商业模式的首要工作是识别顾客细分群体及其需求。

在识别目标顾客时，首先需要创业者描述目标顾客的大体轮廓，如年龄、性别、收入水平、消费习惯等；其次需要创业者尽可能详细地列出目标顾客可能遇到的问题，如产品质量问题，在问题列出来后，还需要通过一些方式（如与顾客聊天）确认每个问题的存在，并筛选出一些重要问题；最后开展市场调查，了解市场上已有产品的表现、替代产品的情况、市场规模等信息。

2. 明确企业价值主张

企业价值主张反映了企业拟向目标顾客提供的产品或服务。任何类型的企业都需明确自己的价值主张，因为任何顾客的需求都需要通过一定形式的产品或服务来加以满足。价值主张的确立需要紧密围绕目标顾客，只有这样，企业才可能在激烈的竞争环境中生存和发展。

只有经过检验的价值主张，才能被进一步实施。因此，在确定了价值主张后，创业者还需要对所确定的价值主张进行检验：①真实性检验，即可以让顾客真实地感受到附加价值；②可行性检验，包括可以执行和可以评估效果两方面；③关联性检验，即价值主张必须与顾客的需求和购买行为等息息相关。

3. 设计企业核心活动

企业价值主张的实现，或者说产品或服务的生产和销售需要一些核心活动的支撑。一般来说，企业的核心活动主要包括关键业务的界定与实施、内外资源的整合与利用、合作伙伴的寻找与维护以及客户关系的建立与维护等。正是由于这些核心活动的存在，各类价值的

4．制定企业获利方式

创业者开展创业活动的最终目的是为了获得利润。由此，在设计了上述内容后，创业者还需要设计和制定企业的获利方式。获利方式主要涉及收入来源、产品或服务的定价、收费方式以及成本结构等内容，这些内容设计得合理与否，直接影响企业获利的大小。通常，多样化的收入来源、恰当的收费模式以及合理的成本结构，能大大提高企业的获利能力。

3.2.4　商业模式设计方法

路障： 如何设计商业模式？

路标： 模仿参照法＋相关分析法＋关键因素法＋价值创新法。

创业者可以借助多种方法来设计商业模式，一般来说，商业模式设计的方法主要有模仿参照法、相关分析法、关键因素法以及价值创新法。

1．模仿参照法

按照模仿程度，又可将模仿参照法进一步分为两种类型：一是全盘复制，二是借鉴提升。

全盘复制，即把其他企业的商业模式拿来为我所用。现实中，很多企业都是通过模仿其他企业的商业模式而取得了巨大成功，如腾讯。一般情况，复制其他企业商业模式的做法主要适合于同行业的企业，尤其是细分市场、目标顾客和产品等方面相同的企业。

创业者在运用这种方法时，需要注意以下几点：①复制并不是生搬硬套，而要根据企业自身的实际情况以及企业所面对的环境来做出相应的调整；②要注重细节，流于形式的复制或调整难以取得成功；③为避免和复制企业的正面竞争，创业者可在不同的区域复制商业模式；④复制他人商业模式时也需取得一定的先发优势，这是因为，后入者往往会面临更大的竞争和挑战。

借鉴提升，即通过学习，借鉴优秀商业模式的创新点、亮点来设计商业模式。借鉴提升法也是创业者常用的方法。在运用借鉴提升法来设计商业模式时，创业者需要大量研究优秀的商业模式，并提炼出这些商业模式的亮点和核心点，然后根据实际情况来选用那些能为自己带来价值的点。

2．相关分析法

相关分析法是一种分析相互关系或相关程度的方法。利用相关分析法，创业者可以发现一些规律性的联系，正是这些规律性联系推动着商业模式的设计。例如，创业者通过研究发现了成本与价值创造的联系，知道了如何降低成本可以创造更大的价值。因此，创业者可以以此为依据，在商业模式的设计过程中，着重从上述渠道来降低成本，以实现最大价值。

3．关键因素法

关键因素法，即以关键因素为依据来设计商业模式，它通过对关键因素的识别，找出实现目标的关键因素组合，确定商业模式设计的优先顺序。关键因素法主要分为以下几个步骤：①制定商业模式设计的目标；②识别和分析影响商业模式的所有关键因素；③确定不同阶段的关键因素；④明确关键因素的性能指标和评估标准；⑤制定商业模式实施计划。

4．价值创新法

价值创新法，即通过对价值要素的建构和组合来设计商业模式。在互联网行业，很多企业的商业模式都是通过这种方法来设计的。如盛大，它通过价值的重组与建构在网络游戏行业开创了全新的商业模式——CSP模式。通过这种方法，创业者可以设计出许多有创意的商业模式，但这类商业模式存在较大的风险，可能经不起市场的考验。

3.3 商业模式评估

核心问题
1. 评估商业模式时有哪些准则？
2. 有哪些商业模式的评估方法？

学习目标
1. 熟悉商业模式的评估准则。
2. 掌握商业模式的评估方法。

3.3.1 商业模式评估概述

路障： 商业模式评估的内涵。
路标： 评估目的＋类型。

1. 商业模式评估的目的

商业模式评估并不是为了评估而评估，而是具有明确的目的。一般来说，商业模式评估的目的主要有如下四个方面。

（1）与竞争对手的商业模式进行比较

通过比较，一方面可以分析自身商业模式的优势与不足；另一方面也可以吸收竞争对手商业模式中的亮点，并对其中存在的问题加以规避。

（2）改进企业商业模式

通过评估，可以发现商业模式存在的问题，进而有针对性地进行改进。商业模式的改进贯穿于商业模式开发和实施的全过程。只有不断地加以完善，商业模式才会有旺盛的生命力。

（3）识别商业模式创新中的风险和压力

创业是一项充满风险的活动。在评估商业模式的过程中，充分地分析今后可能遇到的风险和压力，有助于创业者权衡商业模式实施的利弊，并事先准备好相应的应对措施。

（4）评估商业模式的可行性和赢利性

在设计出了商业模式后，最重要的一点是评估商业模式的可行性和赢利性，这决定创业者是继续完善和实施该商业模式，还是重新设计新的商业模式。

2. 商业模式评估的类型

可从不同维度，将商业模式评估划分为不同类别。

（1）按时间维度划分

按时间维度，可将商业模式评估划分为事前评估和事后评估。其中，前者是指对企业现有商业模式的赢利性与适用性进行评估，而后者是指分析企业在实施了某种商业模式后发生了哪些变化、带来了哪些效果。

(2) 按空间维度划分

按空间维度，可将商业模式评估划分为横向评估和纵向评估。其中，前者是指对不同企业的商业模式进行评价，而后者是指对同一企业不同时段的商业模式进行评价。

(3) 按评估侧重点划分

按评估侧重点，可以将商业模式评估划分为以下几类：①从商业模式要素方面对商业模式价值主张进行评估；②从商业模式架构的逻辑性对商业模式逻辑的可行性和复制性进行评估；③从商业模式对企业运营产生的价值结果进行评估。

3.3.2 商业模式评估准则

路障：商业模式评估的准则有哪些？
路标：有效性＋效率性＋可靠性＋适应性＋前瞻性。

创业者在设计出商业模式后，还需要对它进行评估，以确保所设计的商业模式能发挥真正的作用。创业者在评估商业模式时可从以下几方面进行。

1．有效性

商业模式设计得是否合理，首先需要考察和分析它的有效性，即所设计的商业模式能在多大程度上为顾客提供独特的价值。在对商业模式进行有效性评估时，可以从以下两个层面来进行：一是能否为顾客带来价值，如原本的设想是为顾客提供出行便利的价值，但是通过分析发现，所设计的商业模式不能为顾客的出行带来方便，反而增加他们的负担；二是能为顾客带来多大的价值，这是顾客做出购买决策的重要依据，在上述出行便利的假设中，创业者除了需要评估商业模式是否能为顾客提供便利外，还需要评估能为顾客提供多大程度的便利。

2．效率性

效率性准则，即从投入与产出的角度来评估商业模式。企业任何一项经营活动，都需要考虑成本与收益的关系，商业模式涉及企业的核心经营活动，为此，创业者还需对商业模式进行效率性评估。其中，效率性评估的内容主要包括价值发现的效率、价值创造的效率、价值传递的效率、价值获取的效率以及客户关系维护的效率等。从实践的角度来看，商业模式整体的效率依赖于各个组成部分的效率，仅从价值创造等单个方面来提高效率，往往很难取得理想的效果。为此，为了提高效率，创业者需要从全局的角度来各个突破，争取实现效率的最大化。

3．可靠性

在对商业模式进行了有效性和效率性评价后，还需对商业模式的可靠性进行评估，即评估商业模式能否可靠地为顾客带来价值。商业模式的实施结果在很大程度上是不确定的，它可能为顾客带来价值，也可能带不了价值。创业者需要做的是识别不确定性并降低不确定性。为此，创业者首先需要识别不确定性的各种来源，然后针对这些来源有针对性地找出办法并加以应对。由此看来，商业模式的可靠性主要源于两方面：一是较低的不确定性；二是创业者较强的应对和化解不确定性的能力。

4．适应性

适应性是评估商业模式的重要准则。为了判断所设计的商业模式是否具有适应性，可以从以下两方面来进行：一是分析商业模式是否适应于企业自身的情况，商业模式的实施需要一定的条件、资源和能力等，脱离了这些因素的商业模式设计都很难取得成功；二是分析商业模式是否适应于企业所处的环境，环境是商业模式实施的外在支撑，不适应于外在环境的商业模式也难以取得理想的效果。事实上，一个万能地适应于任何企业和任何环境的商业模式是不存在的，创业者需要根据企业条件和环境的不同以及它们的变化，动态地设计出具有自身个性的商业模式。

5．前瞻性

除了上述准则外，创业者还需从前瞻性的角度来分析商业模式，即分析所设计的商业模式是否注重可持续性以及是否关注到企业未来的发展。企业关注当前的发展无可厚非，但仅有这些还远远不够，还应把企业的发展规划与长远目标融入于商业模式中。好的商业模式是眼前利益与长远利益的有效结合，缺乏长远视角的商业模式，企业的赢利很难长久。在运用前瞻性准则来评估商业模式时，创业者自身需要具有长远的眼光，并对企业的未来发展有明确和清晰的认识。只有这样，创业者才能做出准确的判断。

3.3.3　商业模式评估方法

路障： 如何评估商业模式？

路标： e^3—value 评估 + 平衡记分卡 + 雷达图示 + 商业模式可行性分析框架 + 容器效应评估。

一般而言，创业者可以在上述评估准则的基础上，借助以下方法来对所设计的商业模式展开评估。

1．e^3—value 评估法

e^3—value 评估法是一种借助于 e^3—value 建模工具来分析评估商业模式的方法。在运用这一评估方法时，创业者首先需要确认商业模式参与的主体以及他们产生的价值行为；其次需要对价值目标进行分析评估，明确各部分是怎么产生价值的或是消耗价值的；最后对评估的结果进行汇总，分析优劣势。这种方法不仅有助于创业者评估商业模式的优劣，而且有助于创业者找出商业模式优劣的原因。

2．平衡记分卡

商业模式涉及诸多主体，平衡记分卡将这些主体同时纳入评估的范畴。平衡记分卡关注于平衡，其中主要有：短期与长期的平衡、财务与非财务的平衡、内部与外部的平衡以及滞后与前导的平衡等。另外，平衡记分卡针对不同层面和不同模块的作用设计评估体系，从而使得商业模式的评估更加完整和全面。

3．雷达图示法

雷达图示法是一种根据环境、商业创意、技术、模型和收益能力五个评估要素，制定评估评价表，并用雷达图表示评估结果的方法。其中，在环境方面，主要评估企业的宏观与微观环境；在商业创意方面，主要评估商业模式是否与公司使命和愿景匹配，是否能具有竞争优势等；在技术方面，主要评估技术的领先性、收益性以及研发成本等；在模型方面，主要对比不同态势的商业模式；在收益能力方面，主要评估利润空间和收益方式等。在评估了上述五个方面后，将五个部分的均值列入雷达图，找出最低分，并采取措施加以应对。

4．商业模式可行性分析框架（BMFA）

商业模式可行性分析框架是一种从技术、战略和市场三个视角出发，对商业模式进行

事前和事后评估的方法。其中,事前评估是一种针对商业模式实施前的预测性评估,是对商业模式利润水平、适用范围等方面的预测;而事后评估强调商业模式的实际效果,关注的是企业商业模式实施后带来的变化,如企业在哪些方面发生了变化和改进。

5. 容器效应评估法

容器效应评估法主要是一种以顾客价值创造和企业价值获取为中心的评估方法。定位板块、利益板块、收入板块以及成本板块构成了商业模式评估的容器,其中前两者反映了从顾客的角度来评估商业模式,后两者反映了从企业的角度来评估商业模式。实施容器效应评价法,主要分为两个步骤:一是对定位、利益、收入和成本规则的评估;二是对商业模式与战略的匹配性评估。

3.4 商业模式应用

核心问题
1. 商业模式创新的阻力与动力分别有哪些?
2. 商业模式创新实践的类型有哪些?

学习目标
1. 了解商业模式创新的类型、动力及阻力。
2. 掌握商业模式实践的类型。

3.4.1 商业模式创新

路障: 商业模式创新的内涵。
路标: 定义+类型+阻力+动力+逻辑+方法。

1. 定义与类型

商业模式创新主要是指由于要素重组等方面的原因而使得商业模式的整体发生变化,它对企业的生存与发展起着非常重要的作用。一般来说,企业独特价值的提供与最大化收益的获取在很大程度上都来源于商业模式的创新。从企业的各类实践来看,商业模式创新存在不同类型。

(1) 原始创新

商业模式的原始创新,即设计出一种不同于以往的全新商业模式,它既可能存在于成熟企业中,也可能存在于新创企业中。它的产生也是无定式的,经验丰富、警觉性高的人凭直觉并通过一些简单、快速的分析,就可以明确;而对于初入者而言,可能需要花费大量时间和精力来进行系统分析,最后所得的结果也可能是不理想的。

(2) 模仿创新

商业模式的模仿创新,即在模仿已有商业模式的基础上进行创新。现实中,很多企业的商业模式创新都属于这种类型,它们把国外比较优秀的商业模式引进到国内新兴市场,并针对国内的实际环境和企业自身的情况加以改造,由于这类商业模式比较新鲜,并与国内企业现有的模式相比具有很强的优势,因而往往能获得很大的成功。如百度对谷歌、搜狐对雅虎的模仿创新。

（3）持续创新

从时间跨度的角度来看，商业模式的创新还可以包括持续创新。在全球联系日益紧密的今天，持续创新越来越受到重视。一方面企业面临着双重的竞争，即国内的竞争和国外的竞争；另一方面，随着时代的发展，顾客的需求也在不断地变化。因此，企业为了抢占更大的市场份额，也为了获得更好的发展，将大量的人力、物力和财力投入到持续创新的事业中。

2. 阻力与动力

（1）商业模式创新的阻力

商业模式创新的阻力与动力并存，一般来说，下列因素会对商业模式的创新产生阻碍的作用。

1）认知不足或偏差　意识、认知是行动的先导。如果人们在意识或认知层面出现问题，必然会影响到他们之后的行动。很多时候，企业的成功在为企业拥有者带来巨大收益的同时，也会给他们带来一些负面影响，如产生自大、自负的心理等，而这些又会让他们无视负面情况和新情况的产生，认为对此无须做出改变。然而，事物在不断变化，需要适时做出改变和创新。由此看来，认知方面的不足或偏差阻碍着创新和改变。

2）组织结构涣散或缺乏稳定性　组织结构的状况也会影响企业的商业模式创新。商业模式的创新需要由具体的组织和人员来实施。如果组织结构涣散，缺乏凝聚力和向心力，那么它的领导力和执行力也会较弱，而创新的执行需要具有较强的领导力和执行力，缺乏这两者，企业很难获得创新应有的效果；另外，如果组织内人员经常变动，缺乏应有的稳定性和延续性，那么也会影响企业的创新能力。

3）资源配置不足　商业模式创新还与资源配置相关，它需要足够资源的支撑，这主要表现在两方面：一是创新性商业模式的设计需要资源，缺乏合适的资源，商业模式设计难以成功；二是创新性商业模式的推行和实施离不开资源，现实情况中，企业的资源往往有限，如何合理有效地配置资源成为商业模式创新的关键。另外，资源配置的问题还与企业所有者个人有关。企业所有者对创新性商业模式的价值的认识以及合理配置资源的能力也影响着商业模式的创新。

（2）商业模式创新的动力

尽管商业模式创新存在阻力，但一些因素的存在也会推动企业进行商业模式创新，一般而言，主要的动力性因素主要有：市场化、环境压力和顾客需求等。

1）市场化　新产品和新服务并不是创业者的目的，而是创业者获取利润的手段。利润的获得需要创业者将这些产品和服务市场化，即把这些物品推向市场。而产品服务的市场化需要合适的商业模式的支撑，否则，企业的投入很难收回。为此，为了收回成本、获取利润，创业者会通过各种方法来开发和创新商业模式。

2）环境压力　不断变化的市场环境给企业的发展带来诸多压力和挑战，如新创业者的不断加入加剧了市场的竞争，消费需求的不断波动增加了市场的不确定性等。为了适应不断变化的环境，增强企业的应对能力，创业者需要审时度势地创新商业模式。

3）顾客需求　商业模式的设计需要紧密围绕顾客的需求来进行，不能为顾客创造最大价值的商业模式也难以让企业的收益最大化。现实中，顾客的需求会推动商业模式的创新，商业模式是满足顾客需求的系统方案，在分析、归纳和满足顾客需求的过程中，往往会诞生出一些新的创意和想法。例如，人们对便利出行的需求，催生了网上打车模式。

3．逻辑与方法

（1）商业模式创新的逻辑

从某种程度上来说，商业模式就是一个描述企业如何赚钱的故事，而赚取利润依赖于企业能否为顾客创造价值。因此，商业模式创新的逻辑应是围绕顾客的需求来最大化顾客的价值。具体来说，可以遵循以下思路来创新商业模式。

1）企业的顾客是谁　把企业的目标顾客定位于那些未被当前竞争者重视的消费群体是商业模式创新的一种基本手段。例如，在汽车产业，如果你的主要竞争对手将目标顾客定位于高收入人群，而你通过调查发现有大量的中低收入人群也有比较强烈的购车意愿，从而将目标顾客定位于这些收入较低的人群，那么这也构成了商业模式的创新。

2）企业拟向顾客提供何种价值　价值主张是满足顾客需求的载体。通过推出新的价值主张，来创造性地满足目标顾客的需求，是很多企业创新商业模式的做法。例如，经济型酒店鼻祖宜必思在最初推出经济型酒店时，就大获出行者的欢迎。

3）企业如何创造这些价值　从企业价值创造的角度来思考商业模式的创新也是一种行之有效的方法。例如，农产品公司通过公司加农户的模式来组织农产品的生产；汽车企业通过代加工的方式来获取汽车制造零部件。

4）企业如何交付这些价值　成功的价值交付意味着已找到目标顾客，并且目标顾客已购买企业产品或服务。创新价值交付模式有助于企业价值的成功交付。例如，宝马在推出i3纯电动车时，绕过4S店营销网络，采用网上直销的模式来销售。

5）企业如何获得收入并持续经营　如何获取收入涉及企业的赢利模式。创新企业的赢利模式，也是商业模式创新的重要内容。现实中，很多企业通过创新企业营收方式取得了很大的成功，例如，吉列剃须刀主要依靠收取刀片的费用来获得收入。

（2）商业模式创新的方法

商业模式创新涉及诸多方面，根据商业模式的要素及逻辑，创业者可以通过以下几种方法来创新商业模式。

1）要素层面的创新　创业者可以通过改变组成要素来实现商业模式的创新。通常，目标顾客、价值主张、分销渠道、顾客关系、核心资源、关键业务和重要合作等构成了商业模式的全貌，通过对上述要素的改变和创新，很多时候可以带来意想不到的结果。

2）系统层面的创新　创业者还可以从整体层面来系统思考商业模式的创新。商业模式是一个由众多相互联系的活动组成的系统，通过系统性思考和创新各个组成活动，除了可以弥补部分创新的片面性外，还可以产生新的、更大的价值。

3）价值链层面的创新　价值链层面创新，即从价值链的角度来开展商业模式的创新。产品从构思、研发，到生产，再到顾客手中需要历经一系列活动，每一项活动在产生价值的同时，也会产生成本。创业者可以凭借自身优势资源和核心能力创造性地延长或缩短企业的价值链，以更加高效的方法来为顾客创造和提供价值。

4）产业融合层面的创新　创业者还可以通过创造性的产业交叉、产业融合来创新商业模式。通过打破企业、产业的边界，积极吸收和利用各类外部资源，并构建起跨产业的合作关系网络，可以有效推动企业商业模式的创新。

5）综合式创新　综合式创新是指创业者不局限于要素、价值链和产业中的某个层面，而是在多个层面进行综合式创新，如既在价值链层面，也在产业层面进行商业模式创新，这种类型的创新难度最大,不过一旦创新成功,其所创造的价值也越大。

3.4.2 商业模式实践

路障: 商业模式实践类型?
路标: 非绑定式+长尾式+多边平台式+免费式+开放式。

现实中,企业基于自身的特点和所面临的环境,实践出不同类型的商业模式,总的来说,主要有以下几种类型。

1. 非绑定式商业模式

非绑定式理论认为,企业存在三种不同的业务类型,即客户关系型、产品创新型和基础设施型。其中,客户关系型业务的职责是寻找顾客并与他们建立关系,产品创新型业务的职责是生产或提供新的、有吸引力的产品或服务,而基础设施型业务的职责是建立和管理平台,这三种业务类型受不同因素驱动,在同一组织中,这些业务类型可能会发生冲突,或产生不利的权衡妥协。

基于此,现实中很多企业都采取了非绑定式商业模式,即只专注于这三种业务类型中的某类,而将其他类型的业务实行外包或与他者合作。国外很多电信运营商在把他们的一部分网络的运营和维护工作外包给电信设备制造商后,将精力集中于顾客关系的业务,取得了很好的效果。

2. 长尾式商业模式

传统商业观认为,企业只能面向大众顾客大批量提供有限的几种产品,通过追求规模来降低成本和销售价格,并以大批量的销售来获得利润,即所谓的"薄利多销"。而长尾式商业模式的核心是种类多而数量少,即向利基市场⊖提供许多类型的产品,但每种产品的提供数量很少。由于长尾式商业模式具有多样少量的特点,因此它特别注重低库存成本、强大的平台以及产品的易可得性。

随着信息技术的发展,物流、供应链和管理的提升,多样少量的模式也能取得与少样多量的传统模式一样的利润,甚至更高的利润。现实中,大量经营利基产品的互联网企业取得了迅速的发展,如孔夫子旧书网、当当网、亚马逊和唯品会等。

3. 多边平台式商业模式

多边平台式商业模式将两个或更多的有明显区别但又相互依赖的客户群体聚集在一起,并通过促进这些客户群体之间的互动来创造价值。多边平台是连接各方的中介,其成功的关键在于吸引和服务相互依赖的客户群体。淘宝网就是典型的例子,它连接了商家、顾客和金融机构等多方群体,满足了这些群体的交易和资金安全等需要,因而取得了巨大成功。

在实施多边平台式商业模式时,需注意以下几个关键问题:一是平台能否吸引到足够多的多边顾客;二是哪一边的顾客群体对价格更为敏感,能否通过补贴的方式吸引这些对价格敏感的顾客群体;三是另一边的收入能否弥补平台的这些补贴。如果对于上述任一问题持否定回答,创业者都需重新考量这一商业模式的可行性。

4. 免费式商业模式

免费式商业模式通过商业模式的其他部分或者其他客户细分群体,来为非付费的客户提

⊖ 利基市场是指那些被市场中的统治者或有绝对优势的企业忽略的某些细分市场或者小众市场。

供财务支持。免费服务来自多种模式，典型的有：①基于广告的免费产品、服务，在现实生活中，这种模式运用得非常广泛，如各大视频网站通过向广告商收取广告费用来维持视频的免费观看；②免费增收模式，即基础服务免费，增值服务收费，例如游戏玩家可以免费玩网络游戏，但是游戏道具需要付费；③"诱钓"模式，即通过免费的初始产品、服务来吸引顾客重复购买。

5. 开放式商业模式

开放式商业模式是指通过与外部伙伴的合作来创造价值的模式。它分为两种类型：一种是由外到内，如将企业外部的创意引入企业内部，这种由外到内的模式可以减少企业的成本，也可以缩短企业新产品的上市时间；另一种是由内到外，如将企业的闲置资源提供给合作伙伴，这种模式会为企业带来更多的额外收入。

小 结

内容要点

[1] 商业模式以价值创造为核心，描述企业的价值发现、创造、传递和获取。

[2] 商业模式是由诸多相互联系的要素构成的，其中，主要包括客户细分、价值主张、渠道通路、客户关系、收入来源、核心资源、关键业务、重要合作和成本结构。

[3] 商业模式设计的方法主要有模仿参照法、相关分析法、关键因素法以及价值创新法。

[4] 在评估商业模式时，需要遵循一些准则，这些准则主要有有效性、效率性、可靠性、适应性和前瞻性。

[5] 商业模式创新对企业的生存与发展起着非常重要的作用，其中，主要的创新方法包括要素创新、系统创新、价值链创新、产业融合和综合式创新等。

重要概念

商业模式　客户细分　价值主张　渠道通路　客户关系

复习回顾

[1] 简述商业模式核心和内在逻辑。

[2] 如何设计和评估商业模式？

[3] 如何创新商业模式？其阻力和动力在哪？

[4] 如何理解商业模式与企业发展的关系？

延伸阅读

[1] 亚历山大·奥斯特瓦德. 商业模式新生代 [M]. 黄涛，郁婧，译. 北京：机械工业出版社，2016.

[2] 克里斯·安德森. 免费：商业的未来 [M]. 蒋旭峰，冯斌，璩静，译. 3版. 北京：中信出版社，2015.

[3] 克里斯·安德森. 长尾理论：为什么商业的未来是小众市场 [M]. 乔江涛，石晓燕，译. 4版. 北京：中信出版社，2015.

教辅资料

相关教学设计及配套资源可至 www.pficy.com 或"平凡i创业"APP获取。

项目 4

设计创业计划

项目概要

通过对本项目的学习，学生可以了解创业计划的含义和特征，创业计划书的撰写过程，创业计划书中常存在的问题并进行自查，熟悉创业计划的结构框架，掌握创业计划的准备内容和方法，创业计划书的撰写技巧和展示技巧并进行完美展示。

重点难点

重点：创业计划的撰写和展示。

难点：创业计划的结构框架与撰写内容。

案例引入：创业计划书

经过多年研究，张华在室内环境污染治理方面取得了一项重要的技术突破，并且这项技术在实际中的应用前景非常广阔。于是张华萌生创业的想法，但由于在前期研究中投入了大量积蓄，启动资金不足，他想通过风险投资来融资解决资金困难，期间他也与一些风险投资机构或个人投资者接洽商谈，但在与一些投资者商谈过程中，他对于投资人问到的大多数数据无法提供，使得投资人对公司的前景缺乏信心，最终融资都无果而终。

这时，在他人的指点下，张华决定编制创业计划书。在向相关专家请教咨询后，张华查阅了大量的资料，从公司的经营宗旨、战略目标出发，对公司的技术、产品、市场销售、资金需求、财务指标、投资收益及投资者的退出等方面进行了反复分析和论证。一段时间后，凭着这份创业计划书，他与一家风险投资公司达成了投资协议，有了风险投资的支持。

4.1 创业计划准备

核心问题

1. 什么是创业计划？
2. 创业计划的结构框架如何构成？

学习目标

1. 了解创业计划的含义和特征。
2. 熟悉创业计划的结构框架。
3. 掌握创业计划的准备内容和方法。

4.1.1 创业计划概述

路障： 创业计划是什么？
路标： 创业计划的概念＋特征＋目的＋用途。

1. 创业计划的概念和特征

创业计划是引领创业的纲领性文件和指导创业者的行动指南，是创建新创企业的行动方案和执行指南。具体而言，创业计划是一份全方位描述创业设想蓝图和实现构想过程的文件，是一个多角度描绘创业企业是什么和将怎样的故事，旨在呈现创业企业的当前现状、预期需求和预计结果。一份高质量的创业计划表现如下特征。

（1）客观性

客观性是创业计划的重要特征，表现在两方面：一是创业计划撰写的依据来源于客观的事实、数据和资料，而不是创业者的主观臆想；二是创业计划撰写应采用客观中性的语言，避免使用过于夸张和广告性的语言。

（2）条理性

创业计划涵盖众多部分，每一部分的内部以及各个部分之间的内容呈现都应具有条理性。缺乏条理性的创业计划，难以吸引读者的兴趣，也难以达成创业计划的目的。为此，创业者需要运用严密清晰的逻辑思维与条理得当的论证过程，来表达创业计划的客观事实和表现创业计划的内在逻辑。

（3）实践性

创业计划的实践性体现在，一是对创业准备的归纳整理和创业成长的规划设计具有可操作性，能够在实践中运用；二是创业计划表达应简洁明了、重点突出，直接明确地阐述创业计划中的关键问题，使之具有实战性。

（4）创新性

创业是一项具有创造性和开拓性的活动，创业计划作为描绘创业活动的文本，集中反映了创业活动的创造性和创新性的特点。创新性可以体现在多方面，如产品/服务创新、技术创新、营销创新和运营管理创新等。

2. 创业计划的目的和用途

（1）创业计划的目的

撰写创业计划的目的在于，一是系统思考创业活动，提供未来战略规划和创业行动蓝图。撰写创业计划可以迫使创业者审视创业的动态活动和核心要素，将较为空泛的构思改变为精确清晰的创业思路，将细节问题和模糊内容改变为明确具体的行动方案；二是准确介绍商业机会、获取创业资源和赢得多方支持。创业是一项综合性活动，需要寻求多方协作。创业计划作为一种推销性文本，可以向潜在的投资者、相关的合作伙伴和重要的职位候选人介绍创业项目和收获创业支持。

（2）创业计划的用途

一般来说，创业计划常被用于以下用途：①理清创业思路。创业计划的撰写过程也是创业者理清思路的思考过程，可以帮助创业者分析各项创业活动和形成创业发展纲要，即形成清晰的创业路径和可行的创业方案；②增强内部凝聚力。通过在企业内部分享创业企业的目标、前景和使命，有助于创业团队厘清发展蓝图、近期目标、战略方案以及资源匹配要求，有助于创业企业内部员工目标一致、团结一心；③吸引外部资源。绝大多数创业活动起始于创意而非资源，因此撰写一份清晰明了、准确描述市场价值的创业计划来吸引外部资源就非常必要，同时创业计划也是外部利益相关者投资决策的重要参考。简言之，创业计划为新创企业内部员工以及外部利益相关者提供各自所关注的利益诉求，给创业企业自己看则是明确创业价值性和可行性以及制定创业战略目标；给外部利益相关者看则是沟通的工具，展示吸引力、可信度和发展前景以获得相关支持。创业计划服务对象及其利益诉求见表 4-1。

表 4-1　创业计划服务对象及其利益诉求

服务对象	利益诉求
创业者团队	撰写计划的过程促使创业者和初始管理团队缜密思考企业各方面情况，就一些重要问题可达成一致
普通员工	愿意看到创业计划实现什么以及如何实现的清晰阐述，这些信息有助于员工将自己的行为与企业发展目标和方向保持一致
董事会成员	创业计划树起一个标杆，作为评价高管层业绩的尺子
潜在投资者	对创业计划中提供的有关产品独特性、创业者团队管理能力、利润规模以及如何快速成长感兴趣
潜在银行家	关心财务成果的可预见性和稳定性，对如何降低经营风险感兴趣，即何时需要贷款及怎样确保贷款安全以及在危机中的求生能力
潜在商业伙伴	有助于高质量的商业合作伙伴打消做生意的顾虑
拟聘关键员工	往往看重商机的吸引力、薪酬计划与企业前景

4.1.2　创业计划框架

路障： 创业计划框架如何构成？

路标： 创业计划的核心内容 + 基本结构。

1. 创业计划的核心内容

创业计划书撰写的目的是为服务对象提供所需信息，因此其核心内容取决于创业计划书的服务对象及其信息需求。一般包括创业描述、竞争计划、运营计划、财务计划和组织管理。创业描述是对创业企业相关事宜的整体介绍；竞争计划是对创业企业产品或服务的市场特性和竞争状况的深入分析；运营计划是对创业企业开发、生产和销售产品或服务的系统描述；财务计划是对创业企业资金资源获取、使用和退出的全面阐述；组织管理是对创业企业管理团队、人力资源、风险估计及其应对策略等的着重说明。

创业计划书应当能够清晰回答以下问题：

◆ 创业企业的产品或服务具有什么价值？
◆ 创业企业的产品或服务要卖给谁？如何应对现存和未来的竞争和风险？
◆ 创业企业如何开发、生产和销售产品或服务？
◆ 创业企业如何筹集资金、使用资金和实现投资收益？
◆ 创业企业的创业者是谁？管理团队是否拥有必备的知识、经验和技能？

创业计划书的核心内容如图 4-1 所示。

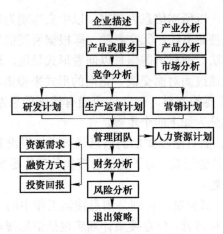

图 4-1　创业计划书核心内容

2. 创业计划的基本结构

为了有效传递创业理念和发展战略，创业计划书应当涵盖六个构成要素，即产品、市场、创业团队、企业经营状况、市场开拓方案和企业成长预期。创业计划书应当提供所有与产品或服务有关的细节，以清晰的证据来论述产品或服务价值；应当分析创业所面临的行业市场特征，以深入的分析来呈现市场前景；应当说明创业团队的知识、能力和经验，以真实的情况来展示团队准备；应当介绍创业企业过去的经营状况，以历史的经营状况来显示发展潜力；应当阐明产品或服务的预期推进方案和措施，以细致的设计来展示可行性；应当展望创业企业的未来发展，以科学的预测来显现成长预期。

一份完整的创业计划通常包括封面、目录、执行概要、正文和附录五部分，封面应包括创业企业及创业项目的介绍性信息；目录是正文和附录的索引，列出创业计划书中主要章节、附录以及对应页码；摘要是对创业计划书的概括，力求一目了然，重点和亮点突出，能抓住投资者兴趣；正文是创业计划书的核心内容和重要部分，具体包括上述核心内容处介绍的相关分析；附录是对正文主体的补充，一些不宜过多在正文里描述的内容或重要参考资料均放在附录部分。

4.1.3　计划前期准备

路障： 创业计划撰写前需要进行怎样的前期准备？
路标： 信息搜集 + 市场调查 + 可行性分析。

1. 信息搜集

创业计划的准备过程既是创业思路的落地过程和创业机会的论证过程，也是不断搜集与分析信息的过程。信息是创业计划的依据与来源，准确而充分的信息有助于创业者做出正确的判断和采取恰当的措施，由此可见信息在创业计划的撰写过程中起着非常重要的作用。为此，创业者需要掌握信息搜集的渠道、方法和步骤。

创业者可以通过多种渠道来搜集信息，主要包括互联网、公开出版物、竞争对手企业、会议展览、行业协会和关联方等。面对众多不同类型的信息资料，创业者可以通过借助一定的信息搜集方法来准确定位与搜集资料，常用方法有：①观察法，即创业者有目的地用自己感官和辅助工具去直接观察，以所需信息为依据，以中立客观为准绳，以边看边记、整理分析和得出结论为手段的信息搜集方法；②文献法，即根据所需信息从现存各种文献资料中找出有关信息的方法；③问卷法，即将所需信息以问卷形式呈现，通过发放与回收问卷来搜集资料的方法；④访谈法，即通过面对面交谈、访问的形式来搜集所需资料的方法。

为了更好地搜集到所需要的资料，创业者应当有清晰的思路，并做好充分的准备。一般而言，信息搜集工作可以分为如下四个步骤。

1) 明确信息搜集目的。面对浩瀚如烟的信息资料，如果没有明确的信息搜集目标，漫无边际的搜寻，最后可能会徒劳无功。为了使信息搜集的工作更加高效，需要厘清搜集目的、明确搜集方向和确定搜集主题。

2) 制定信息搜集计划。事先制定计划是信息搜集工作中的重要一步，有助于创业者在信息搜集过程中从容应对各种问题。信息搜集计划应包括信息搜集目的、主体、对象、内容、手段、方式、范围、经费和进度等核心内容。

3) 组织实施搜集工作。组织实施阶段是创业者践行信息搜集计划的阶段，创业者需要根据之前制定的计划来搜集信息。在搜集信息过程中，创业者要灵活运用多种搜集方法，要对信息保持较高灵敏性，要学会筛选和挖掘有价值的信息。

4) 形成信息资料成果。在搜集资料后，还需要对资料进行分析与处理，这是完整的信息搜集活动中不可缺少的重要环节。现实中，初始信息资料往往需要经过深入地分析和恰当地处理才能为信息搜集者所用。因此，评估和分析感性资料以形成理性结果显得非常必要。

2. 市场调查

市场调查是信息搜集的重要表现形式，是指运用科学方法，有目的且系统地搜集、整理和分析有关市场的信息和资料，以了解市场状况和发展前景。市场调查有助于创业者把握市场信息和分析项目可行性，有助于创业者明确市场状况和做出市场定位，有助于创业者理解消费心理与行为和制定有效营销计划。

市场调查围绕不同内容而展开，主要有：①市场环境调查，包括宏观环境调查和行业环境调查，宏观环境调查基于 PEST 分析模型进行，从政治、经济、社会和技术四大要素出发展开分析；行业环境调查基于波特五力分析模型进行，从现有竞争状况、卖方议价能力、买方议价能力、替代品威胁和新进入者威胁五个方面出发展开分析。②市场需求调查，即调查消费者的需求特征、购买心理与行为以了解影响其消费的关键因素。采用多种调查形式对消费者的潜在需求、消费习惯、消费心理、消费行为和消费过程进行全面研究，以此准确定位目标市场和制定有效营销策略。③竞争对手调查，即识别和调查直接、间接或潜在竞争对手，依据市场定位来识别所有竞争对手和确定竞争范围与强度，对其战略和行为进行对比分析以了解关键领域和优劣势所在。竞争分析方格是常用的分析工具，方格左侧纵向列是企业所在行业的主要竞争因素，横向行是企业自身及主要竞争对手，方格中对自身与对手之间在优势、相当和劣势之间做出判断。

市场调查根据目的不同可划分为不同类型：①探测性调查，是一种小范围调查，当对行业和领域不甚了解时，可以通过此种调查来了解这些行业和领域，为进一步调查做好准备；②描述性调查，是一种对客观事实进行准确记录和如实描述的调查类型；③因果性调查，即分析事物之间因果关系或函数关系的调查类型；④预测性调查，即基于历史和现状资料，对事物未来发展做出预测的调查类型。作为一种重要的信息搜集形式，市场调查的方法和步骤与上文提到的信息搜集方法和步骤类似,市场调查可以通过观察法、文献法、问卷法、访谈法和实验法等方法展开。在市场调查步骤上,首先需要明确市场调查的目的和主题,然后制定市场调查计划,接着组织实施计划,最后分析调查资料和形成调查结果。

3. 可行性分析

在具体撰写创业计划前,还需要从不同层面对创业项目或商业创意进行可行性分析,主要包括四个方面:①产品或服务的可行性分析,分析产品或服务的吸引力和需求,以此确认其受市场欢迎程度和在市场中满足的需求,即产品或服务是否受市场欢迎,市场消费者是否会购买,企业能否从中获利等;②行业、目标市场的可行性,分析进入的行业和目标市场的吸引力,以此评估所选的行业、目标市场是否可行,是否具有较大的吸引力以及目标市场的需求及潜力有多大等;③组织可行性,组织是创业活动的载体,判定创办企业所需具备的管理才能和资源丰富度,以此评价组织是否具备足够的管理知识、组织能力和关键资源来创办、经营和管理企业;④财务可行性,资金是企业的血液,没有充足的资金,企业难以生存和发展。在财务可行性这一部分主要分析创业者是否具备充足的资金来支撑企业的创建与发展。这四个可行性缺一不可,只有当上述四个方面都具有可行性时,创业者才可以开始着手准备创业计划。而如果四个当中有一个或多个不具可行性,那么创业者就需要重新考虑或放弃该创业项目或商业创意。

课堂活动:头脑风暴

有人说市场变幻莫测,对未来进行准确预测存在困难,你认为创业计划书有用吗?

假定有人愿意提供50万元人民币的投资支持你创办公司,你将如何选择行业进入?你会为此做哪些准备?

4.2 创业计划撰写

核心问题
1. 创业计划书的撰写过程是怎样的?
2. 如何准确撰写创业计划书?

学习目标
1. 了解创业计划书的撰写过程。
2. 掌握创业计划书的撰写技巧。

4.2.1 计划撰写过程

路障: 创业计划怎样准确撰写?
路标: 创业计划的撰写步骤+撰写内容。

1. 创业计划撰写步骤

高质量的创业计划撰写需要经历创业构思、市场调研、计划撰写和修改完善四个步骤。

(1)创业构思

创业构思阶段聚焦于研讨创业构想和分析可能挑战。通过探讨创业构想的诸多细节如研讨产品与服务、分析行业与市场,来确立明确的创业目标、确定清晰的创业原则、寻找合适的创业模式、设计合理的创业步骤、敲定恰当的创业期限、创造有利的创业条件、建立良好的投资关系和组建高效的创业团队。通过分析创业可能的挑战风险,来认识创业者自身层面的问题如身心不适应、以往社会关系影响、知识能力和资源储备不充分,以及创业企业层面的问题如项目不合适、技术不成熟、资源不充足、创业经验欠缺和团队管理不力等。

(2) 市场调研

市场调研阶段关注于对市场环境、消费需求和竞争对手展开调查与分析,从政治、经济、社会和技术四大要素出发了解宏观环境,从现有竞争状况、卖方议价能力、买方议价能力、替代品威胁和新进入者威胁五个方面出发了解行业环境,从消费者需求特征、购买心理与行为角度了解消费需求,从竞争分析方格出发了解竞争对手,基于此准确做出市场定位和制定市场计划。

(3) 计划撰写

计划撰写阶段重点在凝练执行概要和将创业构思转变为文字方案。执行概要凝练在结构上按照顺序依次介绍创业计划书的内容,在措辞上正式严谨且条理清晰,同时以浅显的语言润色和恰当的内容安排来吸引读者兴趣和引发读者共鸣,在形式上先于创业计划却在写作上后于创业计划,是创业计划的高度精练而非创业计划的篇前序言。因此在内容上应当包含创业计划的核心内容,应当重点阐明创业亮点如产品或服务、市场分析、竞争优势、商业模式、创业者及团队、资金需求和融资。将创业构思转变为文字方案就是在创业计划书的基本框架下展开深入分析和理性阐述。

(4) 修改完善

修改完善阶段侧重于对创业计划书的整体性把握,需要对初步完成的创业计划书进行系统梳理和统筹兼顾,在清晰阐述的同时突出重点,在详细讲解的同时强调亮点。需要对初步完成的创业计划书进行整合、修改与完善,精简重复、补充遗漏、提供支撑和灵活调整。

2. 创业计划撰写内容

创业计划没有固定形式,不同行业或项目的创业计划也会有所不同,而无论哪种行业或项目,其创业计划一般包含:封面、目录、执行概要、企业描述、产品或服务、创业团队、营销计划、生产与运营、研究与开发计划、财务计划、风险分析、退出策略和附录等。

(1) 封面

封面是创业计划书的开端,应当给阅读者留下一个良好和深刻的印象。

1) 内容 企业基本信息如名称、地址和网址等,以及企业联系方式如电子邮箱、电话号码和创业者联络方式等。

2) 排版 企业相关信息集中位于封面上半部分,如已有徽标或商标则位于封面正中间。

3) 设计 宁简勿繁,表达清晰,色调明快,体现美感和富有个性。

(2) 目录

目录紧随封面排布,应当呈现一个清晰且明确的结构。

1) 内容 列出创业计划书的章节结构、标题内容和对应页码。

2) 排版 反复核对以确保目录页码与正文页码吻合,认真设计以便于读者快速查找相应内容。

(3) 执行概要

摘要并非创业计划的前言或引言,而是对创业计划中各部分内容的概括和提炼。

1) 内容

① 商机:概述存在什么商机,为何对商机有兴趣,以及计划如何开发商机。

② 企业描述:企业类型是什么,出售何种产品,成功秘诀和发展潜力是什么,有何特别之处。

③ 竞争优势即创新产品所带来的竞争力,竞争者劣势何在。

④ 目标市场和预测即目标市场和客户群体何在,产品如何定位,怎样接触目标群体。

⑤ 创业团队即概述创业者团队及成员的知识、技能、经验和素质等。

⑥ 概括赢利能力和收益能力,描述企业需求。

2) 设计 以一两页的篇幅让读者快速了解创业项目的完整信息,逻辑清晰,文笔生动,突出重点。为了吸引投资者兴趣,摘要部分需要客观地传达出行业市场的广阔前景、创业项目的独特价值、商业模式的科学有据、创业团队的坚强有力、成长规划的客观实际以及投资回报的巨大潜力等信息。

(4) 企业描述

企业描述是对企业整体情况的简要介绍和说明。

1) 内容

① 企业概述即提供企业相关信息,如基本信息、联系方式、启动资金和选址等。

② 企业发展历史、存在使命和经营现状,陈述要简短,具有概括性,依托主线侧重介绍。

③ 企业所从事的主要业务、企业所从属的行业、企业组织结构设计、企业所有制性质和企业未来发展规划。

2) 设计 强调产品的重要特征及其价值创造过程,提供调查数据支撑论断和观点。

(5) 产品或服务

1) 产业分析 调查分析特定行业的市场结构和市场行为。

① 内容:产业现状、产业发展趋势、产业特征以及产业市场上所有经济主体概况。

② 设计:如果创业企业涉及不止一个产业,则需要深入分析每一个产业。

2) 产品分析 不仅仅要说明企业生产什么产品或提供什么服务,还要重点说明企业产品或服务的独特性和创新性,前者即与竞争对手相比所能提供的额外价值,后者即与竞争对手相比更加难以被模仿。

① 内容:产品基本信息、市场上是否拥有或即将出现同类产品、产品独特性、产品价位合理性、产品市场前景和竞争力、影响购买行为的关键因素、产品技术含量和知识产品保护措施。

② 设计:详细说明产品特征和不足之处,提出改进方向和解决方案。

3) 市场分析 企业通过分析目标市场及客户、市场大小和趋势、竞争和竞争优势、市场发展潜能,预测拟进入的市场。

① 内容:目标市场定位即细分目标市场和分析目标市场的合理性如需求大小、发展趋势、影响因素和利润回报;行业市场分析即判断行业市场的成长性如行业发展程度和未来趋势、行业总销售额和利润率、行业发展影响因素、行业内部网络关系、行业市场上所有经济主体概况、行业进入壁垒和潜在进入者;竞争对手描述即预测竞争对手的可能情况和

竞争压力的强烈程度，如可能的或潜在的竞争者、竞争者基本情况和竞争战略、竞争者财务状况和发展潜力、自身优势劣势、所持应对态度。

②设计：使用数据资料来予以支撑，采用图表形式来直观说明，运用调查结果来理性分析。

（6）创业团队

强劲有力的创业领导和分工合作的管理团队是评判创业活动能否成功的重要标准，尤其需要关注组织、关键管理人员、职权划分以及团队核心成员相关经验、团队成员的互补性等。

1) 内容

①管理层展示：介绍董事会成员和业务经营的关键人物，包括管理团队成员基本信息、工作经历、行业经验、教育背景、职业道德与素质和专业经历与能力等，并介绍关键员工及专业人士。

②团队支持系统：解释组织内部职责划分和管理机构，介绍岗位配置和人员激励，包括企业主要股东概况、团队分工方式和依据、具体项目负责人、特定经营区域队伍建设措施、团队成员薪酬制度、决策机制和冲突管理机制。

2) 设计　核心人物介绍不宜过多，一般 3～6 人；突出对未来发展有意义的内容，强调创业队伍的互补性和多元化；语言中肯客观和实事求是，以图表或数据展开对比分析。

（7）营销计划

营销计划主要描述企业如何制定营销策略和开展营销活动，以实现市场上的销售目标。

1) 内容

①营销规划：营销活动的总体规划和实施营销的支持配套，包括总体营销计划设置、营销机构和人员配置、市场渗透和开拓计划、一般的销售程序介绍、预期的销售和发生时间、意外情况的应急措施。

②销售过程：分销渠道和促销策略是将产品送达到消费者手中的重要途径，包括销售策略与具体行动、销售队伍配置和管理方法、销售渠道构成和实现方案、渠道建设中可能产生的问题和解决方案、销售渠道发展方向和阶段目标。

③产品展示和广告：产品如何投放市场是营销计划取得理想效果的重要环节，包括让目标顾客知晓即将推出的产品、采用何种类型的广告策略、参加行业会展或独立开展销会、用于营业推广的费用支出、推广产品的具体措施、预期推广效果和应对举措。

④产品定价策略：定价策略是产品价位和定价依据，包括产品价格、定价依据、与相似产品的价格对比和差距缘由、消费者价格敏感度、价格未来变动趋势。

2) 设计　根据目标顾客的特点、产品或服务、企业的实际情况以及外部环境来制定，以顾客为导向，详细介绍企业所解决的问题、存在的目标市场、顾客花钱购买的可能性、基本的销售预期，彰显为实现销售目标而进行了周密的准备和细致的设计。

（8）生产与运营

生产与运营主要阐述产品的生产或服务的提供过程。

1) 内容　厂房和生产设施配置、基础设施需求、现有和将要购置的生产设备、原材料需求和供应、生产工艺流程和生产关键环节、新产品生产经营计划、未来生产能力调整、品质控制和质量改进能力、生产过程所需人力资源、运营策略和地理选址。

2) 设计　从设计生产运营战略和计划出发，说明生产运营的设施需求及改善方案，解释运营周期和地理选址。

（9）研究与开发计划

研究与开发计划主要介绍企业应对技术发展趋势和技术竞争压力的态度和能力。

1）内容　未来技术发展趋势、自身技术研发力量、研发已投费用总额、研发发展方向和目标、研发计划与整体战略契合程度、研发具体任务、研发成本预算和时间进度。

2）设计　以仔细客观地评估自身实力为基础，详细说明研发预期目标和具体计划，强调研发计划的市场应用优势。

（10）财务计划

财务计划是带有时间刻度的企业财务生存能力的直观体现，需要描述企业未来三到五年的资金需求、来源与使用。

1）内容

①历史财务数据：对于已经成立的企业而言，需要提供过去三年的历史财务数据，包括三年以来的资产负债表、损益表、现金流量表、常用财务指标分析、财务状况分析及所提出的解决方法。

②未来财务规划：依据营销计划、生产经营计划和研发计划预测未来收益和成本，并以规范的财务报表形式呈现，包括未来三到五年内企业运营费用需求、运营收入状况、财务状况预测和预计获取的投资总额。

③融资相关问题：针对融资需求而具体提出融资方式建议，包括融资条件与方式、融资抵押和担保、资金注入方式和投资人介入经营管理方式。

2）设计　历史财务数据需客观真实并对这些数据进行反思总结，未来财务规划需科学合理并预测有效可信，融资相关问题需具体明确并有的放矢，财务计划应当依托其他部分内容并强调专业性和科学性。

（11）风险分析

创业是一项具有风险性的活动，需要对创业过程中可能遇到的风险进行分析，并找到有效的措施加以应对。

1）内容

①市场经营风险：市场不确定因素、生产不确定因素和技术发展不确定因素。

②管理团队风险：管理经验不足、经营期限较短和过分依赖核心人物。

③财务风险：现金周转不确定、清偿能力不足够和资源不足。

④其他风险：除了以上三类风险，仍可能面临的危机。

2）设计　不同类型风险的发生概率、危害程度和辐射范围各异，需要结合企业自身限制和创业者不足，以实事求是的态度详细分析各类风险和制定应对措施以降低风险。

（12）退出策略

任何企业发展到一定的阶段，都存在投资者的退出问题。

1）内容　投资者可能获得的回报、公开上市的可能、偿付协议以及投资者可能的退出方式，如出售业务、公开上市和兼并收购等。

2）设计　论述应当详细具体，应以客观数据来说明可能的投资收益，应以明确具体的方式来陈述退出策略。

（13）附录

附录是对主体部分的补充和支撑，不宜放入正文部分的材料均应放在附录中。

4.2.2 创业计划撰写技巧

路障： 创业计划怎样有效撰写？
路标： 创业计划的撰写原则＋撰写技巧。

课堂活动：头脑风暴

参照创业计划书撰写过程和内容，每个小组归纳出全组成员均一致认可的撰写技巧和可能出现的问题，并给出示例和理由，活动最后需要在全班评选出撰写小能手

1. 创业计划的撰写原则

一份好的创业计划在撰写过程中需遵循以下原则：

◆ 目标清晰，突出亮点，营造未来憧憬
◆ 内容真实，展现诚意，避免言过其实
◆ 要素齐全，内容充实，捕捉兴趣之处
◆ 语言平实，通俗易懂，易于准确理解
◆ 有理有据，循序渐进，确保条理清晰
◆ 结构严谨，风格统一，做到规范美观
◆ 详略得当，篇幅适当，实现有的放矢

2. 创业计划的撰写技巧

（1）把握 6C 要素

创业计划书撰写的核心模块必定涵盖六大要素。

① 概念（Concept）：创业计划书应当清晰介绍创业企业经营的产品或服务。
② 顾客（Customers）：创业计划书应当准确定位目标顾客和细分市场。
③ 竞争者（Competitor）：创业计划书应当系统分析行业发展现状和竞争对手情况。
④ 能力（Capacity）：创业计划书应当深入了解自己的创业项目和能力状况。
⑤ 资本（Capital）：创业计划书应当清楚呈现资本有多少，来源于何处。
⑥ 持续经营（Continuous）：创业计划书应当明确阐述长远打算和未来规划。

（2）突出 8 个板块

创业计划书的撰写重点需要突出八个板块。

① 明确关键问题。创业计划应当找到关键问题、提出解决方案、创新商业模式、发现潜在吸引力、制定营销战略、分析竞争现状、预测未来发展、组建优秀团队以及安排当前与未来。

② 关注产品或服务。创业计划应当提供产品或服务所有有关的细节信息，让读者感到良好的发展前景和较强的操作性。

③ 了解竞争情况。创业计划应当仔细分析竞争对手情况和探讨自身竞争优势，让读者了解创业企业的竞争力和价值性。

④ 充分分析市场。创业计划应当深入分析和理解目标市场，形成市场定位和营销策略，让读者知道创业企业的市场容量和开拓策略。

⑤阐明行动方针。创业计划应当设计清晰的行动方案，让读者知晓创业企业实现创业构想的具体方案和详细步骤。

⑥介绍商业模式。创业计划应当描绘细致的赢利模式，让读者明白创业企业赢利模式的创新性和有效性。

⑦展示管理团队。创业计划应当展现强有力的管理队伍，让读者感受来自优秀团队的力量和潜能。

⑧出彩的执行概要。创业计划应当提炼具有竞争性和吸引力的执行概要，让读者产生对创业项目的兴趣和信心。

（3）关注9个问题

①五分钟的考验。以五分钟作为考验标准，创业计划书应当能够在五分钟的时间内吸引阅读者的注意和引发阅读者的兴趣。

②内容结构要完整。创业计划书应当包括完整且真实的内容，展现清晰条理并强调重要模块。

③人是最重要的因素。优秀的创业团队是创业企业组建和运营的基础，创业计划书应当介绍优秀的创业团队和管理队伍。

④多阅读多取经。通过阅读他人的创业计划书来提高自身的写作能力，通过向他人取经来丰富自身的相关经验。

⑤打中11环。一份好的创业计划书需要做最充分的准备、最深入的分析和最详细的论证。

⑥熟悉吸引投资者的方法。创业者应当更好地了解投资者，更有针对性地分析融资活动，以此知晓如何有效吸引投资者。

⑦准备回答最刁钻的问题。做好回答刁钻问题的准备，以诚实守信为原则，如实坦诚作答。

⑧对待被拒绝。做好被拒绝的准备，被拒绝后首先要思考怎么完善创业计划书。

⑨把本收回来。创业计划书需要阐述如何使投资者在最短时间内将投资收回。

在撰写创业计划书的过程中存在常见的五个缺陷及解决方法，具体见表4-2。

表4-2 创业计划书撰写中常见的五个缺陷及解决方法

常见缺陷	表现征兆	解决方法
无实际发展目标	缺乏可达到的目标 缺乏完成的时间表 缺乏优先权 缺乏具体行动步骤	建立在特殊时期完成特殊步骤的时间表
未预计到路障	没有清醒地识别将来的问题 没有重视计划中可能的瑕疵 没有应急或变通计划	列出可能遇到的障碍和变通计划，阐明越过障碍需要做哪些事情
无投入或贡献	对企业要办的事过分拖延，不严肃 没有投入个人资金的意愿 不及时聘任关键职位人员 从非主业或奇思异想中获利	快速行动，保证所有关键职位人员的任命，准备并愿意投入游戏本钱
无先期商业经验	没有商业经营经验 没有专业领域经验 缺乏对拟进行业的了解 忽视企业描述	给出针对企业的个人经验和背景证明，积极寻找"谁对企业有帮助谁就是有用"的人才
无细分利基市场	不能证明此产品有市场需求 一厢情愿地推测消费者的购买能力	细分特定市场，阐述产品为何满足以及怎样满足目标群体期望需求

> **课堂活动：模拟演练**
> 以小组为单位，寻找一个可行的创业项目，为其撰写一份比较翔实、论证充分、定性与定量相结合的创业计划书。

4.3 创业计划展示

核心问题
1. 如何有效展示创业计划书？
2. 怎样对创业计划书展开自查评价？

学习目标
1. 掌握创业计划书的展示技巧并进行完美展示。
2. 了解创业计划书中常存在的问题并进行自查。

4.3.1 创业计划展示技巧

路障： 创业计划怎样清晰展示？
路标： 创业计划的展示准备+内容。

> **课堂活动：展示预热**
> 在授课之前，以小组为单位，讨论并形成创业计划书的展示方案。待讲解展示技巧后，小组修正其展示方案，对比两个版本的方案，找到差异并解释说明。

创业计划书撰写定稿后，应考虑如何将计划书推介给相关对象，创业计划的展示至关重要，关系到能否获得相关对象的青睐。

1. 创业计划展示准备

1）了解与分析推介对象　创业者需要搜集推介对象的相关信息，换位思考和集思广益，为特定推介对象进行不同侧重的展示，例如若投资者具有技术背景，则应运用产品或服务演示，若投资者具有财务背景，则应运用财务数据分析介绍等。此外，基于推介对象相关信息可以尝试建立与其的各种联系或关联，使得展示达到事半功倍的效果。

2）聚焦展示的核心元素　确定由谁负责展示，是关系到展示成功与否的关键因素之一，在选择合适的展示人员后，展示人员自身的精神面貌、语言能力、感染力和态度等都将影响展示效果。展示人员需要多学习专业性的电梯演讲技巧，训练自己流畅表达和简练概括的能力。学会用风趣幽默的语言、生动灵活的技巧和充满激情的氛围，吸引观众注意力，以客观的语言和坦诚的态度打动他们。在展示过程中聚焦核心元素，即人而非幻灯片，幻灯片要做得简明扼要，展示者要掌控全局和引起关注。

3）提前准备细节事项　准备与展示场合相符的服装，提前多练习讲解，提前做好预案，认真对待推介对象的提问与质疑，学会在批评中完善创业计划和提高撰写质量。

2. 创业计划展示内容

创业计划展示经历准备展示方案、选择陈述人员、陈述前期准备和正式现场陈述等步骤,在展示过程中,应当重点关注推介对象感兴趣之处,如问题背景、解决方案、商业模式、项目优势、市场营销、公司战略、管理团队和财务与风险等。创业计划展示内容如图4-2所示。

问题背景 → 解决方案 → 商业模式 → 项目优势 → 市场营销 → 公司战略 → 管理团队 → 财务与风险

图4-2　创业计划展示内容

展示者可按照20分钟左右的时间安排陈述内容,准备10～15页幻灯片,内容精炼且图文并茂,陈述讲稿一定要熟记于心,能够脱口而出。同时,展示创业计划时需要注意,要有独特创意和市场前景,重视自我和团队介绍,营造交流互动氛围,正确应对提问和点评,展示优势之时要保护商业机密。

布鲁斯 R.巴林格等在《创业管理:成功创建新企业》中介绍了一个PPT模板,见表4-3。

表4-3　创业计划展示PPT模板推荐

内　容	篇　幅	焦　点
企业介绍	1张PPT	说明企业概况和目标市场
商机	2～3张PPT	陈述尚未解决的问题和未满足的需求
解决方式	1～2张PPT	解释如何解决问题或填补需求
产业、目标市场和竞争者	2～3张PPT	介绍即将进入的产业、市场以及竞争者,重点陈述如何竞争以获利
创业者团队	1～2张PPT	简要介绍创业团队成员的互补优势
企业赢利前景	2～3张PPT	简要陈述财务问题,重点强调何时赢利和需要多少资金
企业现状	1张PPT	介绍现有投资情况和所有权结构

4.3.2　创业计划自查评价

路障: 创业计划怎样准确自查?
路标: 创业计划的自查+评价。

课堂活动:同辈互评

以小组为单位,讨论并评价其他小组的创业计划书,具体包括:1.确定评价标准和理由;2.给出评价结果和说明。

1. 创业计划自查

创业计划书的撰写是系统思考创业项目的过程,旨在让人了解创业项目和获得投资者认可。在完成创业计划书后需要进行自查,主要包括:①商业计划书是否逻辑清晰,是否论据充足和推理严谨,是否概念模糊和晦涩难懂;②目录是否完整,当投资者对某部分内容有兴趣时是否可以直接根据目录进行翻阅;③摘要部分是否亮点突出,能抓住投资者兴趣;④在正文部分要检查的内容很多,在创业计划书的撰写过程中,可能由于创业者初次尝试对内容不熟悉,或者对国家相关法律法规不清楚,再或缺乏财务方面的专业知识等,会存在一些共性问题,下面将进行总结,以便使创业计划书更完善。创业计划书常见问题与对策见表4-4。

表 4-4 创业计划书常见问题与对策

模 块	常 见 问 题	应 对 策 略
企业概况	企业名称不符合要求,或者特许经营范畴的项目未经过授权,或者注册资金选择不符合相关规定	学习相关政策和关注相关规定
产品和服务	技术不过关,未提供专利证明或未提供技术授权,缺乏售后服务的考虑	保证技术已经通过中试或终试,提供技术授权书或者转让证书,与客户建立良好信任关系
商业构想和市场分析	目标客户人群不准确,市场调研不深入,对竞争对手不了解	采用规范方法调研与论证,收集与分析竞争对手信息,针对性地制定营销策略
企业选址	选址不方便目标人群,或者成本太高	做好调研,以 4C 角度选址,即客户、价格、方便和沟通
营销方式	定价过低、市场推广方法单一,营销策略急于求成	基于调研和分析准确定价,市场推广多元化,慢慢累积客户
法律形式	对法律专业知识不够了解	多了解法律知识,向专业人士请教
股份构成	要么是股东一家独大,要么是股东过于分散	确定合理的利益分配机制,设置恰当的股份结构
组织架构和创业团队	成员背景单一,团队分工不合理	尽量吸取不同专业、不同性格、不同特长和不同资源的人合作
成本预测	成本预测过高或者成本预测过低	详细调研考察和精确分析,请教行内专家
现金流管理	现金支出估计不足,未留一部分的风险资金	预留风险资金,全面考虑可能的支出
赢利情况	对于预期赢利情况估计过分乐观	理性预测赢利
资产负债表	缺乏专业的财务知识,资产负债表的资产与负债不平,利润表和现金流量表的钩稽关系错误	向专业的老师或者财务人员进行请教

2. 创业计划评价

创业计划书的评价要素一般包含:创业计划的完整性和可行性;创业项目的市场前景和经济效益;创业项目的技术含量和创新之处;创业项目的团队管理和资金来源。下面将从投资者角度介绍评价标准。

① 执行概要(10%),内容言简意赅,重点和亮点突出,能抓住投资者兴趣。

② 企业描述(5%),清晰描述企业的当前现状和发展战略,所提供产品及服务的优势和价值。

③ 市场分析(10%),市场分析内容全面完整且方法使用得当,此为关键投资要素。

④ 研发计划(10%),准确介绍产品基本信息、研究开发过程和市场发展前景等。

⑤ 营销活动(10%),根据目标市场情况和顾客消费特点,结合企业实际合理制定营销计划。

⑥ 组织管理(10%),人员分工合理,团队协作能力强,此为关键投资要素。

⑦ 运营计划(10%),生产运营安排合理,选址合理,生产安排恰当,运管策略可操作性强。

⑧ 财务分析(10%),准确搜集财务数据,计算预测合理。

⑨ 可行性分析(20%),全面描述市场机会、竞争优势、团队管理能力、财务指标预算和投资潜能,准确预估可能风险和阐述应对措施。

⑩ 创业计划书写作(5%),条理清晰且简单易懂,介绍详略得当。

课堂活动：模拟演练

以小组为单位，就其撰写的创业计划书在班级内与同学们进行交流，制作 PPT 并进行汇报展示。

小测试 找到五个创业计划书，它们拥有的共同话题有哪些？它们哪些地方不同？找出其中一个你认为最好的，并指出原因。

实践练习

实践练习：焦点访谈——对话创业者

与五个创业者交流，了解他们为什么有或没有创业计划书？对于有创业计划书的创业者，了解他们是什么时候写的？写创业计划书的目的是什么？是否真的被执行了？是否随着计划的执行而做到了及时修改？

小 结

内容要点

[1] 创业计划是引领创业的纲领性文件和指导创业者的行动指南，是创建新创企业的行动方案和执行指南。

[2] 在具体撰写创业计划前，需要从不同层面对创业项目或商业创意进行可行性分析，包括产品或服务的可行性分析，行业、目标市场的可行性分析，组织可行性分析和财务可行性分析。

[3] 创业计划一般包含：封面、目录、执行概要、企业描述、产品或服务、创业团队、营销计划、生产与运营、财务计划、风险分析、退出策略和附录等。

[4] 创业计划书撰写定稿后，应考虑如何将计划书推介给相关对象，创业计划的展示至关重要，关系到能否获得相关对象的青睐。

[5] 创业计划书的评价要素一般包含：创业计划的完整性和可行性；创业项目的市场前景和经济效益；创业项目的技术含量和创新之处；创业项目的团队管理和资金来源。

重要概念

创业计划　信息搜集　市场调查　可行性分析　创业计划书结构框架　撰写和展示技巧　自查评价

复习回顾

[1] 创业计划的界定与特征。
[2] 创业计划需要做好哪些前期准备？
[3] 创业计划书的撰写过程。
[4] 创业计划书怎样进行自评？
[5] 创业计划书如何有效展示？

延伸阅读

[1] 布鲁斯 R. 巴林杰. 创业计划书：从创意到方案 [M]. 陈忠卫，等译. 2版. 北京：机械工业出版社，2016.

[2] 盖尔·希杜克，J.D. 瑞安. 创业计划：小型企业与创业管理 [M]. 朱仁宏，李新春，译. 9版. 北京：中国人民大学出版社，2017.

[3] 布赖恩·芬奇. 如何撰写商业计划书 [M]. 邱墨楠，译. 5版. 北京：中信出版社，2017.

教辅资料

相关教学设计及配套资源可至 www.pficy.com 或"平凡 i 创业"APP 获取。

项目 5

整合创业资源

项目概要

通过本项目的学习，了解创业资源的内涵和类型，熟悉创业过程中的资源获取途径、不同类型的资源开发和融资渠道，掌握资源利用途径和融资策略。

重点难点

重点：获取资金途径、资源开发、资源利用

难点：融资策略、融资渠道

案例引入：蒙牛的资源外取战略

蒙牛的创立者牛根生曾说，"蒙牛企业文化中有'四个98%'：资源的98%是整合，品牌的98%的是文化，经营的98%是人性，矛盾的98%是误会。"在这里，第一个98%就是资源整合，可见在牛根生眼中，资源整合如此重要。

资金整合

1999年，牛根生决定自己创业！当时面临的第一个困难是凑集启动资金，牛根生和其他几位创业者跑遍全国，东拼西凑了900万元，成立了"内蒙古蒙牛乳业股份有限公司"。2002年蒙牛驶入发展的快车道，对资金仍然十分渴求，2002年和2003年共整合了摩根、英联、鼎晖等公司的约5亿元资金。

资源外取战略

公司成立之初，面临的另一窘境是奶源已被大企业瓜分殆尽。自建奶源基地和自建工厂，在短时间内根本就不可能实现。面对窘境，牛根生跳出"先建工厂，后建市场"的窠臼，创造性地提出"先建市场，后建工厂"的战略。利用承包、租赁、托管的方式"盘活"其他乳制品企业，从而把别人的工厂变成了"自有"车间。

牛根生在继续"盘活"其他乳制品企业的同时，也在创建自己的工厂。初创的蒙牛买不起2 500万元的液态奶设备，于是通过第三方租赁公司租赁设备。蒙牛有了自己的工厂后，资源外取战略不仅没有收缩，反而进一步延伸，蒙牛的奶站基地、运输车辆和员工后勤系统等都外包给了其他主体运营，把传统的"体内循环"变为"体外循环"。这一战略强化了蒙牛的核心业务，补足了短板，催生了规模快速膨胀。

5.1 创业资源获取

核心问题

1. 什么是创业资源？

2. 资源获取途径有哪些？

学习目标
1. 了解创业资源的内涵和类型。
2. 熟悉资源获取途径。

5.1.1 创业资源的内涵与作用

路障： 什么是创业资源？
路标： 内涵+分类+作用。

1．创业资源的内涵

创业资源是指新创企业在价值创造过程中所需的生产要素和支撑条件的总和。在创业过程中，需要整合各种资源，形成最大合力，所以创业过程也是一个资源整合的过程。

2．创业资源的分类

创业资源的分类有很多种分类方式，常见的是按资源性质分，一般按资源性质分为：人力、社会、财务、物质、技术、组织、信息和声誉。

1）人力资源　创业者和创业团队的知识、技能、经验、经营和智慧等体力和脑力的总和。其中，创业者是最重要的人力资源。

2）社会资源　由人际关系、社会交往形成的关系网络，是一种特殊的人力资源，可使创业者有机会接触团队以外的外部资源，实现他人难以实现的愿望和目标。

3）财务资源　一般包括资金、股票和资产等，在企业初创时，一般资金来源于创业者本人或亲朋好友。

4）物质资源　创业活动中所必需的有形资源，如工厂、机器设备和原材料等。

5）技术资源　包括生产流程、质量控制、核心技术和专利等，可与物质资源结合，通过法律手段加以保护，形成组织的无形资产。

6）组织资源　包括组织结构、工作规范和决策系统等，是组织内部规范行为、优化环境的管理系统。

7）信息资源　指企业生产及管理过程中所涉及的一切文件、资料、图标和数据等。在如今信息大爆炸的时代，掌握并利用信息资源，有利于创业者更好的发掘商机、做出决策。

8）声誉资源　是指那些能够有助于提升创业企业品牌知名度等无形资产的创业资源。

3．创业资源的作用

创业资源的获取和整合伴随整个创业过程之中，创业者需要有效识别各种创业资源，并且积极借助企业内外部的力量对创业资源进行组织和整合，实现企业的核心竞争力，促进创业成长。

在企业创立阶段，机会识别需要相应资源的支撑。对于某一特定机会，能否成为某一特定个体的创业机会在很大程度上和其所拥有的资源相关。具有广泛人际关系网络、雄厚资金和技术实力的社会个体比那些交际面窄、资金缺乏的社会个体更容易识别到创业机会。

在企业发展阶段，随着新创企业各方面步入正轨，业务规模也逐渐扩大，企业的资源需求急剧上升，如果没有相应资源的支撑，企业发展难免受限。另外，外部环境急剧变化，企业需要根据外部变化及时做出相应的调整，如果缺乏资源，也无法进行调整。

5.1.2 获取途径

路障： 如何获取创业资源？
路标： 影响因素＋需具备的能力＋获取途径。

1．影响获取资源的因素

影响资源获取的因素主要有创业导向、商业创意的价值、创业团队的工作经验、社会关系网络以及外部环境等。

（1）创业导向

创业导向是指创业者在创业过程中所持有的创新、风险承担、抢先行动的态度或意愿，是创业精神的表现过程。具有强烈创业导向的创业者，能够创造性地获取和利用资源。

（2）商业创意的价值

对于新创企业而言，最重要的是商业创意，一个好的商业创意最有利于获取外界的资源。

（3）创业团队的工作经验

它包括创业经验和行业经验。创业经验指在之前创业过程中收获到的理念和技能，如果创业者有过创业经历，获得融资会相对较容易一点，例如假若史玉柱需要融资，则相对容易，而一个普通大学生则较难。行业经验指创业者在某行业积累的工作经历，提供了工作规范和客户信息等。这些技能及信息，在新创企业过程中，可以帮助他们规避风险，克服新企业面临新环境一筹莫展的客观局面。

（4）社会关系网络

社会关系网络也会影响创业者的资源获取。创业者越具有众多且异质的关系网络，越在关系网络中占据核心位置，相应地，资源获取能力也越强。

（5）外部环境

外部资源的可获得性、政府的干预等也会影响新创企业的资源获取。如果外部可获得的资源较少、政府对创业活动的限制以及人们对创业活动的漠视，创业者也很难获得新创企业发展所需的资源。

2．创业者需要具备的能力

为了获取创业资源，创业者及创业团队必须具备一些技能：沟通表达能力、战略领导能力、识人用人能力、信息获取与利用能力。

（1）沟通表达能力

为了获取资源，创业者及创业团队常常需要向周围的人沟通项目内容，为此，具备良好的沟通能力、沟通技巧，可以便于向他人表达自己的想法，并且能较迅速地解读他人的信息，进而了解他人的想法和感受。拥有良好的沟通能力和沟通技巧不代表一定能获取创业资源，但是良好的沟通能力和沟通技巧，有助于获取相关资源。而缺乏沟通技巧，会使创业者遇到一些沟通障碍。

（2）战略领导能力

初创企业的成长过程往往伴随着各种不确定性和模糊性，创业者的战略领导能力彰显着创业者是否有相应的应对能力。为此在创业资源整合过程中，创业者需要适时地将企业的战略意图等传达出来，让投资者明白自己有能力克服创业过程中的各种棘手问题，进而推动企业资源整合。

（3）识人用人能力

识人用人能力与资源获取密切相关。用人之长，把合适的人放在合适的位置，更有助于资源获取，例如选用善于理财融资的人才，势必能获取更多的资源。为此，创业者要善于识人，唯才是举。

（4）信息获取与利用能力

信息获取与利用能力包含信息需求识别、信息检索、信息评价、信息整合、信息利用与开发等。具备良好的信息获取利用能力，通常更能敏锐地获取有利信息，比其他创业者更容易获取资源。

3．创业资源的获取途径

资源获取途径可以分为市场途径和非市场途径，一般来说，市场途径主要有购买、联盟和并购等三种形式，非市场途径有资源吸引、资源积累等。创业资源获取途径如图 5-1 所示。

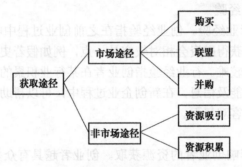

图 5-1　创业资源获取途径

（1）市场途径

1）购买　即指以购买的形式获得资源。如购买物资、购买核心技术和人力资源等。

2）联盟　即联合其他组织共同合作，共同开发资源。一些高科技企业可以与高等院校联盟，及时获取最新的技术，了解技术发展趋势，为企业提供技术支持。

3）并购　即通过股权或者资产收购，将企业外资源内部化。并购可以帮助创业者缩短进入一个新领域、新市场的时间，进而能赢得宝贵时间，把握商机。

（2）非市场途径

1）资源吸引　即利用公司的无形资产来吸引资源。如利用公司的商业计划，描绘公司的宏伟蓝图和团队声誉等，来吸引资源的投入。

2）资源积累　即在企业内部自己开发培育资源。例如，通过培训提高企业员工的知识和技能，通过利润积累获取企业扩大发展的资金等。

5.2　创业资源管理

核心问题

1. 不同资源怎么开发？
2. 资源利用途径有哪些？

学习目标
1. 熟悉不同类型的资源开发。
2. 掌握资源利用途径。

5.2.1 资源开发

路障：如何开发资源？
路标：内涵＋原则＋类型＋方法。

资源开发活动包含两层含义：一是开拓、发现新的资源；二是开发资源的新用途。无论是开发新资源还是新用途，对资源普遍比较缺乏的新创企业而言，都具有重要的作用：它既可以使企业获得发展的动力，也可使企业获得持续的竞争优势。

1．资源开发原则

任何企业都需要开发资源。在资源开发过程中，遵循一定的原则可以有效提升企业的资源开发效果。

1）资源优化配置 在不同的阶段，起主要作用的资源不一样。通过资源的分类排序和优化配置，创业者可以在开发、配置资源时做到重点突出。

2）考虑木桶效应，补齐短板 一个企业的正常运营发展，不可能只依靠某种资源，创业者不能只关注主导资源，只加大对主导资源的投入而忽视配套资源。有时候限制企业发展的反而是辅助资源，所以要对企业的各项创业资源进行预估，做好资源储备，这样使得创业资源在不同时段可以得到最佳配置，避免资源浪费，避免被短板掣肘。

3）以够用和能用为原则 韩信点兵，多多益善，但是在创业过程中，对资源追求过多，反而会造成资源的浪费，坚持够用的原则即可。仔细盘点创业过程中所需要的资源，不要盲目为追求资源而追求资源，如果求到的资源不能用，既浪费了公司成本，又不能给公司带来效益，还会造成资源闲置浪费。

2．资源开发类型

（1）人际关系资源开发

人际关系资源，即人脉资源，对创业成功有着重要影响，创业者需要不断积累、开发人脉资源。在开发人脉资源的过程中，创业者需要认识到人脉资源的以下特性。

1）长期性 平时要注意积累人脉关系，不能有事就求人，没事不联系。有些客户可能现在不是你的客户，但是一段时间后，可能恰好对你的产品服务等有需求，也会转化成你的客户，所以平时要投入一定的精力来开发和建立人际关系。

2）维护性 人际关系需要不断维护，如果缺乏维护，人与人之间的关系可能会变得疏远。交流、合作、帮助等都是比较有效的人际关系维护途径。

3）拓展性 拓展性是指在人际关系的维护过程中，可以拓展人际关系的范围和深度，如商业的交易关系发展成为朋友关系。

4）辐射性 人际关系具有辐射性。朋友的朋友也是朋友，通过熟人介绍是一种事半功倍的人脉资源开发方法，可以通过有效接触，消除陌生感，降低交往成本，提高合作概率。

为了提升人脉竞争力，创业者可以通过以下几方面来进行：①建立守信用的形象；②增加自己的被利用价值；③乐于与别人分享；④多些创意与细心；⑤把握每一个帮助别人的机会，乐于助人。

（2）人力资源开发

经营过程中的各项任务都需要人来推动执行，故人力资源是创业过程中的重要因素。怎么吸引并留住人才，是创业者需要考虑的重要问题。马云曾说：员工离职的原因很多，只有两点最真实，一是钱没给到位，二是心受了委屈。另外，没有哪个人才天生就与创业企业相匹配，且随着公司的发展，原来的创业团队中的一些人可能会出现不能胜任公司发展的情况。因此，创业者有必要根据企业战略发展，建立一套人才资源规划体系。

1）员工招聘　通过各种招聘途径寻找合适的人才，以使分工明确，各项工作责任到人。

2）员工培训　公司在发展过程中，员工也需要不断接受各种培训，适应公司的发展，体验不同岗位，更好地实现人才的优化配置。

3）合理的薪酬管理　根据员工的不同岗位、不同能力等给予合适的报酬，并给予员工一些福利。

4）有效的绩效激励　通过物质上、精神上的一些鼓励等，激发员工潜能，使员工为公司服务。

（3）信息资源开发

当今各种信息层出不穷，如何从中获得、利用有用信息资源依赖于创业者的信息资源开发活动。信息资源开发成果取决于创业者的信息存量和信息识别筛选能力。为此，为提高信息资源开发的有效性，一方面需要创业者扩展信息领域和信息存量，包括市场信息、技术信息以及政策法规等，另一方面需要创业者充分发挥创造力，提高创业警觉性，提升信息甄别筛选能力。

（4）技术资源开发

技术往往是企业最为关键的资源，是企业核心竞争力的重要体现。创业者在开发技术资源的过程中，可考虑与科研机构和高等院校合作，因为这些机构拥有很多高技术人才，汇集了很多科技前沿信息，且这些机构也愿意将技术转化为产品。需要指出的是，在开发技术资源时一定要注意以市场为导向，不要为追求技术而忽略了市场及客户的需求，因为即使技术非常先进，但是用户用不了，也会造成技术浪费。

（5）资金资源开发

新创企业在创业过程中最常遇到的问题就是资金短缺。在资金资源开发的过程中，创业者需要：①了解投资者的信息，看投资者除了可以提供资金之外，还能提供哪些增值服务，比如行业指导、市场支撑等，然后从中选择与企业当前发展阶段目标相一致的投资者；②不断完善、优化商业模式和发展战略，增强创业项目对投资者的吸引力。

（6）品牌开发

品牌是企业重要的无形资产。树立良好的品牌，不仅有助于企业收入的增加，还有助于企业竞争力的提升。品牌开发是一个长期的过程。在品牌开发过程中，一个非常关键的问题是如何让消费者认可企业品牌，这需要企业把诚信和产品的品质放在首位，让消费者切实感到能从购买的产品中得到实利。

3．资源开发方法

创业的过程就是资源整合的过程，在创业的不同时期，创业者要能根据不同需求开发不同资源。资源开发可以借助一些方法来进行：寻找资源、积累资源和开拓资源。

(1) 寻找资源

在企业起步阶段，常常会遇到管理经验不足、市场狭窄、创业资源匮乏等情况，创业者需要四处寻找资源，维持企业发展。寻找资源需要首先了解自己公司的资源情况，分析不足，提出对应方案，然后积极寻找和整合各类资源，这对创业者的预见能力和洞察力有较高要求。

(2) 积累资源

在企业发展到一定阶段后，企业已经初步积累了不少资源，在这个时期，仍然需要不断积累和增加各种资源，以促进企业的发展壮大。这需要创业者对已有的资源进行分析、归类，以发挥每类资源的最大作用，提高企业核心竞争力。

(3) 开拓资源

开拓资源强调创新，创新是企业发展的动力和灵魂。为此，需要创业者能发挥创造力，不断开拓并整合资源。开拓资源可以表现为诸多方面，如资源组合方式的开拓、新兴资源的开拓以及用途的开拓等。

5.2.2 资源利用

路障： 怎么高效利用有限的资源？

路标： 步步为营＋资源拼凑＋发挥资源杠杆作用＋设置合理的利益机制。

在企业初创时期，往往资源比较匮乏，这就需要创业者及创业团队合理利用好各种资源：步步为营、资源拼凑、发挥资源的杠杆作用以及设置合理的利益机制。

1．步步为营

步步为营即降低成本，保持节俭。在创业初期，资源往往不多，需要创业者合理分配资源，不浪费资源、降低成本，这是一种较为经济的做法。但过于强调降低成本，有时会影响企业的发展，如以次充好，盗用他人知识产权等。因此，在实施"步步为营"策略时，创业者需要保持审慎的态度，合理控制各项资源。

2．资源拼凑

资源拼凑指利用手头的现有资源解决问题。包含三大要素：利用手边已有资源、整合资源用于新目的和将就使用。在学会拼凑资源的过程中要注意：①发挥创造性思维，打破传统思维模式，将一些资源创造性地合理整合并加以利用；②手边的资源再利用，如生产衣服的下脚料等；③将就不代表凑合，而是在一个不是十分完美的情况下通过发挥主观能动性，随着事物的发展不断改进；④不能所有的领域都进行拼凑。

3．发挥资源杠杆作用

发挥资源杠杆作用，指用较少的付出获得较高的回报，通过资源撬动资源。对创业者来说，人力资本和社会资本等非物质资源更容易发挥杠杆的作用。有调查结果显示，具有相关产业经验和创业经验的创业者更容易整合到创业资源，具有广泛的社会网络并且在网络中占据有利位置，能够获得更多资源。

4．设置合理的利益机制

利用他人资源并不是无偿的，而是需要支付一定费用，费用是否合理以及怎么支付直接影响资源拥有者是否投资创业者。由此，为了获取足够的资源，创业者需要设置合理的利益机制，努力实现双方共赢。合理的利益机制一方面能与现有的投资者维持稳固的关系，另一方面能吸引新的投资者的加入。李嘉诚之所以能把生意做大做强，在很多大程度上和他与合作者建立互利共赢的机制密切相关。

> **课堂活动**
> 　　假设你和几个好友用全部积蓄创建了一家公司，公司发展也比较平稳，也具有一定发展前景。在经过了一年多的经营后，由于销售货款积压以及一些没有预料到的问题出现，公司在资金的周转上出现了问题。在这种情况下，你将如何利用企业内部的资源来解决这一问题？

5.3　开展创业融资

核心问题
1. 什么是融资？
2. 创业融资的渠道有哪些？

学习目标
1. 熟悉融资渠道。
2. 掌握融资策略。

5.3.1　融资界定

路障：何为融资？
路标：内涵＋困境＋重要性。

1. 融资的内涵

《新帕尔格雷夫经济学大辞典》对融资的解释是：融资是指为支付超过现金的购货款而采取的货币交易手段，或为取得资产而集资所采取的货币手段。融资实际上就是企业筹措资金的行为和过程。企业根据自身发展状况，科学估算资金需求量，采用一定的方式，进行资金筹措，保证企业资金或者资源的正常供应，确保企业的正常运行。广义而言，融资不仅仅指资金的融入，还包含资金的运用。

2. 融资的困境

大量调查显示，创业者的融资处境艰难，很难获得外部资金的支持。这主要根源于新创企业的不确定性、企业和潜在投资者之间的信息不对称等。

1）不确定性　创业面临着诸多的不确定性，如产品、市场、技术和人员等方面的不确定性，这些不确定性的存在，大大增加了创业失败的可能性，进而影响潜在投资者的投资。

2）信息不对称　一般而言，创业者比投资者更加了解产品、市场等信息。由于信息的不对称，投资者可能会对那些数据和材料做得很好但实际上前景一般的项目进行投资，而那些在这些方面做得一般但实际前景很好的项目却没有获得投资。

3. 融资的重要性

任何企业的经营活动都离不开资金。技术研发、物料采购、设备购买、市场营销和仓储物流等都需要投入相应的资金才能运转。而大多数创业者在创业时，往往面临着资金紧张的局面，因此，融资显得格外重要。需要注意的是，融资也是一把双刃剑，不恰当的融资行为会给企业带来隐患，如大量借债，可能会使企业难以偿还债务而破产。由此，创业者在融资时，需要做出科学合理的融资决策，以降低经营风险，保证企业的可持续发展。

5.3.2 融资流程

路障： 融资的大致流程是怎样的？

路标： 融资前的准备＋测算资本需求量＋编写创业计划书＋确定融资来源＋进行融资谈判＋签订融资合同。

1. 融资前的准备

机会总是留给有准备的人，在创业前或融资前，建立良好的个人信用，积累丰富的人脉资源，会有助于创业融资成功。

（1）建立个人信用

在创业融资中，个人信用非常重要。因此，创业者需要平时注重自己的道德修养，培养良好的信用意识。个人信用记录包括四个方面：一是个人身份状况，如婚姻、收入、学历和职业等；二是商业信用记录，如个人贷款及偿还记录等；三是社会公共信息记录，如个人纳税、保险等；四是涉及民事、刑事或行政处罚等记录，这些都会影响个人信用。

（2）积累人脉资源

大量研究显示，人脉资源在创业融资过程中起着非比寻常的作用，人脉资源越丰富越有助于资源获取。为此创业者需要广泛积累人脉资源，为创业融资打下基础。当然，广积人脉资源并不等同于"拉关系"等寻租行为，而是基于正常交往所建立的人际关系。

2. 测算资本需求量

在融资前，所有的创业者都需要明确资本需求量。其主要工作包括估算启动资金，估算营业收入、成本和利润，以及编制财务报表。

（1）估算启动资金

企业启动资金的估算，要考虑周全。对于一般投资项目的启动资金来说，主要要考虑项目本身的费用、设备工具、房租、营业执照和周转资金等。

（2）估算营业收入、成本以及利润

营业收入、成本和利润的估算需要充分立足于市场情况和产品试销情况，需要做到比较全面而不能有所遗漏。

（3）编制财务报表

通过制定预算财务报表，对企业现有资本结构、偿债能力、赢利能力和现金流状况进行把握，进而确定融资需求。

3. 编写创业计划书

创业计划是一份描述创业项目内容、创业项目实施以及新创企业发展的文件，是创业者融资的重要工具。现实中，很多创业者由于缺乏一份有说服力的创业计划而导致融资失败。

4．确定融资来源

融资来源的确定主要包括两方面工作：一是融资渠道的确定；二是融资对象的确定。这两者的确定都需要充分考虑以下因素：①企业所处的阶段；②外部资金的可得性；③融资成本；④资金稳定性；⑤企业发展战略以及企业的控制权等。

5．进行融资谈判

在确定了融资来源后，接下来的工作就是与潜在的投资者进行融资谈判。在正式的融资谈判前，创业者需要做好充分的准备。例如，事先思考投资者可能会问的问题以及想好应对的办法、熟悉一些必要的谈判技巧等。

6．签订融资合同

签订融资合同也是融资过程中非常重要的一步。在签订合同的过程中，需要仔细审查合同的各项条款，明确双方的权利义务。必要时，还可咨询相关专业人士。

5.3.3 融资渠道

路障：融资的渠道有哪些？

路标：私人资本融资+机构融资+政府背景融资+互联网金融+知识产权融资。

主要融资渠道有私人资本融资、机构融资、政府背景融资、互联网金融、知识产权融资等，如图 5-2 所示。

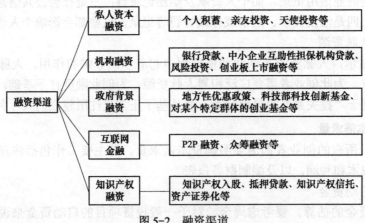

图 5-2 融资渠道

1．私人资本融资

私人资本融资主要有个人储蓄、亲友投资和天使投资等类型。

1）个人积蓄　即用个人的积蓄来进行创业。个人积蓄是获取资金的一个渠道，但是这并不是根本性的解决方案，因为个人积蓄对新创企业而言"杯水车薪"，要积极开发其他渠道以获得资源。

2）亲友投资　亲友资金是初创企业常见的资金渠道，但是找亲友融资时，不管是投资还是借款，创业者要遵从市场经济下的契约原则，以法律形式规范融资行为，约定各方权利与义务，并用书面形式确定下来，以保障各方利益，尽可能减少不必要的纠纷。

3）天使投资　天使投资是指富有的个人出资协助具有专门技术或独特概念的原创项目

或小型初创企业。与其他投资相比，天使投资算是较早参与的外部资金。项目或企业有创意，有发展潜力，天使投资人就愿意投资。天使投资有三个特点：一是直接性，即天使投资人直接投资企业；二是多重性，即天使投资人不仅提供资金，还提供专业知识等方面的支持；三是效率高，即由于投资程序比较简单，获得天使投资人青睐的企业可以很快得到资本。

2．机构融资

机构融资主要包括银行贷款、中小企业互助性担保机构贷款、风险投资和创业板上市融资等类型。

1）银行贷款　　找银行贷款是较常见的企业融资方式。由于创业企业的风险较高，所以银行在进行贷款时会要求创业者提供担保，包括抵押、质押和第三人保证。随着"大众创业，万众创新"的号召，为了鼓励创业，金融机构推出了更多的创业金融产品，创业者要关注不同银行的创业贷款产品和政策变化，选择最适合自己的创业金融产品进行贷款。

2）中小企业互助性担保机构贷款　　即中小企业在向银行贷款时，由依法设立的担保机构作为担保，当贷款的中小创业企业无法偿还债务时，由担保机构予以偿还。这种方式可以为中小企业融资提供便利，也可以分散银行的信贷风险。

3）风险投资　　风险投资是指专业机构向具有巨大发展潜力的企业提供资本，并参与投资企业的管理。与天使投资相比，风险投资的资金来源于他人，而天使投资的资金来源于天使投资人自己。另外，风险投资的投资时间较晚，投资规模较大；而天使投资一般出现在企业的早期或种子期，投资规模较小。

4）创业板上市融资　　即通过创业板上市公开发行股票来进行融资。创业板市场是对主板市场的有效补充，能为资金缺乏的中小型创业企业提供有力支撑。我国创业板市场开板于2009年，目前，已成为中小型创业企业重要的融资平台。

3．政府背景融资

政府背景融资主要包含地方性优惠政策、科技部科技创新基金以及对某个特定群体的创业基金。创业可以有效解决当地的就业问题，增强地区竞争力、促进经济发展，各级政府也越来越关注创业。因此，针对创业企业融资难的问题，各级政府纷纷出台了各类扶持政策，由于各地区地方特色、经济基础等不同，所以各地推出的创业扶持政策也有所不同。

国务院批准成立了科技型中小企业技术创新基金，用于支持科技型中小企业的技术创新。目前创新基金的支持方式主要有三种：一是贴息贷款；二是无偿资助；三是资本金投入。

政府还针对特定群体如高校毕业生、待业青年和返乡农民工推出了创业基金，如中国青年创业国际计划，它是由共青团中央、中华全国青年联合会、中华全国工商联合会共同倡导发起的青年创业教育项目。该项目参考总部在英国的青年创业国际计划（Youth Business International）扶助青年创业的模式，动员社会各界特别是工商界的力量为青年创业提供咨询以及资金、技术、网络支持，以帮助青年成功创业。

4．互联网金融

随着互联网与金融的深度融合，产生了一些新型的融资渠道，如P2P融资、众筹融资等，大大拓展了创业者的融资途径。

1）P2P融资　　它是指通过网络平台，个体与个体之间直接的借贷交易。借款者可以在专门的中介平台上发布借款信息，如借款金额、支付利息、还款时间、还款方式等；借出者根据借款者发布的信息，决定借出金额；而中介平台则向双方或一方收取一定的手续费。

2）众筹融资　它是指个体通过网络众筹平台，向大众筹集资金的方式，而投资者可以获得相应的回报，如产品、股权或债权等。与其他融资渠道相比，众筹融资呈现出如下特点：门槛低，只要有想法，有创造力，都可以发起众筹；汇集大众力量，投资者大都是普通民众，通过汇集大量的普通民众产生巨大效应。

5. 知识产权融资

知识产权融资可以采用知识产权入股、抵押贷款、知识产权信托和资产证券化等方式。

1）知识产权入股　它是指合法拥有知识产权的个人，对知识产权的价值进行评估后将其转让给企业，企业通过出让股权换取知识产权的使用权。

2）抵押贷款　即合法拥有知识产权的个人，在通过相关机构的评估后将其拥有的知识产权作为质押物，向银行申请融资。

3）知识产权信托　它是指知识产权所有者将其知识产权委托给信托机构，由信托机构代为管理，实现知识产权的价值。

4）资产证券化　它是指将知识产权转换成为能在金融市场上出售的流通证券。知识产权资产证券化为创业者带来新的机遇，证券化可以在一定程度上解决企业资金困难的难题。

5.3.4　融资策略

路障： 融资策略主要有哪些？

路标： 原则 + 策略 + 陷阱。

1. 融资原则

在确定要融资后，创业者需要根据自身综合情况，遵循融资的相关原则，选择合适的融资策略。融资原则主要包括合法性、合理性、及时性、效益性和杠杆性。

1）合法性　融资行为涉及各方的资金流向，创业者作为融资行为的主体之一，要遵守市场经济下的相关法治原则，依法履行相关责任与义务，维护各相关权益主体的合法权益。

2）合理性　创业的不同阶段对资金的需求量是不一样的，创业者要根据企业的发展规划，结合企业不同发展阶段的经营模式，利用合适的财务手段，合理确定资金需求量以及资本结构。

3）及时性　在市场经济中，环境复杂多变，机会稍纵即逝，这要求创业者要及时筹措到资金，并将项目付诸实施，避免出现由于资金不足而导致项目搁浅的情况。

4）效益性　融资的目的是为了创业，创业的目的是为了获利，这就要求创业者在融资前要充分分析融资的成本和收益。如果某种融资方式的成本大于投资收益，那么创业者应考虑放弃此种融资方式，努力寻找其他的成本更低的融资方式。

5）杠杆性　即通过融资撬动更多的资源，如新的融资、投资者的专业技术知识和管理经验等。这就要求创业者在融资时，要尽量选择那些有资源背景的资本，通过这些资本的杠杆效应，带动更多资源的加入。

2. 融资策略

（1）股权融资与债权融资

按资金来源性质，融资可以分为股权融资策略和债权融资策略。

1) **股权融资** 股权融资指的是通过出让企业部分所有权来获取外部资金的融资方式。对于通过股权融资方式获得的资金,企业无须偿还,但需与新股东分享企业的赢利。因此,与其他融资方式相比,股权融资表现出如下特点:①长期性,即股权融资获得的资金具有永久性,没有到期归还日;②不可逆性,即企业不用归还本金;③无负担性,即支付多少股利给股东是与企业经营状况相关的,没有固定的股利负担。

股权融资作为企业一种重要的融资方式,下述条件的具备可以增加创业者获得股权融资的概率:①项目发展前景好,这是吸收股权资本的基本条件,如果没有好的项目,投资者不可能对企业进行投资;②有自己资本的投资,如果没有创业者自己资本的投入,潜在投资者可能会对项目产生一些质疑,进而影响投资决策;③良好的创业能力,说服潜在投资者投资自己企业,需要创业者向他们展示自身具有足够的实力和能力。

2) **债权融资** 债权融资指的是企业通过借钱的方式进行融资。它表现出如下特点:①通过债权融资方式获得的资金,需要支付利息,并且债务到期时需要归还本金;②可以提高企业所有权资金的回报率;③不会产生控制权问题,即债权人对企业没有实施管理和控制的权利。

债权融资也是企业的重要融资方式,为了增加获得债权融资的概率,创业者需要做好如下准备:①充分了解放贷人在放贷时考虑的问题,例如借贷人的信用、贷款的类型与期限、贷款的目的与用途、资金的安全性等;②在上述基础上,做好充分的准备,消除放贷人的疑虑,如展示优秀的创业团队、完善的创业计划以及提供高质量的抵押资产等。

3) **股权融资与债权融资的比较** 无论是股权融资还是债权融资,它都有一定的优点和缺点,创业者需要根据企业实际情况和发展战略的需要,合理确定股权融资和债权融资的比例。股权融资与债券融资的比较见表5-1。

表 5-1 股权融资与债券融资的比较

比较项目	股权融资	债权融资
本金	永久性资本,保证企业最低的资金需要	到期归还本金
资金成本	根据企业经营情况变动,相对较高	事先约定固定金额的利息,资金成本较低
风险承担	低风险	高风险
企业控制权	按比例或约定享有,分散企业控制权	企业控制权得到维护
资金使用限制	限制条款较少	限制较多

(2) 融资决策

创业者在选择融资方式时,会受到诸多因素的影响,如新创企业的特征、企业所处阶段以及融资成本等。

1) **新创企业特征与融资方式选择** 具有不同特征的企业,往往会产生不同的融资要求。对于高经营风险,高预期收益的高新技术企业,可考虑股权融资;对于风险较低、预期收益比较容易预测的传统产业企业,可考虑债权融资。新创企业特征和融资方式见表5-2。

表 5-2 新创企业特征和融资方式

创业企业类型	新创企业特征	融资方式
高风险、预期收益不确定	弱小的现金流；高负债率；低、中等成长；未经证明的管理层	个人积蓄、亲友款项
低风险、预期收益易预测	一般是传统行业；强大的现金流；低负债率；优秀的管理层；良好的资产负债表	债权融资
高风险、预期收益较高	独特的商业创意；高成长；利基市场；得到证明的管理层	股权融资

2）企业所处阶段与融资方式选择 因不同的融资渠道所能提供的资金量以及对风险的承受力不同，创业者的融资方式受企业所处阶段的影响。在种子期，由于企业高度的不确定性，创业者很难从外部获得债务资金，只能从个人自有资金、亲友款项和天使投资等渠道获得股权资金；在启动期，创业者可以选择抵押贷款等方式来筹集资金；在进入了成长期后，由于有了之前的基础，创业者有了更多的选择，如商业信用等。企业生命周期与融资渠道选择见表 5-3。

表 5-3 企业生命周期与融资渠道选择

融资渠道＼生命周期	种子期	启动期	成长期	成熟期
自有资金				
亲友款项				
天使投资				
众筹融资				
风险投资				
合作伙伴				
政府基金				
抵押贷款				
融资租赁				
商业信用				

备注：深色区域为该阶段采用较多的融资渠道，浅色区域为该阶段也可能会采用的融资渠道。

3）融资成本与融资方式选择 不同的融资方式，其成本也会有所差异。对股权融资而言，其成本主要是股东分红以及可能的对企业的控制权；对于债权融资而言，其主要的成本是利息。过高的融资成本会抵消企业的发展效应。因此，创业者需要根据企业的情况，综合考虑不同融资方式的成本，以选择出合适的低成本的融资方式。

3．融资陷阱

创业者在寻求融资的过程中也会遇到一些错误。

① 高估价值，低估风险。一般创业者会过高地预计自己的创意和创业价值，对创业的

风险认识不足。低估风险，会使得创业者难以获得投资。

②"乱投医"。对投资者不加以选择，不区分投资者的投资理念、投资领域，不了解投资者投资的真实心理，不了解投资者能否给企业带来除了资金之外的帮助。

③接触很少的外部投资者。创业者缺乏信息和渠道，只能向少量投资者寻求帮助。

④眼界过窄，拘泥于小利益，错失融资时机。

⑤过早稀释股权。为了寻求投资而太早稀释股权，会影响企业发展后劲。

⑥急于大笔融资。创业者往往希望能够一次性地获得大笔融资，但是往往大笔融资会十分艰难，创业者会四处碰壁。

小　结

内容要点

[1] 创业资源是指新创企业在价值创造过程中所需的生产要素和支撑条件的总和。

[2] 影响资源获取的因素主要有创业导向、创意价值、创业团队经验、社会关系网络以及外部环境等。

[3] 资源获取的市场途径主要有购买、联盟、并购等三种形式，非市场途径有资源吸引、资源积累等。

[4] 资源开发活动包含两层含义：一是开拓、发现新的资源；二是开发资源的新用途。

[5] 资源利用的途径主要有：步步为营、资源拼凑、发挥资源的杠杆作用以及设置合理利益机制。

[6] 创业融资的主要渠道有私人资本融资、机构融资、政府背景融资、互联网金融、知识产权融资等。

[7] 创业者在选择融资方式时，会受到诸多因素的影响，如新创企业的特征、企业所处阶段以及融资成本等。

重要概念

创业融资　天使投资　债权融资　股权融资

复习回顾

[1] 融资的主要渠道有哪些？

[2] 债权融资和股权融资的优缺点分别是什么？

[3] 影响融资的主要因素是什么？

延伸阅读

[1] 桂曙光．创业之初你不可不知的融资知识[M]．北京：机械工业出版社，2010．

[2] 陈楠华．融资其实并不难：企业融资攻略与精彩案例解读[M]．北京：人民邮电出版社，2017．

教辅资料

相关教学设计及配套资源可至 www.pficy.com 或"平凡 i 创业"APP 获取。

项目 6

创建创业企业

项目概要

通过对本项目学习,学生可以了解企业的三种形成方式,不同企业组织形式的优缺点,如何设计企业名称,创业企业的战略规划,企业相关的法律伦理问题,以及企业的设立程序和注册过程,熟悉创业企业选址的注意事项、组织结构和治理结构。

重点难点

重点:企业进入市场的模式、企业选址策略。
难点:根据自身情况选择适合自己的企业名称、地址及战略规划。

案例引入:Napster 公司的兴与衰

1998 年,肖恩·范宁开发了一款名叫 Napster 的程序,这个程序能够搜索音乐文件并提供检索,把所有的音乐文件地址存放在一个集中的服务器中,这样使用者就能够方便地过滤上百条的地址而找到自己需要的 MP3 文件。一夜之间,这款程序被无数人使用。1999 年,Napster 公司成立,但成立以来就诉讼缠身,原因在于该公司用自己特制的软件让音乐爱好者免费浏览下载 MP3 文件。

这种行为引起了音乐版权所有者的极大不满,A&M 等 18 家唱片公司和几家音乐出版公司向 Napster 公司提起诉讼,将 Napster 送上法庭,指控其侵犯了音乐版权。2000 年 6 月 RIAA 联手美国音乐出版协会起诉 Napster 公司,请求法院禁止 Napster 软件在网上流行。之后,法院裁定 Napster 侵权,要求其停止该项服务。Napster 公司不服,提出上诉,但二审依然判其败诉。

6.1 创业企业属性

核心问题

1. 企业的形成方式有哪些?
2. 不同企业组织形式的优缺点是什么?

学习目标

1. 了解企业的三种形成方式。
2. 了解不同企业组织形式的优缺点。

6.1.1 企业界定

路障：什么是企业？
路标：含义＋分类＋衡量与界定＋条件与时机。

1．企业的含义与分类

企业是指以赢利为目的的经济组织，它通过运用劳动力、资本和技术等生产要素向市场提供产品或服务，实行自主经营、自负盈亏和独立核算。

依据不同标准，可将企业划分为不同类型：①按所有制形式，可分为国有企业、集体企业、股份合作企业、联营企业以及私营企业等；②按组织形式，可分为独资企业、合伙企业以及公司制企业；③按生产要素结构，可分为劳动密集型企业和技术密集型企业；④按生产经营业务的性质，可分为工业企业，农、林、牧、渔业企业、零售业企业以及交通运输业企业等；⑤按生产经营规模，可分为大型企业、中型企业、小型企业和微型企业。

2．企业成立的衡量与界定

新企业是指创业者为了开发创业机会而新创建的具有法人资格的实体。新企业的成立意味着以组织的身份参与市场活动。目前，关于新企业成立的标准并没有统一的界定，综合产业组织、种群生态和劳动力市场参与三个学派的观点来看，一般来说，有三个维度衡量新企业的成立：一是有雇佣性质的员工关系，二是产生第一笔销售，三是注册登记成合法实体。

另外，还有一些研究以企业成立的时间作为新企业界定的标准，如全球创业观察把成立 42 个月以内的企业界定为新企业。也有越来越多的国内外学者以 6 年或更短的时间来界定新企业，因为这些学者认为前 6 年是决定企业生存与否的关键时期。此外，还有学者认为前 8 年是企业的过渡期，应以 8 年来界定新企业。

3．企业成立的条件与时机

企业的成立需要恰当的时机。在成立企业时，创业者需要规避两类错误：一是发现了机会就去成立企业，这种行为显得过于草率，机会尚未评估，条件尚不具备，很容易导致企业夭折；二是在识别到了有真正商业价值的创业机会，组建好了优质团队，整合到了创业所需资源后，再去成立企业，这种情况有点过于理想化，有时候很容易错失良机。

因此，为了找到企业成立的理想时机，创业者需要做的是综合考虑自身内外部条件。其中，需要考虑的内部条件包括创业者具备创业能力和创业素养，具有较强的创业动机，具有较小的创业机会成本，已经开发出了有价值的产品或已经获得了某种特许经营权等；需要考虑的外部条件包括识别到了机会并进行了初步的评价，具备了相应的经济技术环境，有相应的能源与原材料供应等。

6.1.2 企业形成方式与法律组织形式

路障：企业有哪些形成方式和法律组织形式？
路标：新建＋收购＋特许经营；个人独资企业＋合伙企业＋公司制企业。

1．企业形成方式

一般来说，创业者可以通过新建、收购和特许经营三种方式来形成企业。

(1) 新建

创建全新的企业是创业者形成企业的最常用方式，这一方式有包括独创和合办两种，其中独创包括个人独资企业注册，合办则包括合伙企业、有限责任公司和股份有限公司注册等。

1) 个人独资企业注册　在注册个人独资企业时，需要提交以下文件：个人独资企业设立申请书、投资人身份证明、生产经营场所使用证明等文件。对于委托代理人申请登记的，还应提交投资人的委托书和代理人的合法证明。

2) 合伙企业注册　在注册合伙企业时，需提供的资料有合伙企业登记申请书、合伙协议书、合伙人身份证明等文件。

3) 有限责任公司和股份有限公司注册　设立有限责任公司、股份有限公司时，需要准备的材料有公司设立登记申请书、公司章程、验资报告、住所使用证明等文件。

(2) 收购

当创业者有资金无技术或者有资金、技术但无市场渠道时，可收购现有企业，以其为平台快速进入市场。

1) 收购类型　按照支付方式，可将收购分为资产收购和股份收购，其中，资产收购主要是指买方购买另一家公司的资产；而股份收购主要是指买方购买另一家公司的股份，成为被收购公司的股东，并承担公司的债务。

按收购双方行业关联性，可分为横向收购、纵向收购和混合收购。横向收购是指在同一产业或行业内，收购生产或销售同类产品的企业；纵向收购是指收购与自身生产过程或经营环节紧密相关的企业，例如收购上游原材料供应商；混合收购是指既不属于同一行业，又没有纵向关系的企业之间的收购行为。

按持股对象是否明确，分为要约收购和协议收购。要约收购是指收购人公开向全体股东发出购买公司股份的要约，以达到控制公司的目的；协议收购是指收购人在证券交易所之外与上市公司特定的股东就股票价格、数量等有关事项达成协议，购买上市公司的股票，以达到收购的目的。

按收购者预定收购目标公司股份的数量，分为部分收购和全面收购。前者是指收购人向全体股东发出收购要约，收购上市公司一定比例（少于100%）的股份而获得该公司控股权的行为。全面收购是指收购人计划收购上市公司的全部股份的行为。

2) 收购优点　收购有众多的优点：可以获得被收购公司的市场经营优势；可以实现企业合理避税的目的；可以缩短投入产出的时间，减少投资风险和成本；可以减少进入新行业、新市场的障碍；可以充分利用学习曲线效应⊖，建立竞争优势。

3) 收购风险　收购现有企业也存在一定风险：经营风险，即企业被收购后，业绩没有预期中的好；多付风险，例如高昂的收购价格使得收购者无法得到满意的回报；财务风险，如因大量借债收购其他企业，背负了巨额债务。

4) 收购基本流程　企业收购流程大致可以分为三个阶段：准备阶段、谈判阶段和整合阶段。

⊖ 学习曲线效应是指当以个人或一个组织重复地做某一产品时，做单位产品所需的时间会随着产品数量的增加而逐渐减少，然后才趋于稳定。

准备阶段包括的工作内容主要有：确定收购战略、收购标准；找寻、筛选并确定目标企业。

谈判阶段包括的工作内容主要有：对目标企业进行财务评估和定价；谈判、融资和结束交易。

整合阶段包括的工作内容主要有：评估组织适应性；制定整合方法；收购者与被收购者间战略、组织和文化协调。

（3）特许经营

特许经营指的是特许经营权拥有者以一定的条件，允许他人使用其商标、专有技术、企业形象等从事经营活动。它由特许商、加盟商以及规定了授权范围的协议三者组成。

1）特许经营优势　借助特许经营，特许商可以实现大规模的低成本扩张。

- 特许商能够在不触及高资本风险的同时，赚取丰厚利润。
- 加盟商对当地区域有更加深入的了解，较易发掘出特许商尚没有涉及的业务范围。
- 特许商无须兼顾加盟商的日常事务，不需要参与加盟商的员工管理工作，其所需处理的员工问题较少。
- 特许商不拥有加盟商的资产，无须承担保障加盟商资产安全的责任。
- 通过特许经营，特许商可以有效建立分销网络，广泛开拓产品市场。

对加盟商而言，可以反复利用特许商的商标、声誉、专有技术等，快速进入市场、扩大经营规模。

- 享用特许商的商誉和品牌影响力。因承袭了特许商的商誉，加盟商在开业、创业阶段可以减少大笔的广告开支。
- 规避市场风险。缺少市场经营经验的投资者可以借助特许商的品牌形象、管理模式和其他方面的支持系统，有效降低企业经营风险。
- 分享规模效益。借助特许经营，加盟商可以分摊经营成本，享受采购规模效益、广告规模效益、技术开发规模效益等。
- 获取多方面支持。特许商是加盟商的后盾，加盟商可从特许商处获得诸如培训、资金融通、市场分析、广告和技术等多方面支持。

特许经营是一种将特许商的优势和加盟商的优势紧密结合在一起的经营模式，能够结合当地的市场需求、消费者特点，进行准确市场定位，能围绕目标市场开展更有针对性的营销活动，能够根据市场需求的变化，提供更受消费者欢迎的产品和服务。

2）特许经营不足　特许经营也存在一定劣势，主要表现在以下几方面：加盟商很难改变从特许商承袭来的经营模式以适应市场、政策的变化；因地区不同、消费需求也不同，特许经营很难在所有地方都能保持持续的优势；特许经营一般只能专注于某一个领域，很难在各个市场都取得战略性的胜利。

2．企业法律组织形式

（1）企业法律组织形式的类型

在设立企业之前，创业者需要考虑企业的法律组织形式。目前我国企业主要的法律组织形式有：个人独资企业、合伙企业和公司制企业。

1) 个人独资企业　个人独资企业指个人出资经营、财产归个人所有和控制、由个人承担经营风险和享有全部经营收益的企业。以独资经营方式经营的独资企业有无限的经济责任，破产时借方可以扣留业主的个人财产。

在各类企业中，设立个人独资企业的条件最简单，根据《中华人民共和国个人独资企业法》，只需满足以下几点，就可申请设立：①投资人为一个自然人；②有合法的企业名称；③有投资人申报的出资；④有固定的生产经营场所和必要的生产经营条件；⑤有必要的从业人员。

2) 合伙企业　合伙企业是指由各合伙人通过订立合伙协议，共同出资经营，共负盈亏，共担风险，并对企业债务承担无限连带责任的企业组织形式。合伙企业分为普通合伙企业和有限合伙企业，两者最大的区别是有限合伙企业有普通合伙人和有限合伙人两种不同的所有者，而普通合伙企业只有普通合伙人一种所有者。其中普通合伙人对合伙企业债务承担无限连带责任，有限合伙人以其认缴的出资额为限对合伙企业债务承担责任。

根据《中华人民共和国合伙企业法》，设立合伙企业，应具备如下条件：①有二个以上合伙人，合伙人为自然人的，应当具有完全民事行为能力；②有书面合伙协议；③有合伙人认缴或者实际缴付的出资；④有合伙企业的名称和生产经营场所；⑤法律、行政法规规定的其他条件。

3) 公司制企业　公司制企业是现代社会中最常见的企业组织形式。根据《中华人民共和国公司法》（以下简称《公司法》），公司可以分为有限责任公司和股份有限公司。

有限责任公司是指依据《公司法》，由全体股东共同出资设立，每个股东以其所认缴的出资额对公司承担有限责任，公司法人以其全部资产对公司债务承担全部责任的经济组织。根据《公司法》，有限责任公司的设立应满足以下条件：①股东符合法定人数；②有符合公司章程规定的全体股东认缴的出资额；③股东共同制定公司章程；④有公司名称，建立符合有限责任公司要求的组织机构；⑤有公司住所。

股份有限公司是指依法成立的，其全部资本分为等额股份，股东以其认购的股份为限对公司承担责任，公司以其全部资产对公司债务承担责任的企业法人。根据《公司法》，设立股份有限公司，应具备以下条件：①发起人符合法定人数；②有符合公司章程规定的全体发起人认购的股本总额或者募集的实收股本总额；③股份发行、筹办事项符合法律规定；④发起人制订公司章程，采用募集方式设立的经创立大会通过；⑤有公司名称，建立符合股份有限公司要求的组织机构；⑥有公司住所。

(2) 企业法律组织形式的比较和选择

不同企业法律组织形式有不同的优势劣势，创业者在选择企业法律组织形式的时候要综合考虑到投资者的资本和规模、创业者的企业运作经验、企业税费负担和运营成本负担、企业设立程序繁简、利润分配与责任承担、组织存续期限等，然后再确定合适的企业组织形式。不同企业法律组织形式的优劣势比较见表 6-1。

表6-1　不同企业法律组织形式的优劣势比较

企业法律组织形式	优　势	劣　势	风险防范
个人独资企业	企业设立手续非常简便，费用低	创业者承担无限责任	选择较低风险的创业项目
	所有者拥有企业控制权	企业成功过多依赖创业者个人能力	不断通过各种方式提升创业素养和创业能力
	可以迅速对市场变化做出反应	筹资困难	建立个人信用，积极拓展融资渠道
	只需缴纳个人所得税，无须双重课税	企业随着创业者退出而消亡	建立、完善企业长效发展机制
	在技术和经营方面易于保密	创业者投资的流动性低	结合实际情况，为企业预留充足流动资金
合伙企业	创办比较简单、费用低	合伙创业人承担无限责任	在合伙前清理自身账目，认真审查对方的资本实力，并详细拟定合伙协议
	经营上比较灵活	企业绩效依赖合伙人的能力，企业规模受限	合伙协议中详细约定利润分配、投票权和决策权、撤资条件以及方法、合理的财务制度等
	企业拥有更多人的技能和能力	企业往往因关键合伙人退出而解散	诚实履行出资义务
	资金来源较广，信用度较高	合伙人的投资流动性低，产权转让困难	提高合伙人的信用度
有限责任公司	创业股东只承担有限责任，风险小	创立的程序相对复杂	详细制定公司章程，全面履行出资义务
	公司具有独立寿命，易于存续	存在双重纳税问题，税收负担较重	合理设置组织机构
	可以吸纳多个投资人，促进资本集中	不能公开发行股票，筹集资金的规模受限	有效行使股东权利义务
	多元化产权结构有利于决策科学化	产权不能充分流动，资产运作受限	加强监督管理
	鼓励个人创业及技术型创业		提高出资人信用度
	风险承担责任小、经营机制灵活		加强法律法规的学习与教育，提高执行法律法规的自觉性
股份有限公司	创业股东只承担有限责任，风险小	创立的程序复杂	制定科学规范的公司章程，按章办事
	公司具有独立寿命，易于存续	存在双重课税问题，税收负担较重	有效行使股东权利义务
	职业经理人进行管理，管理水平较高	股份有限公司要定期报告公司的财务状况，公开自己的财务数据，不便严格保密	建立完善的治理结构，合理设置股权比例以及组织机构
	产权可以股票形式充分流动	政府限制较多，法规要求比较严格	加强监督管理

6.2 创业企业法务

核心问题
1. 企业的法律伦理问题。
2. 企业的组织结构和治理结构。

学习目标
1. 了解企业的法律伦理。
2. 熟悉企业的组织结构和治理结构。
3. 了解企业的设立程序和注册过程。

6.2.1 法律伦理问题

路障： 在创立企业时会遇到哪些法律和伦理问题？
路标： 法律问题＋伦理问题。

任何一个创业者都是处于一定社会中的，都会受到该社会法律、伦理的影响。创业者势必要了解这些法律和伦理，以免遭受不必要的损失。

1．法律问题

在企业创立阶段，创业者面临的法律问题包括企业法律形式的确定、租赁、融资、合同起草和专利申请等；在企业初始经营阶段，创业者面临的法律问题有劳动、安全、质量、财务、会计和市场竞争等方面的法规。创业企业不同阶段面临的法律问题见表 6-2。

表 6-2　创业企业不同阶段面临的法律问题

创 立 阶 段	初始运营阶段
企业法律形式的确定	劳动法规
税收记录设立	安全法规
租赁和融资	质量法规
合同起草	财务和会计法规
专利申请、商标和版权保护	市场竞争法规

（1）专利与专利法

专利是指政府机构根据申请者的申请颁发的文件。专利法可以有效保护专利拥有者的权益，创业者如果在创业过程中有发明创造，应及时申请专利，以免自己的权益被侵犯，或被侵犯时，可以提请诉讼，要求侵权者予以赔偿。专利权有一定年限，其中，发明专利权的期限为 20 年，实用新型专利权和外观设计专利权的期限为 10 年，专利期限届满后，专利权即行失效，任何人都可以无偿使用。

（2）商标与商标法

商标是一种无形资产，具有较高的商业价值。提高商标的价值，可以为企业创造巨大的收益。商标分为注册商标和未注册商标，注册商标受法律保护，有效期为十年，到期后，可以申请续展,每次续展注册的有效期也是十年。

(3) 著作权与著作权法

著作权也被称为版权,它包括发表权、署名权、修改权、保护作品完整权、复制权、发行权、出租权等十七项权利。在我国,著作权的保护期限为创作者有生之年加上去世后的 50 年。在保护方式方面,实行作品自动保护原则和自愿登记原则,自动保护原则即作品一旦产生,无论登记与否,都受法律保护;而自愿登记则可以起到证据的作用。为了更好地保护自己权益而不被侵犯,创作者可以向各级版权局申请登记。

2. 伦理问题

伦理是处理人与人、人与社会关系的行为准则。创业者在创业时,需要重视自身以及企业的伦理建设,因为,没有哪个企业愿意和声名狼藉者合作。一般来说,在创立新企业时应注意的伦理问题有以下几方面。

(1) 与原雇主的伦理问题

大多数创业者都是辞职创业的,这就涉及与原雇主的伦理问题,如提出申请辞职到离开公司这段时间应如何分配公司上班时间,是私下处理自己开公司的事宜,还是处理原有公司交代的事宜。为了处理好与原雇主的伦理问题,需要遵循以下原则:

一是职业化行事,员工应恰当地表明自己的离职意图,并且在离开公司前,需要妥善完成公司交代的事情,不应于工作中忙于自己的私事;另外,离职时不应带走属于原雇主的信息资料。二是尊重所有雇佣协议,很多协议(如保密协议和非竞争协议)在员工离职后仍然有效,因此,仍需加以遵守。

(2) 创业团队成员间的伦理问题

创业团队成员间最容易出现的问题是没有制订有关企业所有权分配的协议,一旦出现利益纠葛,很容易导致团队分裂。为了避免出现这类问题,创业团队需要在创业前拟定创建者协议。创建者协议应包括以下内容:简要的创业计划书、创业者的身份和职位、股权分配方案、创建者股份或所有权的支付方式、回购条款等。

(3) 与其他利益相关者的伦理问题

除了原雇主、团队成员外,创业者还需要处理与消费者、供应商、投资者等利益相关者的伦理问题,主要涉及人事伦理、利益冲突和顾客欺诈等。其中,人事伦理与公正公平对待现有员工和未来员工有关,为了处理好人事伦理问题,应让所有员工在利益分配、职位晋升等方面感到公平公正。利益冲突问题与那些挑战员工忠诚度的情景相关,例如员工为谋取自己的私利,泄露公司核心机密。顾客欺诈常常出现于企业忽视顾客或公众安全的时候,例如餐饮企业用地沟油烹饪食物。

6.2.2 企业组织结构和公司治理结构

路障: 1. 企业有哪些比较典型的组织结构?

2. 公司治理结构包括哪些部分?

路标: 组织结构 + 治理结构。

1. 企业组织结构

企业组织结构即企业内部的构成方式,是企业内部各部门、各层次间比较固定的排列方式,它主要有以下几种类型。

(1) 直线制组织结构(图6-1)

直线制组织结构是最简单、最基础的组织结构形式。在这种组织结构中,职权从高层开始向下"流动",经过若干管理层后到达最底层。它的优点是结构简单、责权集中、指挥灵活和管理费用低,缺点是缺乏横向的沟通与协调、管理者的任务重。这种组织结构适用于规模不大、人数不多以及生产和管理都比较简单的企业。

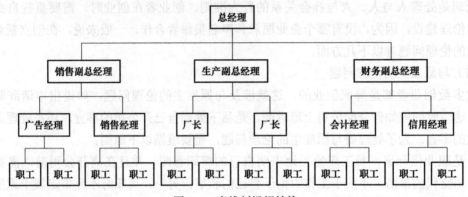

图6-1 直线制组织结构

(2) 职能制组织结构(图6-2)

职能制组织结构按职能来组织部门分工,即从高层到基层,均把承担相同职能的管理业务及其人员组合在一起,设置相应的管理部门和管理职务。它的优点是减轻直线领导人的工作负担,缺点是容易形成多头领导、职责不清、抢功与推过并存。这种组织结构适用于产品品种比较单一、生产技术发展比较缓慢以及外部环境比较稳定的中小型企业。

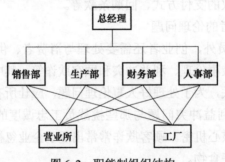

图6-2 职能制组织结构

(3) 直线—职能制组织结构(图6-3)

直线—职能制组织结构是一种以直线制为基础,在各级行政主管之下设置相应职能部门的组织结构。在这种组织结构中,下级机构既受上级部门的管理,又受同级职能管理部门的业务指导和监督。它的优点是集中领导、统一指挥、职责清楚以及灵活性强,缺点是协调困难、信息反馈迟缓以及办事效率低。

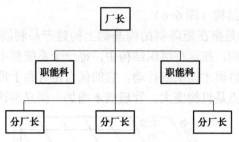

图 6-3　直线—职能制组织结构

（4）事业部制组织结构（图 6-4）

事业部制组织结构是指把企业按产品或地区分成各个事业部，从采购、生产直至销售完全由事业部负责。它的优点是责权利明确、减轻经营者负担，缺点是机构臃肿、整体协调性差、追求眼前利益。这种组织结构适用于规模庞大、技术复杂和产品繁多的大型企业。

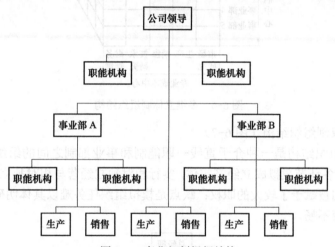

图 6-4　事业部制组织结构

（5）矩阵制组织结构（图 6-5）

矩阵制组织结构是一种把按职能划分的部门和按产品（或项目）划分的部门结合起来形成一个矩阵的组织结构。在这种组织结构中，同一名员工既同原职能部门保持组织和业务上的联系，又参加产品或项目小组的工作。它的优点是灵活机动、任务清楚、可以充分发挥专家所长、职能部门和技术部门容易沟通，缺点是双重领导、容易产生矛盾、稳定性差。该类型的组织结构适用于一些重大攻关项目。

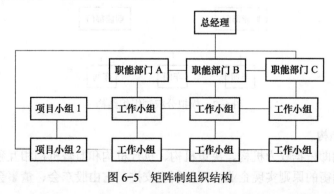

图 6-5　矩阵制组织结构

(6) 多维立体制组织结构（图6-6）

多维立体制组织结构是指在矩阵制结构基础上构建产品利润中心、地区利润中心和专业成本中心的三维立体结构。在这种组织结构中，每一个系统都不能单独做出决定，而必须由三方代表，通过共同的协调才能采取行动。它的优点是有利于形成群策群力、信息共享、共同决策的协作关系，缺点是机构庞大、管理成本增加、信息沟通困难。

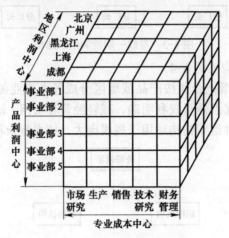

图6-6　多维立体制组织结构

(7) 模拟分权制组织结构（图6-7）

模拟分权制组织结构是一种介于直线—职能制和事业部制之间的组织结构，它是指对企业内部各部分、各环节模拟成立经济实体，实行相对独立经营与相对独立核算的组织结构。它的优点是各部门被赋予了较大的职权；缺点是模拟组织任务难以具体明确，考核难度大，各部门的信息交流不畅。

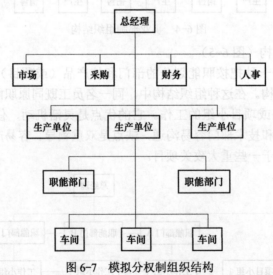

图6-7　模拟分权制组织结构

2. 公司治理结构

公司治理结构即依据权力机构、决策机构、执行机构和监督机构相互独立、权责明确、相互协调、相互制衡的原则实现企业治理的制度安排，它由股东会、董事会、经理和监事会四个部分组成。公司法人治理结构如图6-8所示。

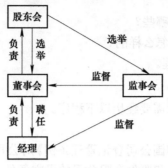

图6-8 公司法人治理结构

（1）股东会

股东会是由公司全体股东组成的权力机构，主要行使以下职权：①决定公司的经营方针和投资计划；②选举和更换非由职工代表担任的董事、监事，决定有关董事、监事的报酬事项；③审议批准董事会的报告；④审议批准监事会或者监事的报告；⑤审议批准公司的年度财务预算方案、决算方案；⑥审议批准公司的利润分配方案和弥补亏损方案；⑦对公司增加或者减少注册资本作出决议；⑧对发行公司债券作出决议；⑨对公司合并、分立、解散、清算或者变更公司形式作出决议；⑩修改公司章程；⑪公司章程规定的其他职权。

（2）董事会

董事会是由公司股东会选举产生的决策机构，对股东会负责，主要行使以下职权：①召集股东会会议，并向股东会报告工作；②执行股东会的决议；③决定公司的经营计划和投资方案；④制订公司的年度财务预算方案、决算方案；⑤制订公司的利润分配方案和弥补亏损方案；⑥制订公司增加或者减少注册资本以及发行公司债券的方案；⑦制订公司合并、分立、解散或者变更公司形式的方案；⑧决定公司内部管理机构的设置；⑨决定聘任或者解聘公司经理及其报酬事项，并根据经理的提名决定聘任或者解聘公司副经理、财务负责人及其报酬事项；⑩制定公司的基本管理制度；⑪公司章程规定的其他职权。

（3）经理

经理是公司的执行机构，由董事会聘任或解聘，对董事会负责，主要行使以下职权：①主持公司的生产经营管理工作，组织实施董事会决议；②组织实施公司年度经营计划和投资方案；③拟订公司内部管理机构设置方案；④拟订公司的基本管理制度；⑤制定公司的具体规章；⑥提请聘任或者解聘公司副经理、财务负责人；⑦决定聘任或者解聘除应由董事会决定聘任或者解聘以外的负责管理人员；⑧董事会授予的其他职权。

（4）监事会

监事会由股东会选举产生，负责监督董事会及其附属机构，主要行使以下职权：①检查公司财务；②对董事、高级管理人员执行公司职务的行为进行监督，对违反法律、行政法规、公司章程或者股东会决议的董事、高级管理人员提出罢免的建议；③当董事、高级管理人员的行为损害公司的利益时，要求董事、高级管理人员予以纠正；④提议召开临时股东会会议，在董事会不履行本法规定的召集和主持股东会会议职责时召集和主持股东会会议；⑤向股东会会议提出提案；⑥依法对董事、高级管理人员提起诉讼；⑦公司章程规定的其他职权。

6.2.3 设立程序和注册过程

路障： 1. 企业设立程序有哪些？
2. 企业注册过程是怎么样的？

路标： 设立程序＋注册过程。

1．设立程序

一般而言，新创企业的设立需要经历以下程序。

（1）企业登记注册

《公司法》和《中华人民共和国公司登记管理条例》对公司的设立作了明确的规定，其中，《公司法》阐述了有限责任公司和股份有限公司的设立条件、章程应包含的内容、股东出资方式、组织结构等内容；《中华人民共和国公司登记管理条例》则对公司设立登记应提交的文件作了详细规定。

（2）人员招聘

开业前，创业者还需要根据企业的实际情况招聘一定的人员，为此，需要创业者制定招聘计划、发布招聘信息、筛选应聘人员。在人员招聘完成后，还要对员工展开培训，培训的内容应包括入职培训和岗位培训等内容。

（3）设备安装与调试

为了使企业的生产顺利进行，企业还需要对设备进行安装、检验和调试。如果设备故障频出，那么势必会影响企业的正常运作。

（4）开业

在上述都已准备妥当的情况下，创业者可以筹划开业典礼的具体事宜了，如制定开业典礼方案、邀请政府官员、媒体、用户等相关人士参加开业典礼等。

2．注册过程

公司注册登记一般需要经过以下步骤。

（1）企业名称预先核准

企业名称一般由四要素构成：行政区划、字号、行业类别、法律组织形式，如杭州（行政区划）＋娃哈哈（字号）＋食品（行业类别）＋有限公司（法律组织形式）。按照国家有关法律的规定，企业名称具有专用性和排他性，为了提高核名的通过概率，一般需要事先准备5至10个名称。

在申请企业名称预先核准时，需要提交以下材料：①有限责任公司的全体股东或者股份有限公司的全体发起人签署的公司名称预先核准申请书；②全体股东或者发起人指定代表或者共同委托代理人的证明；③国家市场监督管理总局规定要求提交的其他文件。

（2）前置审批项目办理

前置审批是指企业在申请工商登记前由政府相关部门按照相关规定对特定行业、特定经营项目进行审批，颁发许可。如果企业的经营范围涉及特定行业许可经营项目，则需要报送相关部门审批，例如，危险化学品经营、快递业务等。

（3）工商登记注册表填写以及有关材料提交

在完成了企业名称预先核准以及前置项目审批后，填写《企业设立登记申请书》，并提交企业注册登记所需的材料。

（4）营业执照领取

申请材料经审查核准通过后，创业者可以携带"准予设立登记通知书"和本人身份证原件直接到工商局领取营业执照正、副本。营业执照的领取意味着企业已经取得合法的经营地位，其合法权益、资产也受法律的保护。

（5）后置审批项目办理

后置审批是指企业在领取营业执照后，由政府相关部门对特定行业、特定经营项目进行审批，授予许可或资质。例如，在建筑行业，后置审批项目包括建筑工程施工许可、安全生产许可、企业资质等。

（6）印章刻制

在拿到营业执照后，还需要携带营业执照原件和法定代表人身份证原件，到指定部门进行刻章备案。如果法定代表人不能亲自到场办理的，需要携带一份由法人亲自签字或是盖章的"刻章委托书"才能办理。其中，刻制的印章主要有公章、财务章、合同章、发票章和法人代表人名章。

（7）银行账户开立

营业执照和印章办理完毕后，即可开立基本户。根据法律规定，每个独立核算的经济单位都必须在银行开设账户，各单位之间办理款项结算，除现金管理办法规定外，均需通过银行结算。

（8）税务报到

营业执照和印章办理完毕后，方可到税务局进行税务报到。税务报到所需材料有①法人身份证复印件、全体股东身份证复印件；②财务人员、办税人员身份证，会计证复印件一份；③营业执照复印件；④房屋产权证明等。另外，为了实现企业电子化缴税，可以与税务局、银行签订一个三方协议，由银行代扣税费。

（9）税控机及发票申请

如果企业需要开具发票，则需申办税控器，参加税控使用培训，核定申请发票。申请完成后，企业就具备开发票的资格了。

（10）社保开户

公司注册完成后，需要在30天内到所在区域管辖的人力资源和社会保障局开设公司社保账户，办理《社会保险登记证》及CA证书，并和社保、银行签订三方协议。之后，社保的相关费用会在缴纳社保时自动从银行基本户里扣除。

6.3 创业企业运营

核心问题

1. 如何设计创业企业的名称？
2. 创业企业选址考虑事项是什么？
3. 创业企业的战略规划是什么？

学习目标

1. 了解如何设计企业名称。
2. 熟悉创业企业选址的注意事项。

3. 了解创业企业的战略规划。

6.3.1 名称设计

路障： 如何设计企业名称？
路标： 特点＋功能＋原则。

企业名称由行政区域、字号、行业和组织形式构成，是一个企业区别于其他企业的特定标志，也是企业重要的无形资产。拥有一个好的名称，可以推动企业品牌的成长。

1．企业名称的特点

企业名称呈现出如下特点：①专用性、排他性，在一定地域内，企业名称所有者对企业名称拥有独占权，可以禁止他人使用相同或近似的名称；②地域性，即企业名称权的法律效力仅在登记机关辖区内有效；③无时间限制，与专利不同，只要企业存在，企业名称权也相应地存在；④企业名称权是人身权和财产权的复合体。

2．企业名称的功能

企业名称具有多种功能，主要有：①识别功能，通过企业名称，消费者可以从众多企业中将之识别出来；②便利功能，优秀的企业名称往往易读易懂易记；③广告功能，好的企业名称具有很强大的信息传播效果；④示意功能，优秀的企业名称具有较强的示意功能，能准确反映企业经营内容和特征；⑤美化功能，富有寓意、艺术性的企业名称，可以美化企业及其产品；⑥增值功能，企业在提供优质产品或服务的过程中，可以取得顾客的信赖，可以建立良好的信誉，从而使得企业名称成为一种重要的无形资产。

3．企业名称设计原则

1）个性　不要与其他企业名称相同，也尽量避免与大品牌类似，会有山寨的嫌疑。随着现代信息技术发展，网络销售成为一些企业的主要营销手段，因此对于目前还暂时没有考虑网络营销的企业，最好也先以企业名称在网上注册自己的域名，否则被他人抢先使用后，不但影响本企业将来可能的商机，或许还要付出不少代价才能买回本属于自己的权利。

2）名实相符　在确定企业名称时，都应该支持名实相符，这样能较好地传达企业实态。企业名称不仅仅要与企业规模、经营范围一致，还需与企业目标、企业宗旨、企业精神、企业道德和企业风气等相协调。

3）简练浅显　企业的中文名称要避免生僻字，英文名称要便于拼读。名称不能太长，应当简洁有利于传播且容易理解，免得让人记不住或者产生误解。

4）构思新颖且识别性强　构思新颖独特，既可以赢得消费者的喜爱，又能增强企业的标识性。另外，从美学的角度而言，新奇感是审美心理形成的重要渠道和动力，影响着审美心理的变化。

5）音节响亮，节奏和谐　响亮的音节是一个好品牌名必备的素质之一。开口呼发音听起来响亮悦耳。可多选择含有开口呼音节的汉字组成商标名，如"花王""金利来""柯达"等中外品牌名，读起来很悦耳动听，给人一种昂扬向上之感。响亮是对单个字的要求，平仄搭配和谐是对字与字直接音调高低关系的要求。

6）文化性　随着经济全球化发展，品牌名称的设计除了要考虑本国风俗外，还要合理考虑外国的文化和风俗。能得到大众文化认可的商标才能更好地在世界范围内有效传播。

6.3.2 选址策略

路障： 如何选址？
路标： 影响因素 + 步骤。

企业选址是关系企业成败的重要因素。科学合理的选址十分重要。

1．影响企业选址的因素

现实中有众多因素影响一个企业的选址，归纳起来，主要有以下几方面。

（1）经济因素

一个比较理想的选址地点应是关联企业和关联机构比较集中的区域，如附近有大量供应链上下游企业。关联企业、机构的集中意味着可以高效地开展合作，这有助于推动企业获得更大的成功。

另外，还需要考虑市场、人力和预算经费等经济因素。在市场因素方面，接近消费市场的地区具有客户优势，这不仅有助于降低产品的运输成本，还可以及时捕捉到市场的信息变化，进而调整产品生产；在人力因素方面，选择劳动力充足、费用低且劳动生产效率高的地区，可以有效降低人力资源成本；在预算经费方面，不同地域的租金或购买费用也不一样，因此，场地的费用预算也是影响企业选址的重要因素。

（2）技术因素

技术对企业的发展起着非常重要的作用，然而，技术本身的变化和进步是难以预测的。因此，为了能够及时了解和把握最新的技术变化趋势，大量企业在选址时，常常会把企业建在技术研发中心附近，或新技术信息传递比较迅速的地区。某一领域内大量关联企业的聚集往往会形成所谓的"团簇"。"团簇"内最新技术信息的传播与分享，有助于促进企业的技术创新水平，进而提升企业的竞争力。

（3）政治因素

政治因素也是需要着重考虑的因素。其中，主要包括时局是否稳定、法规是否健全、赋税是否公平等。时局稳定是经济发展的前提，如果在一个动荡不安的地区投资势必冒着极大的风险。法规漏洞百出并且朝令夕改，创业者权益可能得不到保障，因此，这些地方也不适合投资。另外，在选址时，还需要考虑赋税、优惠政策等因素。一个赋税公平，政府部门廉洁，又有大量优惠政策的地区，比较适合去投资。

（4）社会文化因素

企业在选址时，需要充分考虑到当地的社会文化背景，应当将企业建在其企业文化、产品能得到广泛认同的地区，以免遭受不必要的损失。因为不同的地区、不同的民族会有不同的生活习惯、宗教信仰、文化品位和消费心理，对产品或服务需求也因此会有所不同。

（5）自然因素

除了上述因素外，企业选址还需要考虑地质、水资源和气候等自然因素的状况。不良的地质结构会对企业的安全生产产生影响。水资源的缺乏、恶劣的气候条件也将影响企业的正常运作。

尽管存在多种因素影响着企业的选址，但在实际的选址过程中，不同类型的企业所考虑的侧重点也会不一样，例如工业企业侧重考虑的是原料和劳动力等生产成本因素，而服务业则着重考虑的是与消费者接近等市场因素。

2．企业选址的步骤

（1）信息的收集与研究

信息在整个选址决策中起着非常重要的作用，信息收集是否完整、全面直接影响企业选址决策效果的好坏。为了收集选址决策所需的信息，创业者可以通过两种途径获得：一种是从二手资料中获取信息，如从商业杂志、统计年鉴、社会经济发展报告、政府文件等资料中发现有用信息；第二种是通过观察法、访谈法和问卷法等方式收集第一手资料。

在信息资料收集完成后，还需要对所收集的资料进行整理、分析。绝大多数情况下，有价值的信息通常隐藏在这些资料中，未经系统、有效的分析，很难发现。为此，需要创业者通过一些深层次的分析方式（如交叉制表分析）来挖掘。深入挖掘资料考验着创业者的资料分析能力，只有不断加强信息处理与分析能力，创业者才能在选址决策中立于不败之地。

（2）多个选点的评价

在对所收集的资料进行整理、分析后，创业者可以得出若干个候选地，这时可以借助一些评价方法来对上述几个候选地进行评价。目前，常用的选址评价方法主要有：量本利分析法、多因素评价法和运输模型法等。

量本利分析法是指通过成本—收入—产量变化关系来评价不同选址的方法；多因素评价法是指首先给不同的因素赋予不同的权重，然后依次给各个因素打分，最后求出每个备选地址的加权平均值。哪个地址的加权平均值最高，哪个就是最佳的选址地址；运输模型法的基本思路是通过建立一个物流运输模型，选择一个能够使企业运输成本最小的生产地址，此方法适合于运输成本对企业利润产生重大影响的企业。

（3）最终地点的确定

在经过信息收集、分析以及对备选地址评估后，创业者可以确定最佳的地址，从而最终完成企业选址决策。这也为企业的进一步发展奠定了基础。

6.3.3 战略规划

路障： 如何进行企业战略规划？

路标： 必要性＋特征＋制定＋构成。

1．战略规划的必要性及特征

（1）必要性

无论是成熟企业还是初创企业，都有必要进行企业战略规划。不进行战略规划虽可节省一定的时间和资源，但会导致企业迷失方向，最终影响企业的发展。

1）战略规划为企业的经营提供了一套规则，依据这些规则，企业可以有效应对市场环境的变化，及时制定应对措施。安索夫认为，缺乏战略规划，企业的研究及发展部门将没有指导的准则，负责对外收购的部门也将没有工作重心。

2）战略规划的缺乏，将使企业的经营方案更多地依赖于企业领导人。如果企业领导人素质欠佳，做出错误的决策，会失去市场机会。如果企业领导人更换频繁，会导致企业经营活动的不稳定。

3）战略规划是企业的行动方向。缺乏战略规划，企业成员之间很容易出现不同意见，陷入无休止的纷争，最终损害企业的发展。对于新创企业来说，由于自身资源的缺乏以及开拓市场的能力较弱，更需要制定战略规划，更需要企业上下达成共识，齐心协力谋求发展。

（2）特征

1）复杂性。新创企业战略规划的制定需要全面分析企业外部环境和内部条件，并充分考虑各种变量因素。这种战略规划介于完全无规划和复杂规划（成熟企业战略规划）之间，其复杂性依赖于企业能支配的资源和企业的战略目标。

2）渐进性。企业战略涉及企业未来发展的问题，它的制定与执行通常是渐进性的。如果企业经常大幅度调整其战略，那么它不仅很难有效完成任务，而且会给企业带来资源的浪费，这对新创企业来说是一种致命的危机。

3）独特性。新创企业的发展需要切实可行的战略规划，但这种战略规划很难套用已有的战略分析范式加以归纳。为此，需要充分结合新创企业的特点来实施制定。例如，初创期的企业首先需要考虑的问题是如何生存下来，因此，更多考虑的是经营层面的竞争战略，而非直接搬用成熟企业的战略。

2．企业战略制定

（1）企业战略构成

从本质上来说，新创企业战略是创业者选择什么样的市场/产品开发组合战略。由此，新创企业战略可分为两个部分：市场开发和产品开发。其中，前者又包含市场进入、市场竞争和市场联盟三个战略，而后者包括产品创新、产品范围和产品成本三个战略。

1）市场进入战略。创业者首先需要考虑的是进入市场的时机，这是企业成功的重要因素。对于新兴产业来说，早期进入者面对的市场往往是一个竞争不太激烈、规模不断增大的市场，因而能够比较容易获得大量市场份额，也能够率先拥有商誉和顾客忠诚度。但也存在一些风险，如市场认可度低、先期投资难以收回等；而后入者能够对技术、市场等有更多的了解，因而往往能降低经营风险。

2）市场竞争战略。大量研究表明，积极实施市场竞争有助于创业成功。通过市场竞争战略，可以获得较大的市场份额，可以提高企业存活的概率。很多情况下，市场竞争战略反映在企业营销方面，如果企业是市场的早期进入者，积极的营销活动可以有效树立企业的品牌形象；如果是追随者，成功的营销活动能赶上先进入者。然而，实施积极的市场竞争战略意味着要消耗更多的资源，对于资源相对紧缺的新创企业来说，需要比较谨慎地选择市场竞争力度。

3）市场联盟战略。市场联盟战略是指企业与外部实体建立横向工作联盟关系。借助联盟，企业可以获得多样化的资源，如技术、财务等，这对于资源相对匮乏的新创企业来说，具有十分重要的意义。然而，由于新创企业实力弱的原因，新创企业很难与有实力的大企业直接建立对等互利的联系。基于此，创业者在建立联盟时通常是通过个人的人脉来带动企业联盟的建立。

4）产品创新战略。产品创新战略是指研究、开发新产品的程度。它反映了新创企业是否通过积极主动的创新和研发来应对竞争。不同的企业在产品创新战略实施的力度上有所不同，如一些企业选择高强度的产品创新战略来取得优势，而另一些企业则采取了较低强度的产品创新战略。不同程度的产品创新战略需要不同资源的支撑。通常，高强度的产品创新战略需要更多的资源和更多的时间，失败的风险也较大。为此，在谋划产品创新战略时，新创企业需要不断权衡各种因素，制定符合企业实际情况的战略，而不是盲目自大。

5）产品范围战略。产品范围战略实质是面向同一细分市场，对企业产品种类范围的开发。广泛的产品范围战略意味着致力于多类别产品的生产，这种战略一方面可以为消费者提供更多的选择，另一方面可以规避一定的经营风险，即某一类别产品的失败，也不会导致整个企业的失败。因此，对于新创企业来说，实施产品范围战略，为市场顾客提供大范围的产品，有着深远的意义。

6）产品成本战略。产品成本战略是指通过降低各项费用来建立成本领先优势的战略。获取成本领先优势有着重要的意义：首先可以使企业在竞争中受到保护，成本领先优势意味着当竞争对手在竞争中失去利润时，企业仍然可以获得利润；其次可以抵御供应方的威胁，例如，当供应商要求涨价时，企业具有较高的灵活性；最后，在与替代品的竞争中，可以比产业内的其他竞争者处于更为有利的地位。

（2）企业战略方案制定

企业战略包含市场和产品两大部分，创业者在制定战略时，可以从市场和产品的特征来加以考虑。

1）当市场优势强、产品优势弱时，应当以市场开发为主，即通过积极迅速的市场开发来占领市场，进而推动创业企业的成长；

2）当市场优势较弱、产品优势较强时，应以产品开发为主，不断提升产品性能和服务水平，有效提升企业的效益；

3）当市场和产品都不具有优势时，创业者则应选择放弃，另选其他创业机会；

4）当市场和产品的优势都很强时，应当以组合开发策略为主。

3．企业战略控制

企业在制定了战略后，需要在战略的执行过程中，检查战略的执行情况，以及评价战略实施后的效果。如果在战略执行过程中存在偏差，需要及时找出原因，并加以纠正，这就涉及战略控制问题。战略控制是企业经营过程中非常重要的环节，缺乏战略控制，可能会使精心策划的战略流于形式。

（1）企业战略控制原则

1）可行性。在战略控制的过程中，首先需要考虑的是战略的可行性。如果发现战略不可行，那么就不得不放弃，即使勉强推行，所产生的效果也会很差，只会浪费人力、物力和财力。导致企业战略不可行的因素有多种，最直接的就是企业没有足够的资源来实施战略，例如，缺乏足够的资金、缺乏优秀的人才难免导致产品创新战略难以推行。另外企业的内部环境也会影响战略的可行性，如企业文化与将要实施的战略格格不入。

2）可接受性。战略的实施会涉及企业内外部众多利益相关者。如果新的企业战略会对一些利益相关者的利益产生损害，那么他们可能会成为新战略实施的障碍。因此，在战略制定、实施与控制的过程中，需要充分考虑这些利益相关者对新战略的接受程度。

3）战略弹性。企业战略并不是一成不变的。战略控制也因此需要具备一定的弹性，不能僵硬地应对战略实施过程中的所有问题。为了实现战略控制的弹性，需要创业者在制定战略的过程中更加谨慎，需要与团队成员进行充分讨论，以达到更好的实施效果。

4）整体性。战略控制需要整体把握战略实施效果，需要综合考虑企业短期利益与长期利益、局部利益与整体利益。现实中，一些只考虑短期利益的行为会极大地损害企业的长期利益，如售卖假货和仿制品等，战略控制需要坚决抵制这种行为。

（2）企业战略控制过程

1）确定战略目标。战略目标的确定应是多层次的，既包括长期战略目标，又包括短期的赢利目标；既包括整个企业层面的发展目标，也包括业务经营层面的目标。另外，战略目标的设立应当具体和精确，含糊的战略目标影响战略的推进。

2）确定评价标准。评价标准要客观、有效，要根据战略目标和企业的运作状况来确定。为了更好地评价战略实施的效果，可以把定性评价指标与定量评价指标两者有机结合起来。

3）评价与分析。在评价、分析战略实施效果时，需要根据企业的战略目标和评价标准，考察企业经营状况，如果战略实施效果没有达到预期目的，需要分析其中的原因。

4）调整与纠正。在评价、分析完成后，创业者需要采取相应措施来纠正战略实施过程中存在的问题，针对问题的根源实施调整。

小 结

内容要点

[1] 形成企业的方式主要有三种，新建、收购和特许经营。

[2] 目前我国企业主要的法律组织形式主要有：个人独资企业、合伙企业和公司制企业。不同组织形式有不同优劣势，要根据自身条件进行选择。

[3] 在创业初期，创业者主要要了解商标法、著作权、专利法、劳动法、财务相关法律。

[4] 企业的组织结构是指企业内部各个部门、各个层次之间固定的排列方式。它主要有以下几种类型：直线制组织结构、职能制组织结构、直线-职能制组织结构、事业部制组织结构、矩阵制组织结构、多维立体制组织结构、模拟分权制组织结构。每种类型都有相应的优点和缺陷。

[5] 公司治理结构是对一个企业的经营管理和绩效进行监督和控制的一整套的制度安排。

重要概念

个人独资企业　合伙企业　组织结构　治理结构　企业选址　战略规划

复习回顾

[1] 企业的形成方式和组织形式有哪些？

[2] 新企业要注意哪些法律伦理问题？

[3] 初创企业的名称设计原则有哪些？

[4] 初创企业选址主要策略有哪些？

延伸阅读

[1] 迈克尔·波特. 竞争战略 [M]. 陈丽芳, 译. 北京：中信出版社，2014.

[2] 弗雷德·R·戴维. 战略管理：概念与案例 [M]. 徐飞, 译. 13版. 北京：中国人民大学出版社，2012.

教辅资料

相关教学设计及配套资源可至 www.pficy.com 或 "平凡 i 创业" APP 获取。

实 训 篇

- 项目 7　公司成立
- 项目 8　采购管理
- 项目 9　销售管理
- 项目 10　库存管理
- 项目 11　生产管理
- 项目 12　财务管理

项目 7

公司成立

7.1 商业计划书

"凡事预则立,不预则废。"对于创业阶段的企业,商业计划书是获得外部投资的敲门砖,大多数专业投资公司或者投资人审查评估申请项目的第一关就是商业计划书,所以说商业计划书是融资的试金石。计划书写得好,融资才会有希望。同时,提交商业计划书也是创业企业对自己再认识的过程。

7.1.1 实训目标

知识目标: 掌握商业计划书的构成要素和六大特征。
技能目标: 运用商业计划书的撰写方法和技巧编写一份商业计划书。
素养目标: 养成缜密的思维习惯和良好的书面言语表达能力。

7.1.2 实训要求及方法

- ➢ 必须高度重视商业计划书的重要作用,明确实训目的;
- ➢ 实训前须熟悉商业计划书的相关理论知识;
- ➢ 实训中通过扮演初创公司合伙人的角色完成编写商业计划书的体验任务,并在完成实训任务的基础上,填写实训总结;
- ➢ 实训指导教师对学生实训进行点评,帮助学生发现不足之处。

7.1.3 实训情景与实训流程及内容

1. 实训情景

此次实训以虚拟企业环境为实训场所,扮演创业公司合伙人的角色,实训内容为编写商业计划书。实训场景模拟图如图 7-1 所示。

图 7-1 实训场景模拟图

2. 实训流程及内容（表7-1）

表7-1 实训流程及内容

序号	实训流程	实训内容
1	了解商业计划书的构成要素	了解商业计划书的六个构成要素：项目概述、市场分析、项目方案、经济评价、团队管理和附录
2	掌握商业计划书的写作要点	撰写商业计划书时需做到：书写层次清晰，突出重点亮点；要有图表辅助，增加量化描述；语言精练简洁，逻辑清晰明确等要求
3	了解商业计划书封面和目录的编制要求	了解商业计划书封面应包括：项目名称、公司名称、联系人姓名和联系方式、版权声明或保密须知等内容
4	掌握项目概述的内容及撰写要求	项目概述部分需要用高度凝练的语言来阐述项目，至少包括八项内容：产品与服务；创新定位；市场空间；竞争优势；核心团队；赢利预期；融资规划和资金用途等
5	了解市场分析的内容及方法	了解市场定位、市场预测、竞争分析、SWOT分析等内容
6	了解项目方案的内容	了解实施方案、实施条件、进度计划及营销推广的编写要求
7	了解经济评价部分的编写要求	了解投资与收入估算、资金安排、财务评价、风险分析等内容的编写要求
8	了解团队管理和附录的内容	从工作能力、教育经历等方面描述管理人员，附录包括利润表、现金流量表等内容
9	实训小结	对商业计划书框架及内容进行复习，答疑总结

3. 实训示例

如下列举了在实训过程中的实训内容截图：在"了解商业计划书的构成要素"实训环节中，单击交互图标即可弹出各要素的说明，如图7-2所示；商业计划书封面的内容及写作要点分别如图7-3和图7-4所示；团队管理的要求如图7-5所示；市场分析的内容如图7-6所示；项目概述的内容及撰写要求如图7-7所示。

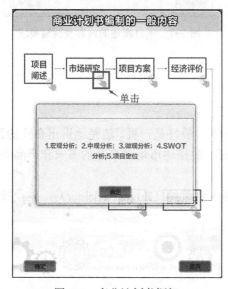

图7-2 商业计划书框架

图7-3 商业计划书封面的内容

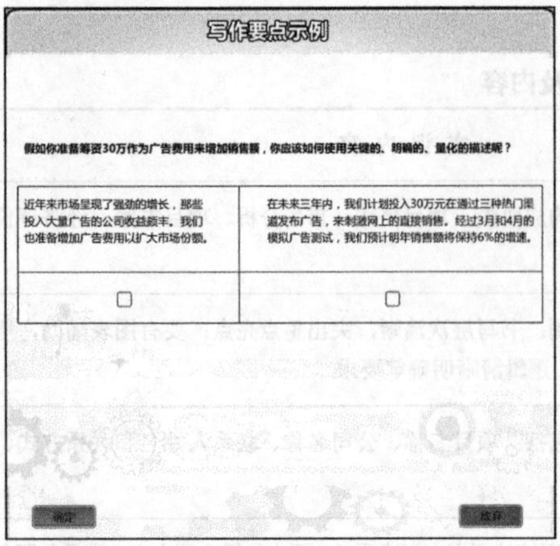

图 7-4 商业计划书的写作要点

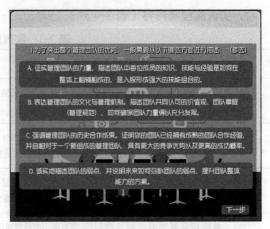

图 7-5 团队管理的要求

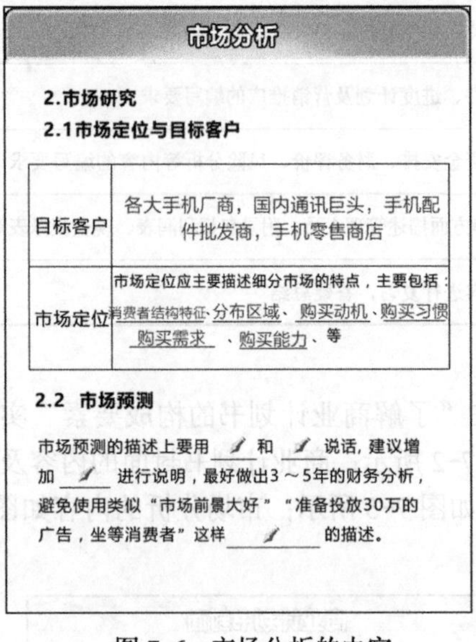

图 7-6 市场分析的内容

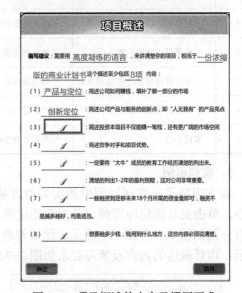

图 7-7 项目概述的内容及撰写要求

7.1.4 知识链接

1．项目概述写作要点

出色的项目概述应该写得很简短：篇幅最多两页，最好是一页。清楚地讲出企业的目标，和你打算做些什么。不要试图在这里讲解细节问题。要描述市场对产品的需求和产品到底是什么，说出企业主要负责人的资质条件。

——尤金·克莱纳（Eugene Kleiner），创业投资家

2．进程安排和里程碑

- ➢ 公司正式成立
- ➢ 完成设计
- ➢ 完成产品原型

- 聘请员工
- 产品展示
- 签订协议
- 进入实际生产
- 接受订单
- 首次销售与交付
- 实现盈亏平衡

3．风险评估

风险评估包括：市场风险；竞争风险；技术风险；产品风险；客户风险；团队和执行风险；财务风险；政策、管制风险和其他不可预见的风险。

4．商业计划书最忌讳什么？

商业计划书最忌讳太长、太虚以及不能很快切入主题。

5．书籍推荐

朗达·艾布拉姆斯．成功的商业计划——诀窍与战略[M]．张帏，等译．北京：中国人民大学出版社，2005．

7.1.5 实训总结

- 商业计划书包含哪六个要素？
- 撰写商业计划书时应注意哪些事项？
- 商业计划书各部分在编写时各有什么要求？

7.2 创业融资

资金是企业经济活动的第一推动力和持续推动力。企业能否获得稳定的资金来源、及时足额筹集到生产要素组合所需要的资金，对经营和发展都是至关重要的。初创企业如何吸引投资人？这就需要理解融资内涵，掌握融资技巧。

7.2.1 实训目标

知识目标： 理解创业融资的内涵及各种融资渠道的特点。
技能目标： 掌握融资技巧。
素养目标： 熟悉有关融资行为的法律法规，树立契约意识。

7.2.2 实训要求及方法

- 必须重视创业融资的重要作用，明确实训目的；
- 实训前须熟悉融资的相关理论知识；
- 实训中通过扮演初创公司合伙人的角色完成融资的体验任务，并在完成实训任务的基础上，填写实训总结；

➤ 实训指导教师对学生实训进行点评,帮助学生发现不足之处。

7.2.3 实训情景与实训流程及内容

1. 实训情景

此次实训以虚拟企业环境为实训场所,扮演创业公司合伙人的角色,实训内容为创业融资。实训场景模拟图如图7-8所示。

图7-8 实训场景模拟图

2. 实训流程及内容(表7-2)

表7-2 实训流程及内容

序号	实训流程	实训内容
1	融资估算	填写初创企业启动资金估算表,包括开办费、固定资产投资和流动资金等栏目
2	选择融资渠道	了解融资的两种方式:债权融资和股权融资。根据企业所处的生命周期阶段(种子期、启动期、成长期和成熟期)来选择融资渠道:天使投资、众筹融资和政府基金等
3	融资谈判技巧	在融资谈判过程中,做到知己知彼、客观自信,心态上坦然面对最后谈判结果
4	实训小结	对商业计划书框架及内容进行复习,答疑总结

3. 实训示例

如下列举了在实训过程中的实训内容截图:在"融资估算"实训环节中,需要填写初创企业启动资金估算表,如图7-9所示;若需要查看企业启动资金估算表,单击交互图标,即可弹出具体释义,如图7-10所示;在"选择融资渠道"实训环节中,需要先观看债权融资和股权融资的介绍动画,分别如图7-11和图7-12所示;然后再查看企业在不同生命周期内应选择何种融资渠道,如图7-13所示;在"融资谈判技巧"环节,查看融资谈判的技巧,如图7-14所示。

图 7-9　初创企业启动资金估算表

图 7-10　启动资金估算表

图 7-11　融资渠道的选择

图 7-12　融资渠道的介绍

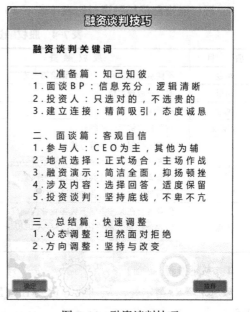

图 7-13　企业生命周期与融资渠道选择

图 7-14　融资谈判技巧

7.2.4 知识链接

1. 如何应对创业企业融资难?

首先,了解创业融资特点。理解创业融资的定义和特点,为创业企业开展融资活动打下基础。其次,掌握企业融资需求。掌握企业融资需求预测的方法,为创业企业科学地制定融资计划打下基础。最后,熟悉不同的融资渠道。熟悉不同的融资渠道,理解企业在不同阶段、不同约束条件下的最优融资渠道选择。

2. 按资金来源性质划分融资渠道

融资渠道按资金来源性质可分为股权融资和债权融资。股权融资和债权融资的特点见表7-3。

表7-3 股权融资和债权融资的特点

融资渠道	资金性质	方式	特点
股权融资	股权性资金是投资性质的资金,投资者占有公司股份、按比例享有公司控制权、参与企业重大决策以及承担企业经营风险	创业者自筹 天使投资 风险投资	**创业者自筹**。90%以上的创业公司初始资金来源于自筹资金 **天使投资**。富有个人或非正式投资机构出资协助创业者进行创业,并通过享有部分股权的方式承担风险和分享收益 **风险投资**。专业投资机构投入到新兴的、具有巨大发展潜力的创业企业中的股权资本。不强调创业企业规模和盈利,更关注发展前景,通过分享企业未来高速发展获得股权增值和高额回报
债权融资	债权性资金是借款性质的资金。资金所有人在约定条件下提供资金给借款人,在约定时间收回资金并按约定比例获得利息	银行贷款 租赁融资 商业信贷 政府融资 私人借贷 网络借贷	**银行贷款**。创业者个人经营类贷款或创业企业经营类贷款 **租赁贷款**。创业企业通过设备租赁的方式获得资金支持 **商业信贷**。交易双方由于资金支付时间与货物所有权转移时间不同而形成的债务 **政府融资**。科技创新基金拨款资助。政府支持创业贷款贴息。提供创业小额贷款担保 **私人借贷**。创业者及创业团队成员向个人进行借贷 **网络借贷**。创业企业通过P2P或者众筹平台,获得资金

3. 股权融资和债权融资对比表(表7-4)

表7-4 股权融资和债权融资对比表

项 目	股 权 融 资	债 权 融 资
本金	不能从企业抽回,可以转让给第三方	到期按合约从企业收回
回报	股息+股权增值	利息
风险	高风险	低风险
控制权	按股权比例享受控制权	无
优点	不要求担保、抵押等方式; 不能从企业抽回本金,保证资金持续性; 投资者与创业企业共同承担经营风险; 获得投资者拥有的各种资源	创业者可以保持企业的有效控制权; 债权方只要求固定的本金和利息回报,不分享企业未来发展的高额回报
缺点	创业者会在某些情况下失去企业控制权; 做出一些重大战略决策,必须考虑投资者意见; 如果双方意见不同,可能造成决策效率下降	企业必须按时清偿债务; 企业经营收益低于资金成本时,负债越高亏损越大; 增加企业负债率,进而影响企业的再筹资能力

4. 书籍推荐

安德鲁·J.谢尔曼. 从创业筹资到IPO[M]. 3版. 王鑫,译. 北京:人民邮电出版社,2015.

7.2.5 实训总结

➢ 企业融资前应该做哪些准备？
➢ 融资有哪两种方式？各有什么特点？企业该如何选择？
➢ 融资谈判有哪些技巧？

7.3 企业选址

好的选址对于企业的成功非常重要。创业者选择新企业的经营地点涉及两方面：一是选择地区，主要考虑国家、地区和城市的经济、技术和文化等总体发展状况；二是选择具体地址，重点考察市场因素、交通因素和商业环境等。

7.3.1 实训目标

知识目标： 理解选址的重要性，熟悉影响选址的因素。
技能目标： 掌握选址的步骤，能根据已有条件选择最优的地址。
素养目标： 养成缜密的思维习惯，综合考虑多个影响因素。

7.3.2 实训要求及方法

➢ 必须重视企业选址的重要作用，明确实训目的；
➢ 实训前须熟悉企业选址的相关理论知识；
➢ 实训中通过扮演初创公司合伙人的角色完成企业选址的体验任务，并在完成实训任务的基础上，填写实训总结；
➢ 实训指导教师对学生实训进行点评，帮助学生发现不足之处。

7.3.3 实训情景与实训流程及内容

1. **实训情景**

此次实训以虚拟企业环境为实训场所，扮演创业公司合伙人的角色，实训内容为企业选址。实训场景模拟图如图 7-15 所示。

图 7-15 实训场景模拟图

2. 实训流程及内容（表7-5）

表7-5 实训流程及内容

序号	实训流程	实训内容
1	选址前准备	列出企业选址主要考虑因素：经济因素、人口因素、个人因素和地理因素等。根据手机零配件生产企业的特点选择理想店址的选址要求
2	搜集选址信息	搜集同行企业的位置信息
3	筛选备选地址	根据交通状况、发展潜力、租金情况和竞争情况等因素，选择出三个备选地址
4	备选地址实地考察	根据企业选址要点，对三个备选地址进行实地考察并打分
5	最佳地址确定	根据统计结果选择最佳的地址
6	签订租房合同	签订租房合同
7	实训小结	对企业选址的框架及内容进行复习，答疑总结

3. 实训示例

如下列举了在实训过程中的实训内容截图：在"选址前准备"实训环节中，需要手动选择企业选址主要的考虑因素，如图7-16所示；在"筛选备选地址"实训环节中，需要在五个地址中选择出三个备选地址，如图7-17所示，并在给出的表单中勾选出企业选址要点，如图7-18所示；在"备选地址实地考察"实训环节中，先观看实地考察动画，如图7-19所示，然后填写备选地址评分表，如图7-20所示；最后根据备选地址打分结果，如图7-21所示，选择最佳地址并签订租房合同。

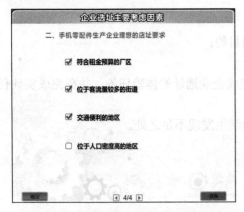

图7-16 选择企业选址主要的考虑因素

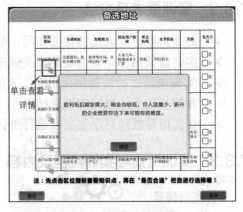

图7-17 筛选备选地址

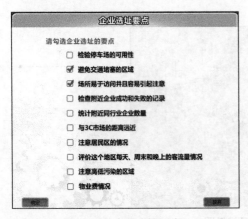

图7-18 企业选址要点

图7-19 备选地址实地考察

图 7-20 备选地址评分表

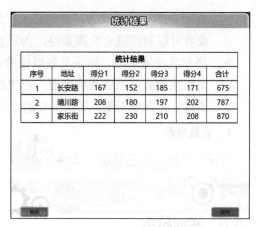
图 7-21 备选地址打分结果

7.3.4 知识链接

1．**选址的基本原则**

- 切实可行。如根据企业经营状况和环境要求决定企业选址是在高端商务区还是普通的居民区。根据企业对环境的要求，有污染、有危险的企业要远离市区。
- 有利可图。一是要把一次性成本降到最低，包括购买成本、建筑成本和装修成本等；二是把持续性运营成本降到最低，包括生产成本、物流成本、税收优惠等。
- 长远发展。企业选址是一项带有战略性的经营管理活动，选址工作要具备战略的眼光，选址要有利于市场开拓、有利于获得新技术以及参与市场竞争。

2．**影响选址的因素**

- 经济因素。经济因素决定了当地的购买力，即购买产品和服务的能力，而关联企业间存在着广泛的合作关系。
- 人口因素。创业者要对可能成为其消费者的人群有所了解，包括正在工作的人员数、家庭总收入、银行存款、人均零售总额以及当地家庭的数量等。
- 技术因素。高科技企业选址时，可将企业建在技术研发中心附近，或建在新技术信息传递比较迅速和频繁的地区。如美国的硅谷，北京的中关村。
- 经营方式。批发类企业选择在原产地、集散地或主要客户所在地。对主流业态为便利店、超市等小型零售商业的企业，要选择接近居民区的位置。
- 政策法规。企业的建设和经营受到国家和当地政策法规的约束较大，创业者要仔细研究各种法规、法令和行为限制。
- 企业规模。规模大的企业搬迁成本较高，选址要符合所在地的城市规划要求，以规避城市规划调整带来的搬迁风险。规模小的企业，选址时可优先考虑价格因素。

3．**选址的策略方法**

- 跟随竞争者策略。指在确保所选企业地址有足够的市场容量的前提下，选择在竞争者企业地址附近的区域选址。

> 跟随业态互补者策略。有些企业在经营范围、服务内容等经营业态上是互补的，创业者可以利用联合共赢策略，为顾客创造完整的"一条龙"式联合服务。
> 搭车式选址策略。如果具备很强的人际交往能力或人脉关系，可以与自身业务有密切联系的公司结成战略联盟，不仅选址成本低，而且还可以扩大市场。
> 通过实地现场考察，寻找适宜的企业地址。还可以通过找职业中介和通过广告选址。

4．书籍推荐

马塞尔·德·迈尔利尔．选址！选址！选址！[M]．赵巍，王冬梅，译．北京：机械工业出版社，2013．

7.3.5 实训总结

> 企业选址要经过哪些步骤？企业选址主要考虑的因素有哪些？

7.4 材料准备

公司注册需要经历多个环节：预先核准名称、申请营业执照、申请刻章以及办理基本账户等。企业及产品的名称对顾客的选择和企业竞争有直接影响，因而对新企业的发展也至关重要。所以成立新企业前，需要精心设计企业的名称。

7.4.1 实训目标

知识目标： 熟悉公司注册的流程及需要准备的材料。
技能目标： 掌握公司注册流程中各类材料的填写要求。
素养目标： 熟悉影响创业企业的一些基本法律问题。

7.4.2 实训要求及方法

> 了解企业注册的程序和步骤，明确实训目的；
> 实训前须了解企业注册的程序和步骤；
> 实训中通过扮演初创公司合伙人的角色完成企业注册材料准备的体验任务，并在完成实训任务的基础上，填写实训总结；
> 实训指导教师对学生实训进行点评，帮助学生发现不足之处。

7.4.3 实训情景与实训流程及内容

1．实训情景

此次实训以虚拟企业环境为实训场所，扮演创业公司合伙人的角色，实训内容为准备公司注册材料。实训场景模拟图如图 7-22 所示。

图 7-22 实训场景模拟图

2．实训流程及内容（表 7-6）

表 7-6 实训流程及内容

序 号	实训流程	实训内容
1	查看公司注册流程	新公司注册流程包括：企业名称核准；营业执照申请；刻章申请以及办理基本账户
2	公司注册起名	公司名称的结构为：行政区域+字号+行业+公司类型，且需要准备 5～10 个备选名称，防止重复
3	填写申请信息	填写《企业名称预先核准申请书》。需要填写申请企业名称、备选企业字号、企业住所地、注册资本、企业类型、经营范围及投资人信息等
4	准备核名材料	准备《指定代表或者共同委托代理人授权委托书》《公司设立登记书》等材料
5	提交核名材料	到工商局办理企业名称预先核准并提交核名材料
6	领取《企业名称预先核准通知书》	查看《企业名称预先核准通知书》
7	准备申报材料	填写《公司登记（备案）申请书》，包括公司基本信息、法定代表人信息、股东信息以及财务负责人信息等
8	实训小结	对企业注册的流程及准备的材料进行复习，答疑总结

3．实训示例

如下列举了在实训过程中的实训内容截图：在"查看公司注册流程"实训环节中，需要查看新公司的注册流程，如图 7-23 所示；在"填写申请信息"实训环节中，需填写《企业名称预先核准申请书》，如图 7-24 所示；准备和提交核名材料后，在"领取《企业名称预先核准通知书》"部分，查看《企业名称预先核准通知书》，如图 7-25 所示；除此之外，公司还需准备的其他申报材料有《公司登记（备案）申请书》《公司章程》等，分别如图 7-26、图 7-27。图 7-28 所示为公司设立登记提交材料目录。

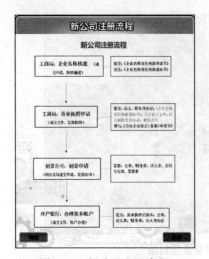

图 7-23　新公司注册流程

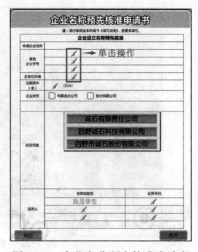

企业名称预先核准申请书

注：请仔细阅读本申请书《填写说明》，按要求填写。

企业设立名称预先核准

申请企业名称	
备选企业字号	单击操作
企业住所地	
注册资本（金）	（万元）
企业类型	□有限责任公司　□股份有限公司
经营范围	诚石有限责任公司 四野诚石科技有限公司 四野市诚石股份有限公司

投资人	名称或姓名	证照号码
	我是学生	

确定　放弃

图 7-24　企业名称预先核准申请书

企业名称预先核准通知书

受理号：91350128MA00000000

( )名称预核准（内）字[2000]第000000号

根据《企业名称登记管理规定》、《企业名称登记管理实施办法》及有关法律、行政法规规定，准予预先核准下列由3个投资人出资设立的企业名称为：

四野市工商行政管理局
投资人姓名或名称：
我是学生
雷筠
马云凡

以上预先核准的企业名称有效期6个月，至2017年12月25日有效期届满自动失效。在有效期届满前30日，申请人可向登记机关申请延长有效期，有效期延长不超过6个月。

预先核准的企业名称不得用于经营活动，不得转让。经登记机关设立登记，办法营业执照后企业名称正式生效

核准日期：2017年6月25日

注：1.本通知书不作为对出资人出资资格的确认文件，申请人应当认真阅读《一次性告知单》有关投资人出资资格的规定，投资人应符合法定出资资格，不具备出资资格的应当更换出资人。
2.设立登记时，有关事项与本通知书不一致的，登记机关不得以本通知书预先核准的企业名称登记。
3.企业名称涉及法律、行政法规规定必须报经审批，未能提交审批文件的，登记机关不得以预先核准的企业名称登记注册。

确定　放弃

图 7-25　企业名称预先核准通知书

公司登记（备案）申请书

注：请仔细阅读本申请书《填写说明》，按要求填写。

名　称	四野诚石科技有限公司		
名称预先核准文号/注册号/统一社会信用代码			
住　所	四野市高新大道97号		
生产经营地	四野市高新大道97号		
联系电话	021—34611987	邮政编码	200000
设立			
法定代表人姓名	我是学生	职　务	□董事长 □执行董事 □经理
注册资本	100万元	公司类型	有限公司
设立方式（股份公司填写）	□发起设立	□募集设立	
经营范围	手机零配件研发、生产、加工、销售		

1/9

图 7-26　公司登记（备案）申请书

公司章程

四野诚石科技有限公司章程

依据《中华人民共和国公司法》（以下简称《公司法》）及其他有关法律、行政法规的规定，由我是学生 雷筠 和 共同出资设立四野诚石科技有限公司（以下简称"公司"），经全体股东讨论，并共同制订本章程。

第一章　公司的名称和住所

第一条　公司名称：四野诚石科技有限公司

第二条　公司住所：四野市高新大道97号

第二章　公司经营范围

第三条　公司经营范围：手机零配件研发、生产、加工、销售。

【企业经营涉及行政许可的，凭许可证件经营】

公司经营范围中属于法律、行政法规或者国务院决定规定在登记前须经批准的项目的，应当在申请登记前报经国家有关部门批准。

第三章　公司注册资本

第四条　公司注册资本：人民币 100 万元；公司实收资本：人民币100 万元。

第四章　股东的姓名或者名称、出资方式、出资额和出资时间

第五条　股东的姓名或者名称、出资方式、出资额和出资时间如下：

1/13

图 7-27　公司章程

公司设立登记提交材料目录

公司设立登记提交材料目录

序号	文件、材料名称	说明
1	《公司登记（备案）申请书》	原件
2	《指定代表或者共同委托代理人授权委托书》及指定代表或委托代理人的身份证件复印件	原件
3	全体股东（发起人）签署的公司章程	原件
4	股东（发起人）的主体资格证明或者自然人身份证件复印件	需出示原件
5	董事、监事和经理的任职文件及身份证件复印件	需任职文件原件
6	法定代表人任职文件及身份证件复印件	需出示原件
7	财务负责人及联络员的身份证件复印件	需出示原件
8	住所使用证明	复印件
9	《企业名称预先核准通知书》	原件
10	其它有关申请材料	原件

注：

1．"说明"栏注明提交的文件、材料是原件还是复印件。提交复印件的，应当注明"与原件一致"并由申请人签署，或者由其指定的代表或共同委托的代理人加盖公章或签字。提交材料涉及签署的，自然人由本人签字，法人和其他组织由法定代表人或负责人签字，并加盖公章。

2.申请书与其它申请材料应当使用A4型纸。手工填写申请书和签字请使用黑色钢笔或签字笔，请勿使用圆珠笔。

1/2

图 7-28　公司设立登记提交材料目录

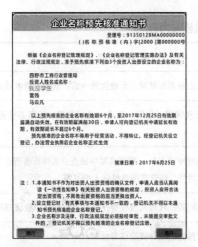

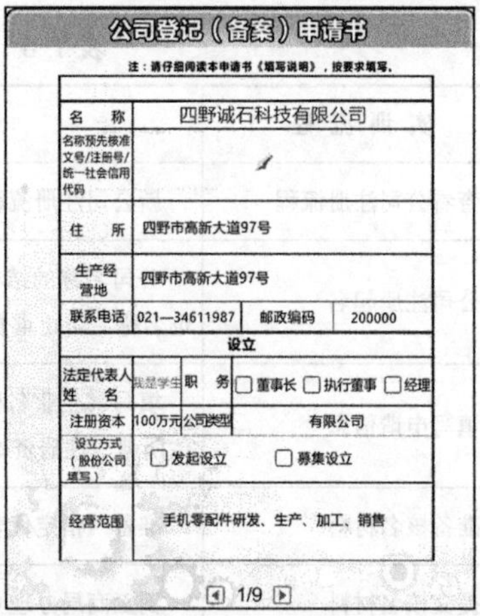

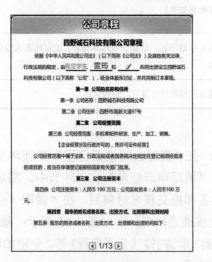

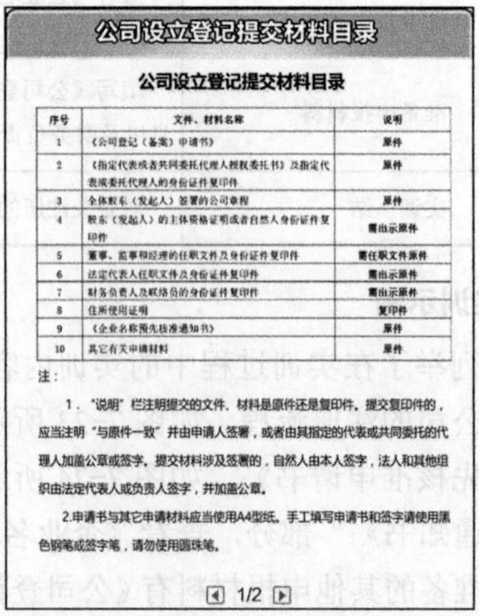

7.4.4 知识链接

1．企业组织形式

企业组织形式是指企业财产及其社会化生产的组织状态，它表明一个企业的财产构成、内部分工协作与外部社会经济联系的方式。

- 个人独资企业。是由一个自然人投资兴办的企业，其业主享有全部的经营所得，同时对债务负有完全责任。
- 合伙企业。是由两个以上的出资人订立合伙协议，共同出资、合伙经营、共享收益、共担风险的营利性组织。
- 公司制企业。是指依照《公司法》在中国境内设立的有限责任公司和股份有限公司。

2．企业组织形式选择策略

大学生创业应该根据自己的实际情况，综合考虑企业存续期限，投资人的权利转让，投资人的责任范围，企业的控制和管理方式等因素，选择合适的企业组织形式。

- 独资的方式。投资人愿意以个人信用为企业信用的基础，且不准备扩大规模时。
- 合伙或有限公司。投资人有一定的资本，但尚不足，又不想使事业的规模太大，或者扩大规模受到客观条件限制时。
- 有限责任公司。一般而言，有限责任公司是绝大多数创业者乐于采用的组织形式。

3．企业注册登记一般程序

我国国家授权的企业登记注册机关是国家市场监督管理总局和地方各级市场监督管理局。我国企业登记按照分级管理原则进行。

（1）企业名称预先核准
（2）前置审批项目办理
（3）工商登记注册表填写以及有关材料提交
（4）营业执照领取

营业执照是公司合法经营的许可证，如公司经营范围中有属于法律法规必须报经审批的项目，需提交审批部门的批准文件。

（5）后置审批项目办理
（6）刻章备案

提供注册公司法人和经办人的身份证原件和复印件、企业营业执照副本原件和复印件到属地公安机关审批后，刻制公章、财务章、人名章等印章。

（7）到银行开立基本户

需要带好营业执照正副本，公司章程，经办人身份证原件及复印件、法定代表人身份证原件及复印件、合伙人或股东人身份证原件及复印件，公章、财务章、法人章、合同专用章、发票专用章，当地银行要求提供的其他材料等。

4．书籍推荐

加勒特•萨顿．富爸爸如何创办自己的公司 [M]．郭伟刚，译．成都：四川文艺出版社，2015．

7.4.5 实训总结

➢ 公司注册流程包括哪些？需要准备哪些材料？
➢ 公司注册起名有哪些要求？

7.5 公司注册

按照现行法律法规，创业者注册新公司需要遵循规范的流程，并到相应的政府部门登记审批。相关审批登记项目包括：申领营业执照（工商营业执照、组织机构代码证和税务登记证）、公司公章备案、税务信息补录等。

7.5.1 实训目标

知识目标： 熟悉申领营业执照、公司公章备案等流程中需要准备的材料。
技能目标： 掌握公司注册流程中各类材料的填写要求。
素养目标： 熟悉影响创业企业的一些基本法律问题。

7.5.2 实训要求及方法

➢ 了解公司注册的程序和步骤，明确实训目的；
➢ 实训前须了解公司注册的程序和步骤；
➢ 实训中通过扮演初创公司合伙人的角色完成公司注册材料准备的体验任务，并在完成实训任务的基础上，填写实训总结；
➢ 实训指导教师对学生实训进行点评，帮助学生发现不足之处。

7.5.3 实训情景与实训流程及内容

1．实训情景

此次实训以虚拟企业环境为实训场所，扮演创业公司合伙人的角色，实训内容为完成公司注册流程。实训场景模拟图如图 7-29 所示。

图 7-29 实训场景模拟图

2. 实训流程及内容（表7-7）

表7-7 实训流程及内容

序号	实训流程	实训内容
1	预约登记	准备好《公司登记（备案）申请书》《企业名称预先核准通知书》等资料，在国家市场监督管理总局网站提交预审，3～4个工作日后查看结果
2	办理营业执照	网上预审通过后前往国家市场监督管理总局提交书面材料，领取《准予设立登记通知书》，10个工作日内领取营业执照
3	刻章备案	法人携带身份证及复印件、营业执照正副本和印章样模前往公安局申请刻制印章：公章、财务章、合同章、法人章、发票章
4	开设银行基本户	法人本人携带营业执照、法人身份证原件，房屋租赁合同，填写《开立单位银行结算账户申请书》并缴纳开户相关费用。一周内通知结果
5	税务登记信息补录	根据《新办企业涉税事项告知书》，填写《纳税人首次办税补充信息表》，并携带营业执照原件前往办税服务厅办理税务登记信息补录
6	实训小结	对企业注册的流程及准备的材料进行复习，答疑总结

3. 实训示例

如下列举了在实训过程中的实训内容截图：按照新公司注册流程需要准备的资料，如图7-30所示，准备好后在网上进行预约登记，网上预审通过后领取《准予设立登记通知书》和营业执照，分别如图7-31和图7-32所示；在"开设银行基本户"实训环节中，需要填写《开立单位银行结算账户申请书》，如图7-33所示；最后根据《新办企业涉税事项告知书》，如图7-34所示，填写《纳税人首次办税补充信息表》，如图7-35所示，办理税务登记信息补录。

图7-30 新公司注册流程

图7-31 准予设立登记通知书

图 7-32　营业执照 　　　　图 7-33　开立单位银行结算账户申请书

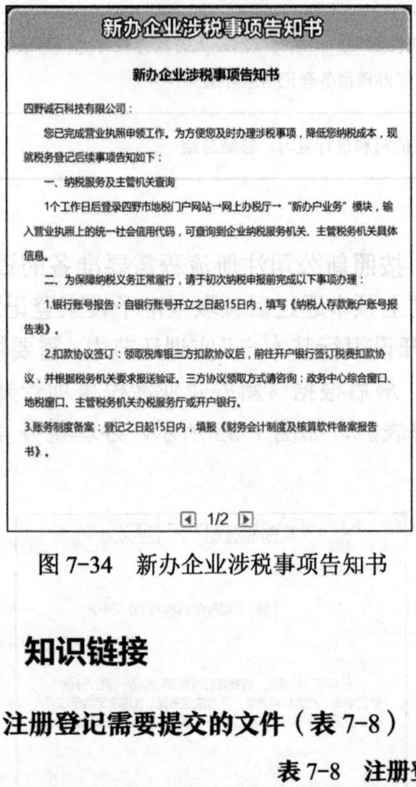

图 7-34　新办企业涉税事项告知书 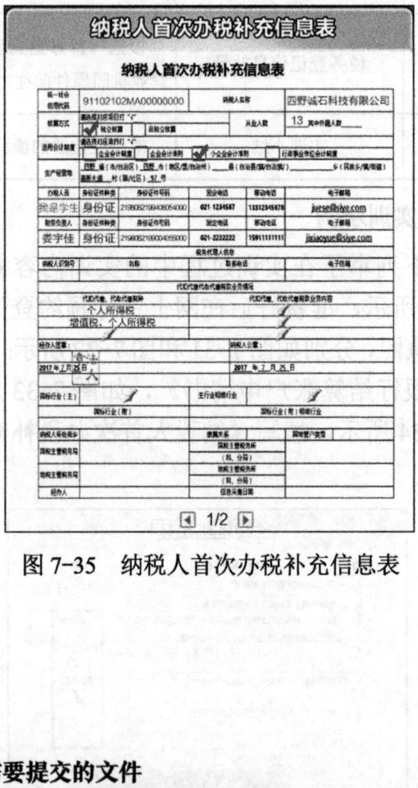　　　　图 7-35　纳税人首次办税补充信息表

7.5.4　知识链接

1．注册登记需要提交的文件（表 7-8）

表 7-8　注册登记需要提交的文件

个人独资企业注册登记需提交的文件	有限责任公司注册登记需提交的文件
①投资者签署的《个人独资企业设立申请书》 ②投资人身份证明 ③企业住所证明 ④《名称审核表》和《名称核准通知书》 ⑤登记机关根据法律、法规规定需要提交的其他文件、证件	①公司董事长签署的设立登记申请书；全体股东指定代表或者共同委托代理人的证明；公司章程 ②具有法定资格的验证机构出具的验资证明；股东的法定资格证明或者自然人身份证明 ③载明公司董事、监事、经理的姓名、住所的文件以及有关委派、选举或者聘用的证明文件 ④公司法定代表人任职文件和身份证明；企业名称预先核准通知书；公司住所证明

2. 书籍推荐

宋紫燕. 大众创业当老板：新公司的创办与成立 [M]. 北京：中国铁道出版社，2016.

7.5.5 实训总结

- ➢ 申领营业执照及公司公章备案需要准备哪些材料？
- ➢ 企业开设银行基本户需要填写哪些材料？
- ➢ 新办企业是否需要进行税务登记信息补录？

7.6 人力资源招聘

招聘是根据人力资源规划和职务分析的数量与质量的要求，通过信息的发布和科学甄选，获得本企业所需的合格人才，并安排他们到企业所需岗位工作的活动和过程。招聘已经不是单纯的事务性工作，而是一项战略性活动。

7.6.1 实训目标

知识目标： 理解人员雇佣过程关键问题。
技能目标： 掌握招聘流程及招聘工作的评价。
素养目标： 培养客观的工作态度，招聘中不可歧视任何人。

7.6.2 实训要求及方法

- ➢ 了解公司外部招聘的流程，明确实训目的；
- ➢ 实训前须了解公司外部招聘的流程；
- ➢ 实训中通过扮演人事助理的角色完成公司人员招聘的体验任务，并在完成实训任务的基础上，填写实训总结；
- ➢ 实训指导教师对学生实训进行点评，帮助学生发现不足之处。

7.6.3 实训情景与实训流程及内容

1. 实训情景

此次实训以虚拟企业环境为实训场所，扮演人事助理的角色，实训内容为公司人员招聘。实训场景模拟图如图 7-36 所示。

图 7-36　实训场景模拟图

2. 实训流程及内容（表7-9）

表7-9 实训流程及内容

序号	实训流程	实训内容
1	明确招聘需求	根据发展需求，拟定《岗位需求表》，明确销售员的工作职责与岗位要求，并确定薪资，向人事专员提供《人员需求表》
2	发布招聘信息	根据《人员需求表》在网络上（专业的招聘网站如前程无忧、智联招聘等）发布招聘信息
3	筛选简历	对已收到的简历进行筛选，剔除与要求不符的简历，通过学历、工作经历等各个方面的对比，挑选面试人员并确定面试时间
4	面试	在约定的时间对应聘人员进行面试，并填写《应聘人员面试评价表》，从个性特征、职业意向、教育培训、工作经历、工作技能等方面对应聘人员进行全面评估
5	录用合格者	拟定录用人员名单，并准备《劳动合同书》
6	实训小结	对企业外部招聘的流程进行复习，答疑总结

3. 实训示例

如下列举了在实训过程中的实训内容截图：在"明确招聘需求"实训环节，需要明确销售人员岗位要求，如图7-37所示，并拟定招聘《人员需求表》，如图7-38所示；筛选应聘人员的简历后，对候选人进行面试，填写《应聘人员面试评价表》，如图7-39所示；拟定录用人员名单，并签订《劳动合同书》，如图7-40所示。

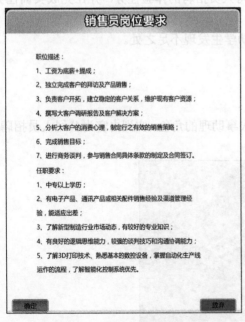

图7-37 销售人员岗位要求　　　　图7-38 招聘人员需求表

图 7-39 应聘人员面试评价表

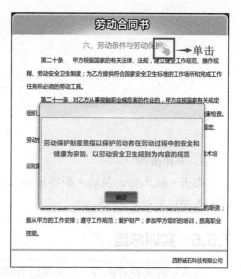

图 7-40 劳动合同书

7.6.4 知识链接

1．内部招聘与外部招聘的比较（表 7-10）

表 7-10 内部招聘与外部招聘的比较

序 号	分 类	优 势	劣 势
1	内部招聘	（1）有利于提高员工的士气和发展期望 （2）对组织工作程序、企业文化、领导方式等比较熟悉，能迅速展开工作 （3）对企业目标认同感强，辞职可能性小，有利于个人和企业的长期发展 （4）风险小，对员工的工作绩效、能力和人员有基本了解，可靠性较强 （5）节约时间和费用	（1）易引起同事间过度竞争，发生内耗 （2）竞争失利者心里不平衡，士气低落 （3）新上任者对"老人"难以领导 （4）容易产生"近亲繁殖"问题，思想、观念因循守旧，思考范围狭窄，缺乏创新与活力
2	外部招聘	（1）为企业注入新鲜"血液"，带来活力 （2）避免企业内部竞争造成的紧张气氛 （3）给企业内部人员以压力，激发起工作动力 （4）选择的范围比较广，可以招聘到优秀的人才	（1）对内部人员是一个打击，感到晋升无望，会影响其工作热情 （2）外部人员对企业情况不了解，需要较长的时间来适应 （3）企业对外部人员不是很了解，不易做出客观的评价，可靠性比较差 （4）外部人员不一定认同企业的价值观和文化，会给企业的稳定造成影响

2. 招聘金字塔（图 7-41）

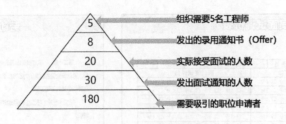

图 7-41 招聘金字塔

3. 书籍推荐

杰夫·斯玛特，兰迪·斯特里特. 哈佛商学院最有效的招聘课 [M]. 任月园，译. 广州：广东人民出版社，2015.

7.6.5 实训总结

企业招聘流程有哪些？招聘渠道有哪些？招聘过程中需要准备哪些资料？有哪些注意事项？

7.7 员工辞退

辞退员工是人力资源经理必须处理，又是最难处理的实际工作之一。在保证企业正常运营与员工身心健康的前提下，通过人力资源的管理手段与技巧做好辞退员工的管理工作，从而使公司健康、顺利地发展。

7.7.1 实训目标

知识目标：了解员工的辞退成本。
技能目标：熟悉如何体面地辞退员工及辞退不同员工的注意事项。
素养目标：熟悉辞退员工的相关法律规定。

7.7.2 实训要求及方法

➢ 了解员工辞退的流程，明确实训目的；
➢ 实训前须了解辞退员工的相关内容；
➢ 实训中通过扮演人事助理的角色完成辞退员工的体验任务，并在完成实训任务的基础上，填写实训总结；
➢ 实训指导教师对学生实训进行点评，帮助学生发现不足之处。

7.7.3 实训情景与实训流程及内容

1. 实训情景

此次实训以虚拟企业环境为实训场所，扮演人事助理的角色，实训内容为辞退员工。实训场景模拟图如图 7-42 所示。

项目 7　公司成立　131

图 7-42　实训场景模拟图

2. 实训流程及内容（表 7-11）

表 7-11　实训流程及内容

序　号	实 训 流 程	实　训　内　容
1	辞退准备与通知期	根据公司被辞退员工的标准辞退员工，并计算被辞退员工的辞退成本，包括遣散成本、替换成本、怠工成本和机会成本，确定要辞退后选择合适的时机发放员工辞退通知书
2	准备离职面谈	准备考核记录表、保密协议等资料，并选择面谈地点，建立一个和谐与信任的气氛
3	辞退后员工关系的管理	面谈结束后，准备离职手续，还需要做好辞退员工的关系管理
4	实训小结	对辞退员工的流程进行复习，答疑总结

3. 实训示例

如下列举了在实训过程中的实训内容截图：在"辞退准备与通知期"实训环节，需要明确员工的辞退成本，如图 7-43 所示，并根据被辞退员工的标准，如图 7-44 所示，向被辞员工发放员工辞退通知书，如图 7-45 所示，并对辞退行为的对错进行判断，如图 7-46 所示；在"准备离职面谈"实训环节，做好离职面谈前的准备工作，如图 7-47 所示；辞退员工后，还应做好员工关系的管理，如图 7-48 所示。

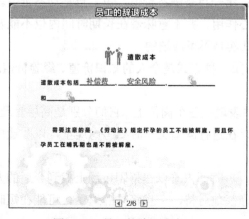　　

图 7-43　员工的辞退成本　　　　　　　　图 7-44　被辞退员工的标准

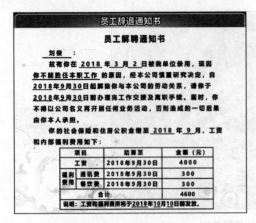

图 7-45 员工辞退通知书

图 7-46 如何体面地辞退员工

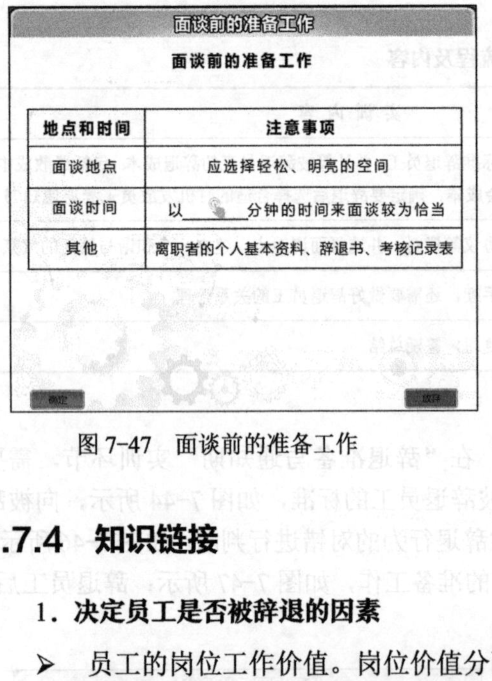

图 7-47 面谈前的准备工作

图 7-48 辞退后员工关系的管理

7.7.4 知识链接

1. 决定员工是否被辞退的因素

➢ 员工的岗位工作价值。岗位价值分两点：第一点是静态价值，第二点是动态价值。一位员工在工作岗位上现在没有发挥核心作用，并不意味着在长期时间内也不能发挥核心作用。有的价值看起来非常小，其实是不可或缺的。

➢ 个人价值。个人价值的体现方式有两种：第一种方式是个人的知识价值、经验价值；第二种则是个人在公司内部的影响力。

➢ 岗位的敏感度。敏感度在一般情况下往往表现在三个岗位上，它们分别是高层管理、财务和销售。对于这三类岗位上的员工，在进行辞退工作时要考虑周全，以防造成各方面的巨大损失。

➢ 该员工的可替代性。对于有些工作岗位，短时间内难以在招聘市场上找到合适的人才。因此，对处于这一岗位的员工就要谨慎地对待，一旦轻易辞退了，可能在短时期内很难找到替代人员，从而耽误工作。

2. 辞退面谈时应有的信念
- ➢ 辞退员工是管理工作中的一个部分。人力资源从业人士在与被辞员工面谈时，可能面对一些情绪方面的冲突。为了更好地解决问题，一定要坚持一个信念，那就是辞退员工是你工作的一部分，不要退缩。
- ➢ 尊重客观事实。面谈时，一定要尊重客观事实。要用事实来说话，不能存一己之私，要尽量地做到公平、公正和合理。
- ➢ 尊重员工的心理感受。尊重员工的心理感受是人力资源的从业人员与被辞退员工面谈时必不可少的信念，只有做到了这一点，才能有效地化解员工因被辞退而产生的忧郁、焦急情绪，才能帮助员工树立重新开始的信心，从而从根本上化解可能出现的矛盾冲突。

3. 书籍推荐

沈莲娜，李作学. 员工关系管理实训实战实务 [M]. 北京：人民邮电出版社，2015.

7.7.5 实训总结

- ➢ 公司辞退员工有成本吗？包括哪些成本？
- ➢ 辞退员工的流程及注意事项有哪些？
- ➢ 辞退员工应遵守的法律规定有哪些？

项目 8

采 购 管 理

8.1 明确采购需求

采购是一种常见的活动,从日常生活到企业运作都离不开它。物料采购需要遵循 5R 原则,即适时(Right Time)、适质(Right Quality)、适量(Right Quantity)、适价(Right Price)、适地(Right Place)地从供应商手中购买到生产所需要的材料。

8.1.1 实训目标

知识目标: 理解采购与采购管理的含义,以及采购的重要性。
技能目标: 了解采购过程的模式,树立采购工作的目标:适时、适质、适量、适价、适地。
素养目标: 把企业的利益放在首位,处处为企业大局着想,不贪图个人小利。

8.1.2 实训要求及方法

- ➢ 了解企业采购物料的流程,明确实训目的;
- ➢ 实训前须对采购活动有所了解;
- ➢ 实训中通过扮演采购助理的角色完成确定采购需求的体验任务,并在完成实训任务的基础上,填写实训总结;
- ➢ 实训指导教师对学生实训进行点评,帮助学生发现不足之处。

8.1.3 实训情景与实训流程及内容

1. 实训情景

此次实训以虚拟企业环境为实训场所,扮演采购助理的角色,实训内容为明确采购需求。实训场景模拟图如图 8-1 所示。

图 8-1 实训场景模拟图

2. 实训流程及内容（表 8-1）

表 8-1 实训流程及内容

序号	实训流程	实训内容
1	接受采购任务	根据车间的生产需求，采购主板、彩盒颜色圈和底壳组件，并填写采购申请单
2	制定采购计划	与仓管员核实所需物料的库存，制定采购计划
3	提出采购需求	向采购员提交采购申请单，并学习采购的 5R 原则
4	实训小结	对确定采购需求的流程进行复习，答疑总结

3. 实训示例

如下列举了在实训过程中的实训内容截图：在"接受采购任务"实训环节，需要填写采购申请单，如图 8-2 所示；在"制定采购计划"实训环节，需要审核各部门提交的采购申请单，如图 8-3 所示；最后学习采购的 5R 原则，如图 8-4 所示。

图 8-2 采购申请单

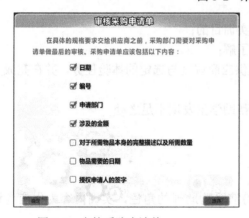

图 8-3 审核采购申请单

图 8-4 采购的 5R 原则

8.1.4 知识链接

1. 采购业务过程模式（图 8-5）

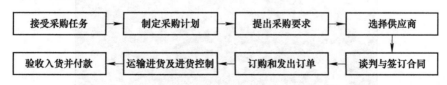

图 8-5 采购业务过程模式

2. 书籍推荐

张计划，李亮. 从零开始学采购 [M]. 北京：化学工业出版社，2012.

8.1.5 实训总结

> 采购部门重要吗？企业进行物料采购要经过哪些流程？
> 物料采购需要遵循的 5R 原则是什么？

8.2 供应商调查与选定

在市场竞争中，拥有优秀而稳固的供应源是企业重要的竞争优势。如何有效管理自己的供应商、建立可靠的供应关系，是采购与供应管理的核心内容之一。随着新材料、新技术的不断涌现，企业必须不断寻找新的合作伙伴。在这个过程中，企业必须先摸清楚供应商的基本战略及态度，在此基础上展开调查及开发。

8.2.1 实训目标

知识目标：知道从哪些渠道去寻找供应商，并掌握不同类型调查的信息要求。
技能目标：能正确地去评审和选定新的供应商，能选择到适合本单位的合格供应商。
素养目标：能够用正确的方法来对供应商进行管理，以确保采购物品达到 5R 要求。

8.2.2 实训要求及方法

> 明确供应商管理的含义和意义，明确实训目的；
> 实训前须对采购与供应关系管理有所了解；
> 实训中通过扮演采购助理的角色完成供应商调查与选定的体验任务，并在完成实训任务的基础上，填写实训总结；
> 实训指导教师对学生实训进行点评，帮助学生发现不足之处。

8.2.3 实训情景与实训流程及内容

1．实训情景

此次实训以虚拟企业环境为实训场所，扮演采购助理的角色，实训内容为供应商调查与选定。实训场景模拟图如图 8-6 所示。

图 8-6 实训场景模拟图

2. 实训流程及内容（表8-2）

表8-2 实训流程及内容

序号	实训流程	实训内容
1	寻找供应商	找采购员了解寻找供应商的方式：就现有的供应商进行甄选、公开征求、通过同业介绍和阅读专业刊物等
2	供应商初步调查	与采购员一起对供应商进行初步调查：公司概况、公司组织架构、产品一览表、各项品质资质证明以及生产与检验设备一览表等
3	资源市场调查	找采购员了解资源市场调查的内容：不仅是供应商调查，还包括资源市场的规模、容量和性质以及资源市场的管理制度、法律制度、经济环境和政治环境等 结合供应商调查的情况，就可以了解整个资源市场的产品、价格、技术、质量、需求以及竞争状况
4	供应商评审与选定	（1）了解供应商评审的步骤； （2）从拟定的五家单位中筛选出两家； （3）对样品进行测试，填写样品评价表； （4）对拟定的供应商进行现场考察：物料管理、品质管理和控制、生产管理和控制等； （5）将选定的供应商列入合格供应商目录存档，并谈具体合作事宜
5	实训小结	对供应商调查与选定的流程进行复习，答疑总结

3. 实训示例

如下列举了在实训过程中的实训内容截图：在"寻找供应商"实训环节，需要选择寻找供应商的方式，如图8-7所示；在"供应商初步调查"实训环节，对公司概况、产品等进行调查，调查内容如图8-8所示；按照供应商评审与选定流程，如图8-9所示，对五家候选供应商进行初审，如图8-10所示，从中选择出两家，对样品进行测试，如图8-11所示，并进行实地考察，如图8-12所示，最后综合所有条件选择合适的供应商。

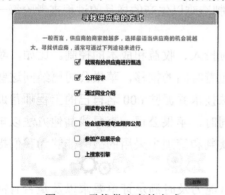

图8-7 寻找供应商的方式

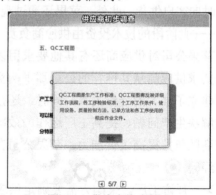

图8-8 供应商初步调查

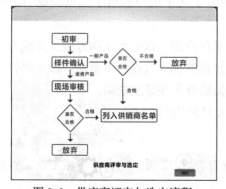

图8-9 供应商评审与选定流程

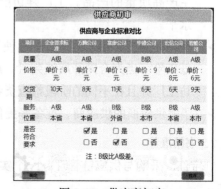

图8-10 供应商初审

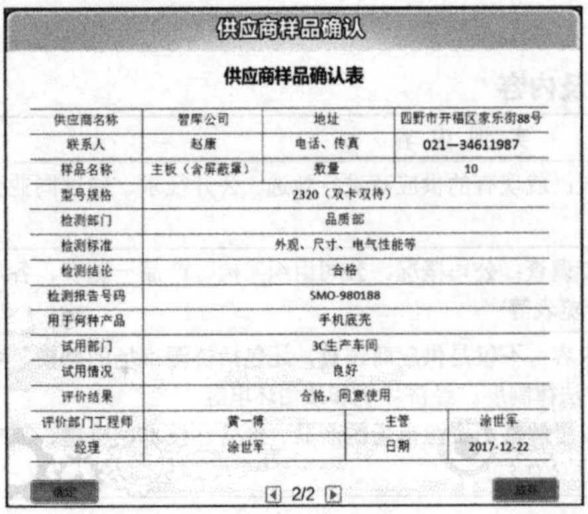
供应商样品确认

供应商样品确认表

供应商名称	智库公司	地址	四野市开福区家乐街88号
联系人	赵康	电话、传真	021—34611987
样品名称	主板（含屏蔽罩）	数量	10
型号规格	2320（双卡双待）		
检测部门	品质部		
检测标准	外观、尺寸、电气性能等		
检测结论	合格		
检测报告号码	SMO-980188		
用于何种产品	手机底壳		
试用部门	3C生产车间		
试用情况	良好		
评价结果	合格，同意使用		
评价部门工程师	黄一博	主管	涂世军
经理	涂世军	日期	2017-12-22

2/2

图 8-11 供应商样品确认

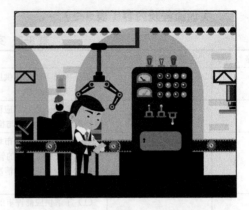

图 8-12 对供应商进行实地考察

8.2.4 知识链接

1．案例链接

苹果公司选择和管理供应商的方式是该公司取得成功的重要因素之一。苹果公司在选择新的供应商时重点评估：质量、技术能力和规模，成本次之。

这些供应商的背后还有代表苹果公司向这些供应商供货的数百家二级和三级供应商。苹果公司几乎控制了这一复杂网络的各个部分，利用其规模和影响以最好的价格获得最佳产品并及时向客户供货。此外，苹果还通过观察供应商制造难以生产的样品的过程来考验每一家工厂——此阶段的技术投资由供应商负责。

苹果公司对供应商还有其他要求用以增强其对投入、收益和成本的控制。比如，苹果公司要求供应商从其推荐的公司那里购买材料。随着时间的推移，苹果公司已经同这些供应商建立了强大的合作关系，同时，还投资于特殊技术并派驻 600 名自己的工程师帮助供应商解决生产问题、提高工厂运作的效率。与此同时，苹果公司一直寻找其他方法以丰富供应商队伍并提高议价能力。苹果公司在选择、谈判和管理中采用的战略能够为我们提供如下经验。

- 拜访工厂。采购方需要确定供应商是否有能力及时满足订单要求以及是否有能力生产高质量的产品。工厂拜访能够使采购方了解供应商的员工人数和他们的技能水平。
- 谈判和监督并用。同一种产品使用不止一家供应商，以改善采购方的议价能力并降低风险。当为合同开展谈判时，成本和质量问题都要重视。下单后，派本地代表拜访工厂并且在不同的阶段检查货物，以便能够介入和矫正缺陷。
- 了解供应商的供应商、准备好提供帮助以及经常沟通。

2．书籍推荐

刘宝红．采购与供应链管理：一个实践者的角度 [M]．2 版．北京：机械工业出版社，2015.

8.2.5 实训总结

寻找供应商的渠道有哪些？如何在众多的供应商中选出适合本单位的合格供应商？

8.3 采购谈判

采购谈判是指企业为采购商品，作为买方与卖方厂商对购销业务有关事项，如商品的品种、规格、技术标准和质量保证等问题进行反复磋商，为建立双方都满意的购销关系，谋求达成协议的过程。在采购谈判实施中应遵守合作、双赢、诚信、客观等原则。

8.3.1 实训目标

知识目标： 理解采购谈判的含义及特点；熟悉采购谈判的阶段、谈判组织。
技能目标： 学会制定谈判方案，能够熟练使用谈判技巧。
素养目标： 具备总体分析及策划谈判的素质；善于有效沟通及总结反馈。

8.3.2 实训要求及方法

- ➢ 了解采购谈判的意义，明确实训目的；
- ➢ 实训前须对采购谈判内容有所了解；
- ➢ 实训中通过扮演采购助理的角色完成采购谈判的体验任务，并在完成实训任务的基础上，填写实训总结；
- ➢ 实训指导教师对学生实训进行点评，帮助学生发现不足之处。

8.3.3 实训情景与实训流程及内容

1．实训情景

此次实训以虚拟企业环境为实训场所，扮演采购助理的角色，实训内容为采购谈判。实训场景模拟图如图 8-13 所示。

图 8-13　实训场景模拟图

2. 实训流程及内容（表8-3）

表8-3 实训流程及内容

序号	实训流程	实训内容
1	采购谈判和准备阶段	谈判能力测试；准备好采购申请单；确定发货日期和谈判日期；谈判人员的配备
2	采购谈判的过程控制	（1）采购谈判的步骤：双方互相介绍；商议谈判议程和程序规则；探讨谈判所涉及的范围，即双方希望在谈判中解决的事宜；解决分歧；达成一致意见；签订协议 （2）打破僵局的5大技巧：注意言辞；更换谈判团成员；用轻松的话题缓解紧张气氛；僵局问题先放下；给予让步
3	正式洽谈阶段	提前到达谈判地点，运用谈判技巧进行谈判，谈判成功后签订合同
4	实训小结	对采购谈判的流程进行复习，答疑总结

3. 实训示例

如下列举了在实训过程中的实训内容截图：在"采购谈判和准备阶段"实训环节，需要先了解自己的谈判能力，参加谈判能力测试，如图8-14所示；谈判能力测试结果如图8-15所示；配备好谈判人员，组织好谈判团队后，如图8-16所示，根据采购谈判的步骤，如图8-17所示，进行谈判。在采购谈判中，掌握打破僵局的5大技巧，分别如图8-18和图8-19所示，谈判成功后签订合同。

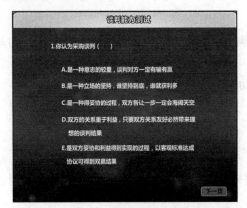

图8-14 谈判能力测试

图8-15 谈判能力测试结果

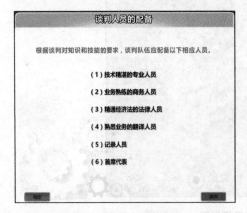

图8-16 谈判人员的配备

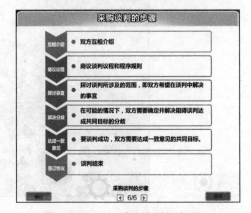

图8-17 采购谈判的步骤

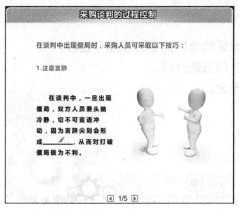 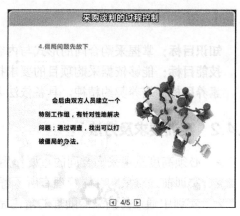

图 8-18　打破僵局的 5 大技巧（一）　　　　图 8-19　打破僵局的 5 大技巧（二）

8.3.4　知识链接

1．采购谈判操作要点

在采购谈判的各个环节，只有掌握了操作要点（见表 8-4），才能确保谈判的成功。

表 8-4　采购谈判环节的操作要点说明

环节控制	相关操作要点说明
谈判目标	由于采购谈判具有不确定性，因此，在确定采购谈判目标时，应确立不同层次的目标，包括最高目标、中等目标和底线目标
采购要素	采购谈判项目是对谈判内容予以确定，包括物料品质、包装、价格、数量、折扣、付款条件以及交货期等
有关信息	收集供应商的信息，包括了解供应商的运营状况、商业信誉、供货成本以及供应商的价格底线等内容
成本分析	议价分析，主要是通过专业人员对价格进行成本分析，确立议价的底线
谈判策略	谈判的优劣势包括公司在采购谈判中需要把握的谈判的资本和不足，优劣势一般通过对比来体现，如采购量的大小、采购的连续性、供应商供货期的长短、所供货物差异性的大小以及公司的实力和供货商的实力等
谈判方案	合同管理专员根据前期掌握的信息，制定详细的采购谈判方案，方案的内容包括谈判目标、谈判议程、参加人员以及谈判策略等
谈判决策	采购部经理组织相关人员同供应商进行谈判，采购部经理在权限范围内有一定的决策权，可以对谈判过程进行控制，灵活作出决定

2．书籍推荐

斯图尔特·戴蒙德．沃顿商学院最受欢迎的谈判课 [M]．杨晓红，李升炜，王蕾，译．北京：中信出版社，2012．

8.3.5　实训总结

采购谈判前需要做好哪些准备？采购谈判的步骤及打破僵局的技巧？

8.4　采购合同签订

在整个采购流程中，最重要的采购文件之一就是采购合同。采购合同的签订，标志着采供双方达成一致，订立契约。双方对于采购活动的一切约定，都应体现在合同之中。

8.4.1 实训目标

知识目标： 掌握采购合同的形式与内容，熟悉采购合同的签订和履行过程。
技能目标： 能够依据采购项目的要求拟定相应的采购合同。
素养目标： 培养契约精神，具备依法办事的理念。

8.4.2 实训要求及方法

> 必须高度重视采购合同的重要作用，明确实训目的；
> 实训前须对采购合同管理有所了解；
> 实训中通过扮演采购助理的角色完成采购合同签订的体验任务，并在完成实训任务的基础上，填写实训总结；
> 实训指导教师对学生实训进行点评，帮助学生发现不足之处。

8.4.3 实训情景与实训流程及内容

1．实训情景

此次实训以虚拟企业环境为实训场所，扮演采购助理的角色，实训内容为采购合同签订。实训场景模拟图如图 8-20 所示。

图 8-20　实训场景模拟图

2．实训流程及内容（表 8-5）

表 8-5　实训流程及内容

序号	实训流程	实训内容
1	采购合同概述	（1）采购合同的定义 （2）采购合同的种类：政府采购合同、国有企业采购合同、非国有企业采购合同、招标和投标的采购合同等
2	采购合同的基本要素及形式	（1）采购合同有三个基本要素：首部、正文和尾部 （2）签订采购合同的方式：面对面签约；使用传真签约；使用电子邮件签约和使用合同信息管理系统签约
3	采购合同的订立与实施	采购合同的订单跟踪管理应明确以下原则：适时原则；适地原则；专管原则；评估原则等
4	实训小结	对采购合同签订的流程进行复习，答疑总结

3．实训示例

如下列举了在实训过程中的实训内容截图：在实训开始时，需要先了解采购合同的定义及种类，分别如图 8-21 和图 8-22 所示；然后需要熟悉签订采购合同的几种方式，如图 8-23 所示；最后是采购合同的订单跟踪管理，如图 8-24 所示。

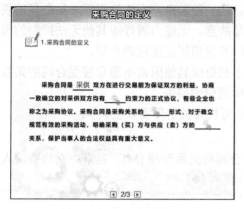

图 8-21　采购合同的定义

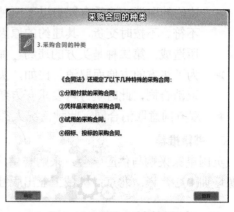

图 8-22　采购合同的种类

图 8-23　签订采购合同的方式

图 8-24　采购合同的订单跟踪管理

8.4.4　知识链接

1．签订采购合同的注意事项

采购人员在签订采购合同时应注意以下事项。

➢ 争取草拟合同。草拟合同时要充分发挥草拟一方的优势。草拟合同的一方有巨大的优势，因为起草合同的一方，会补充口头谈判时遗漏的一些问题。如果是采购方草拟合同，采购方可以拟写对自己有利的条款。

➢ 仔细阅读文本。签合同以前，采购人员必须仔细阅读当前的文本，防止对方对合同进行修改。不得随意变更或者解除合同，除非有一个不得已的前提条件，否则对所造成损失（变更和解除合同的时候已具一定的法律条件），应当承担相应的赔偿责任。提议变更和解除合同一方，应给对方重新考虑的时间，在新的协议未签订之前，原来的合同仍然有效。

2. 采购合同的取消

取消合同即是不履行合同的义务，因此为了公平的原则，不遵守合同的一方必须负相应的责任。但在法律上，到底哪一方须负担责任，须视实际情形来决定。一般取消合同大致有以下 3 种情形。

- ➢ 违约的取消。违反合同有以下两种情况。第一种是卖方不依约履行。如交货的规格不符、不按时交货，其违约的原因可能是故意、无能力履行或其他无法控制的因素所造成。第二种是买方的违约。如不按时开发信用证而取消合同。
- ➢ 为了买方的方便而取消。比如，买方由于利益或其他因素不愿意接受合同的条款而取消合同，此时卖方可要求买方赔偿其所遭受的损失。
- ➢ 双方同意取消合同。此种情况大都出于不可抗力的情形而发生。

3. 书籍推荐

英国皇家采购与供应学会. 采购与供应中的合同与关系管理 [M]. 北京中交协物流人力资源培训中心，译. 北京：机械工业出版社，2014.

8.4.5 实训总结

- ➢ 采购合同由哪几部分组成？
- ➢ 签订采购合同的方式有哪些？
- ➢ 如何对采购合同进行管理？

项目 9

销 售 管 理

9.1 目标市场选择

在市场竞争日趋激烈的今天,企业要有效地开展营销活动,就需要从全局和整体上实施营销战略。目标市场选择是企业营销战略的核心内容。企业要选择合适的目标市场,首先需要对市场进行细分,同时还需要进行准确的市场定位,这样才能为营销策略的制定提供客观依据。

9.1.1 实训目标

知识目标: 正确理解市场细分,掌握市场细分的基本要求及标准。
技能目标: 能够运用市场细分的标准对某一市场进行细分。
素养目标: 在了解情况时,要通过多渠道了解相关信息,力求信息准确真实。

9.1.2 实训要求及方法

➢ 必须高度重视目标市场选择的重要作用,明确实训目的;
➢ 实训前须对市场选择有所了解;
➢ 实训中通过扮演销售助理的角色完成目标市场选择的体验任务,并在完成实训任务的基础上,填写实训总结;
➢ 实训指导教师对学生实训进行点评,帮助学生发现不足之处。

9.1.3 实训情景与实训流程及内容

1. 实训情景

此次实训以虚拟企业环境为实训场所,扮演销售助理的角色,实训内容为目标市场选择。实训场景模拟图如图 9-1 所示。

图 9-1 实训场景模拟图

2．实训流程及内容（表9-1）

表9-1　实训流程及内容

序号	实训流程	实训内容
1	市场细分	（1）市场细分的概念：市场细分是指企业根据消费者在需求上的差异性，将一个总体市场划分为若干个分市场的活动过程 （2）同质性商品、异质性商品、同质市场和异质市场等概念 （3）市场细分的四大标准：地理标准、人文标准、心理标准和行为标准
2	选择目标市场	（1）选择目标市场需要考虑的因素：目标市场的需求量、市场的竞争状况、企业的营销能力和市场的发展潜力 （2）目标市场的营销模式：产品与市场集中模式、产品专业化模式、市场专业化模式、选择性专业化模式和覆盖整个市场模式 （3）三种营销策略：无差别营销策略、差别营销策略和集中营销策略 （4）选择目标市场策略应考虑的因素：企业的资源和营销能力、产品的同质性和异质性、产品处于市场生命周期的不同阶段和竞争对手的目标市场策略
3	市场定位	（1）市场定位包括的内容：企业定位和产品定位 （2）市场定位的步骤：分析市场竞争形势；找出企业自身优势；通过定位显示产品优势 （3）市场定位的策略：产品定位策略和企业定位策略
4	实训小结	对目标市场选择的流程进行复习，答疑总结

3．实训示例

如下列举了在实训过程中的实训内容截图：在"市场细分"实训环节，需要了解市场细分的概念以及同质性商品等概念，如图9-2和图9-3所示，并熟悉市场细分的标准，如图9-4所示；在"选择目标市场"实训环节，参与测试题，掌握不同的营销模式和营销策略，如图9-5和图9-6所示；最后了解市场定位的内容和步骤，如图9-7所示。

图9-2　市场细分的概念

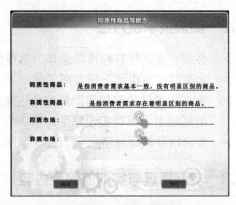

图9-3　名词解释

图9-4　市场细分的标准

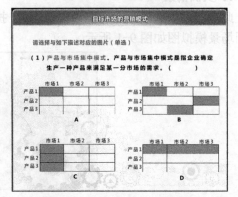

图9-5　目标市场的营销模式

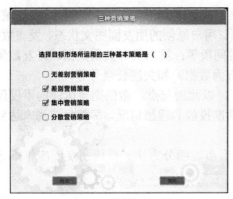 

图 9-6　三种营销策略　　　　　　　图 9-7　市场定位的内容

9.1.4　知识链接

1．案例分析——微信测试朋友圈广告功能

2015 年 1 月 21 日上午，微信开始测试朋友圈广告，名为"微信团队"的微信号悄悄地出现在朋友圈里，并发布了六连图和链接广告。微信朋友圈广告可以实现定向投放，定向条件包含地域、操作系统、联网方式、学历和年龄等。微信采用类似 Facebook、Twitter 的信息流广告，依据用户细分信息与大数据，为广告主提供精准的广告投放。25 日上午 8 点 45 分，微信朋友圈广告正式来袭，信息发布形式与普通朋友圈一致，只不过在右上角标记了"推广"标识，即"由赞助商提供的推广信息"。第一批广告只有三个品牌：宝马、VIVO 和可口可乐。

1 月 25 日当天，并不是所有人都能刷出朋友圈广告。这就是朋友圈广告的特别之处。广告首先会优先展示给一批"高质种子用户"，这批用户有一些特点，就是"朋友圈高活跃度""经常参与广告互动"。如果这批种子用户给广告点了赞，或者给了评论，那么系统将会以这些用户为核心，扩散给他的好友。也就是当你看到广告的时候，已经有好友点过赞，甚至给过好评了。这时你对此广告的排斥感就没有那么严重了，基于熟人关系的广告就这样一环环扩散出去了。

1 月 25 日刷出广告的人，也不是都能刷出宝马广告的。有人分析，朋友圈广告是在对用户红包现金流分析的基础上进行投放的，分成低、中和高三个红包现金流档位。针对红包现金流属于低档的用户，集中投放可口可乐广告；中档投放 VIVO 品牌广告；高档则是宝马广告。

后来宝马和 VIVO 则分别公开了自己在微信朋友圈的广告投放标准。

宝马方面对外表示，此次投放采用的是"精准定向"投放方式，分批次地进行投放，并分别对地域、年龄和手机系统设定了定向原则。事实上，宝马对此次广告投放的目标客户群只有三个要求：第一是 IOS 系统用户群，第二是这些用户来自核心重点城市，主要集中在北上广深等城市，第三是年龄在 19～50 岁的消费者。

VIVO 则向记者表示，此次朋友圈投放的广告是关于 VIVO 品牌的核心的东西——HiFi 音乐。"VIVO 想跟全国的微信用户传达这一信息，加强 VIVO 品牌和 HiFi 音乐的强关联性。其次，给大家展示 VIVO 在品牌、乐趣和活力这方面的东西，毕竟微信用户大部分是年轻人，用我们的方式跟他们去沟通一下，我们对音乐的理解。"VIVO 相关负责人表示，此次投放人群主要为 18～35 岁的热爱音乐和时尚的年轻人。

事实上，微信朋友圈广告推送是基于大数据分析，通过分析用户朋友圈的语言特性、图片内容，涉及自然语义理解以及图像识别等这些人工智能技术，所以这种平台推广服务，实际上也是依托的一种人工智能技术。详细地说，这种挖掘分析技术是基于以下几类海量的用户数据：第一类，基本数据。基础数据包括用户手机号、手机型号、手机系统、所处城市、绑定的第三方账号和用户年龄；第二类，行为数据。用户原创的朋友圈图文状态、发布数量、发布频率、分享/转发的信息、钱包数据、活跃时间段等；第三类，关系数据。好友数量、好友亲密度、好友的个体数据（包括基础数据和行为数据）和关注公众号等。

宝马、VIVO、可口可乐是朋友圈的首发推广，以此为起点，微信期望达成的不仅仅是短期的网络话题，更重要的是做到基于算法实现精准投放的理想情况。尽管目前尚未达到足够精准的水平，但未来的发展已日渐明朗。

思考：宝马在微信朋友圈投放广告采取了什么市场细分方法？微信朋友圈广告推送如何利用大数据？

2. 书籍推荐

罗伯特·B. 西奥迪尼. 影响力 [M]. 闾佳，译. 北京：北京联合出版公司，2016.

9.1.5 实训总结

- 市场细分有哪四大标准？
- 目标市场的营销模式有哪些？有哪三种营销策略？选择目标市场策略应考虑哪些因素？
- 市场定位的步骤及策略分别是什么？

9.2 建立客户关系

客户是企业的衣食父母，是企业的聚宝盆，更是企业基业长青的保障。企业与客户之间关系的好坏，会影响到企业今后发展的成败。因此，企业既要正确地选择目标客户，还要掌握一定的技巧，来维护好自己与客户之间的关系。良好的客户关系所带来的影响和作用对企业和客户来说都是巨大的。

9.2.1 实训目标

知识目标： 了解客户选择的意义及应注意的问题。
技能目标： 掌握潜在客户开发的方法并且开发出新客户。
素养目标： 不断探寻，永不言弃，培养自身的职业敏感性。

9.2.2 实训要求及方法

- 必须高度重视客户关系的重要作用，明确实训目的；
- 实训前须对客户管理有所了解；
- 实训中通过扮演销售助理的角色完成建立客户关系的体验任务，并在完成实训任务的基础上，填写实训总结；
- 实训指导教师对学生实训进行点评，帮助学生发现不足之处。

9.2.3 实训情景与实训流程及内容

1. 实训情景

此次实训以虚拟企业环境为实训场所，扮演销售助理的角色，实训内容为建立客户关系。

实训场景模拟图见图 9-8。

图 9-8　实训场景模拟图

2．实训流程及内容（表 9-2）

表 9-2　实训流程及内容

序　号	实训流程	实训内容
1	客户的选择与管理	（1）客户选择的意义："客户就是上帝"并不意味着每位客户都值得保留，企业应当选择有价值的客户 （2）客户选择应注意的问题：选择实力相当的客户并进行双向选择 （3）客户服务与管理的方法：一种是按照客户价值（VIP 客户、主要客户、普通客户和小客户）分类的客户服务与管理方法；另一种是按照客户与企业关系远近（潜在客户和目标客户、初次购买客户、重复购买客户和忠诚客户）分类的客户服务与管理方法
2	如何寻找潜在客户	（1）潜在客户的类型：一种是按照购买的可能性划分，另一种是以购买量作为分级标准 （2）发掘潜在客户的方法：准备潜在客户名单，预测新客户的销售贡献和设计接近方案
3	新客户开发	（1）新客户开发的方法：普遍访问法 （2）新客户开发的注意事项：选择适合自己的方法；各种方法配合使用；分清重点，渐次推进等
4	实训小结	对建立客户关系的流程进行复习，答疑总结

3．实训示例

如下列举了在实训过程中的实训内容截图：首先，需要先明确客户选择的意义，如图 9-9 所示，客户选择应注意的问题，如图 9-10 所示，客户服务与管理的办法，如图 9-11 所示；在"如何寻找潜在客户"实训环节，掌握发掘潜在客户的方法，如图 9-12 所示；在"新客户开发"实训环节，掌握新客户开发的方法及注意事项，如图 9-13 所示；最后通过建立客户关系测试题，对实训内容进行总结，如图 9-14 所示。

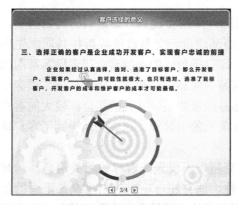

图 9-9　客户选择的意义

图 9-10　客户选择应注意的问题

图 9-11　客户服务与管理的方法

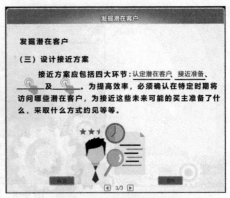

图 9-12　发掘潜在客户

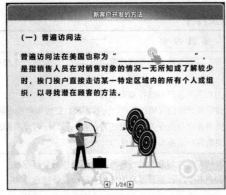

图 9-13　新客户开发的方法与注意事项

图 9-14　建立客户关系测试题

9.2.4　知识链接

1．案例分析——迪克超市的秘密

在美国，不仅有像沃尔玛、塔吉特这样的大型连锁超市，在各个州，还存在许多区域性的连锁超市。对于这些中小型连锁超市而言，要想抵抗沃尔玛这样的大型企业的竞争，那可不是一件容易的事情。但是，对威斯康星州的迪克超市而言，却并不是那么难。

迪克超市与其他超市不同之处为：为客户提供优质的服务，为客户提供他们想要的商品，具体措施如下。

在迪克超市每周消费 25 美元以上的顾客，每隔一周就会收到一份定制的购物清单，这张清单是由顾客以往的采购记录及厂家所提供的商品现价、交易政策或折扣共同派生出来的。当顾客到收银台结账时，收银员就会扫描一下印有条形码的购物清单或者顾客常用的优惠俱乐部会员卡。无论哪种方式，购物单上的任何特价商品都会被自动予以兑现。顾客在该店的购物记录会被刷新，生成下一份购物清单。那些经常购买、并且购买金额较大的客户不仅会收到购物清单，同时还会得到价值为 30～40 美元的折价券，这更大地激励了客户将大部分的日常消费都花在迪克超市。

迪克超市为什么可以实施以上措施？因为迪克超市不仅采集客户的相关信息，同时还对这些信息进行了挖掘和处理。根据数据优势软件，迪克超市可以对扫描设备里面的数据加以梳理，通过相应的数据挖掘和分析技术，预测客户什么时候会再次购买某些特定产品。

经过相关人员的分析和讨论，就可以要求系统"恰如其时地"推出特惠价格。

2．书籍推荐

诺亚·弗雷明. 常青：如何持久吸引客户[M]. 吴威，译. 北京：中国友谊出版公司，2017.

9.2.5　实训总结

客户分类的方法有哪些？发掘潜在客户的方法有哪些？

9.3　客户忠诚管理

企业经营实践表明：买方市场条件下，顾客忠诚才是现代企业最宝贵、最可靠以及最稳定的资产。高度忠诚的顾客不仅是企业竞争获胜的关键，也是企业长治久安的根本保证。

9.3.1　实训目标

知识目标：能够深刻意识到客户忠诚的价值并且能够用顾客忠诚分析某些企业成功的原因。

技能目标：能够进行顾客忠诚测评及运用客户忠诚塑造策略。

素养目标：努力提供热情、真诚、有效和为客户着想的服务。

9.3.2　实训要求及方法

- ➢ 必须认识客户忠诚的价值，明确实训目的；
- ➢ 实训前须对客户忠诚管理有所了解；
- ➢ 实训中通过扮演销售助理的角色完成客户忠诚管理的体验任务，并在完成实训任务的基础上，填写实训总结；
- ➢ 实训指导教师对学生实训进行点评，帮助学生发现不足之处。

9.3.3　实训情景与实训流程及内容

1．实训情景

此次实训以虚拟企业环境为实训场所，扮演销售助理的角色，实训内容为客户忠诚管理。实训场景模拟图如图 9-15 所示。

图 9-15　实训场景模拟图

2. 实训流程及内容（表9-3）

表9-3 实训流程及内容

序号	实训流程	实训内容
1	认识客户忠诚的价值	（1）客户忠诚的内涵及类型。客户忠诚分为行为忠诚、情感忠诚和态度忠诚三种类型 （2）客户忠诚的层次：对企业漠不关心；对企业满意或者习惯；偏好某一企业；对企业忠贞
2	衡量客户忠诚的标准	（1）影响客户忠诚的五个关键因素：服务质量；服务体验；互动关系；理念认同；增值感受 （2）客户忠诚的衡量标准：重复购买次数；产品购买率；品牌关系度；挑选时间；价格敏感度；竞品偏好程度；产品质量事故承受程度
3	塑造顾客忠诚的策略	塑造客户忠诚的策略：提升顾客价值；提高顾客满意度；加强顾客关系管理；提高转换成本；开展信任营销；建立顾客数据库
4	实训小结	对客户忠诚管理进行复习，答疑总结

3. 实训示例

如下列举了在实训过程中的实训内容截图：在"认识客户忠诚的价值"实训环节，了解客户忠诚的内涵及类型，如图9-16所示；并参与客户忠诚的层次测试题，将正确答案拖放至合适的位置，如图9-17所示；在"衡量客户忠诚的标准"实训环节，了解客户忠诚的衡量标准，如图9-18所示，以及影响客户忠诚的五个关键因素，如图9-19所示；在"塑造顾客忠诚的策略"实训环节，通过转盘小游戏，熟悉塑造客户忠诚的策略，如图9-20所示；最后通过客户忠诚管理测试对客户忠诚管理内容进行小结，如图9-21所示。

图9-16 客户忠诚的内涵及类型

图9-17 客户忠诚的层次

图9-18 客户忠诚的衡量标准

图9-19 影响客户忠诚的五个关键因素

图 9-20　塑造客户忠诚的策略

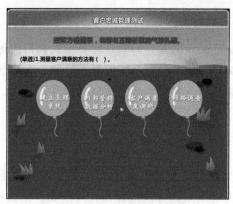
图 9-21　客户忠诚管理测试

9.3.4　知识链接

1．案例分析——将情感赋予钻石

MaBelle 钻石是香港利兴珠宝公司推出的大众钻石品牌。1993 年，利兴集团的高层经过市场调查，推出了 MaBelle 钻石，成为香港首间开放式的钻石连锁店，专售价格相对便宜的钻石首饰。MaBelle 以款式多样、时尚为主要卖点，将流行元素融入传统的钻石，独特、自由、轻松的购物模式，将钻石在香港大众化。MaBelle 当年推出的千元价格的"黄钻"，更是在香港创造了钻石消费的潮流。但是公司高层管理人员清醒地意识到，价格绝对不能成为 MaBelle 的核心竞争力。顾客只因为价格便宜而购物，并不能令顾客的忠诚度上升。不断创新的设计是 MaBelle 与其他品牌区别的主要特征，而与顾客建立情感上的沟通，赋予顾客与众不同的优越感，才能为企业创造更多的价值。

目前，MaBelle 在香港拥有 30 多万会员，这些会员大部分是 20～40 岁的白领女性和专业人士。公司对销售员工的要求是，必须定期通过电子邮件、电话和手机短信等方式和顾客建立个人关系，这种私人关系无疑增进了顾客对公司的情感。MaBelle 还定期为会员举办关于"选购钻石的知识"以及"钻石款式"方面的讲座，增加了顾客对企业产品的了解。MaBelle 还经常为"VIP 俱乐部"会员安排与钻石无关的各种活动。很多会员参加过一些活动后，都邀请自己的亲友也加入 MaBelle 的俱乐部，真正起到了"口耳相传"的效果。

2．案例分析——海尔

海尔集团在全国多个城市成立了海尔俱乐部，凡购买海尔产品，且购买总量达到会员资格要求的客户都可以成为海尔俱乐部的会员。海尔俱乐部依据客户价值的不同将会员分为准会员、会员和金卡会员，并确定不同会员享有不同权利。海尔通过俱乐部这种特殊的渠道对客户进行感情投资，如每年给会员过生日，会员可享受延长保修期 5 年的待遇，会员可应邀参加俱乐部定期组织的文体活动，并可获赠半年当地报纸等一系列优惠政策。

事实表明，海尔俱乐部的这种客户关系经营模式，增进了海尔与客户的感情交流，使海尔的企业文化与品牌形象深入人心，不仅提高了会员的忠诚度，而且在促使准会员向会员发展的过程中使客户关系增值。

3．书籍推荐

哈维·汤普森. 谁偷走了我的客户？[M]. 赵玲，译. 北京：北京联合出版公司，2016.

9.3.5 实训总结

➢ 客户忠诚分为哪几种类型？客户忠诚有哪几个层次？
➢ 影响客户忠诚的因素有哪些？客户忠诚的衡量标准有哪些？
➢ 塑造客户忠诚的策略有哪些？

9.4 投标

为了尽可能保证采购的公平性、提高采购质量、提高采购效率、降低采购成本，采用一些专业的采购方法就显得尤其重要。招投标采购是大型采购中经常使用的方法。

9.4.1 实训目标

知识目标： 明确招标投标的含义及其意义，熟悉招投标采购的流程。
技能目标： 能根据招标文件制作出一份简单的投标文件。
素养目标： 了解政府采购的相关法律法规，培养学生依法采购的意识。

9.4.2 实训要求及方法

➢ 必须认识招标投标的含义及其意义，明确实训目的；
➢ 实训前对招标采购有所了解；
➢ 实训中通过扮演销售助理的角色完成投标的体验任务，并在完成实训任务的基础上，填写实训总结；
➢ 实训指导教师对学生实训进行点评，帮助学生发现不足之处。

9.4.3 实训情景与实训流程及内容

1．实训情景

此次实训以虚拟企业环境为实训场所，扮演销售助理的角色，实训内容为投标。实训场景模拟图如图 9-22 所示。

图 9-22 实训场景模拟图

2．实训流程及内容（表 9-4）

表 9-4　实训流程及内容

序　号	实 训 流 程	实 训 内 容
1	获取招标文件	查看招标公告：包括项目名称、招标内容及要求
2	准备保证金	投标保证金是投标文件的必须要件，未中标人的投标保证金在定标后无息退还。在中标人与招标人签订协议并交纳履约保证金后，招标机构将从中标人的投标保证金中扣除中标服务费，剩余部分无息退还
3	编制投标书	（1）投标书目录：投标邀请；投标人须知；产品要求；承诺书；投标文件的格式；评标办法 （2）投标人须知：包括招标人、招标代理机构、投标人、投标文件构成、招标文件的澄清、招标文件的修改、投标文件的构成及编写、投标报价等 （3）报价单：了解报价单的格式要求 （4）投标文件格式：投标书、投标声明函、法定代表人授权书和企业信息一览表等
4	标书密封	密封材料包括 1 份正本、2 份副本和 1 份电子版本，对材料进行密封
5	唱标并等待开标结果	公示期过后，领取中标通知书
6	实训小结	对投标流程进行复习，答疑总结

3．实训示例

如下列举了在实训过程中的实训内容截图：先查看招标公告，获取招标文件，如图 9-23 所示；然后根据招标文件要求，准备保证金，如图 9-24 所示；接着是编制投标书，包括制作投标报价单等，如图 9-25 所示，制作完毕后，密封标书，并等待投标结果。

招标公告

手机采购项目招标公告

受迪信通有限公司委托，四野金丰招标代理有限公司对[3500]FJJF[GK]2018037、手机采购项目组织进行公开招标，现欢迎国内合格的投标人前来投标。

1、招标编号：[3500]FJJF[GK]2018037

2、项目名称：手机采购项目

3、招标内容及要求：

金额单位：人民币元

合同包	品目号	采购标的	允许进口	数量	品目号预算	合同包预算	投标保证金
1	1-1	手机	否	1000	3000000	3000000	60000

4、采购项目需要落实的政府采购政策：进口产品，无，节能产品，适用于（1），按照第22期节能清单执行，环境标志产品，适用于（1），按照第20期环境标志清单执行，信息安全产品，适用于（1），小型、微型企业，适用于（1），监狱企业，适用于（1），信用记录，适用于（1）按照下列规定执行：（通过"信用中国"网站（www.creditchina.gov.cn）和中国政府采购

1/3

图 9-23　招标公告

图 9-24　准备保证金

报价单

投标报价一览表

手机采购项目（[3500]FJJF[GK]2018037）　项目投标报价一览表

1、投标总报价：人民币（大写）贰 佰 陆 拾 贰 万 伍 仟 零 佰 零 拾 零 元整（¥ 2625000 元整）

2、供货及投标报价表

序号	货物名称	品牌	规格型号	配置、技术参数	数量	单价	合价（元）	质保期
1	CS手机	cs	8S玫瑰金色	6GB LPDDR4x 双通道大内存、5.99 英寸（对角线）、500万像素前置相机	250	3000	750000	1年
2	CS手机	cs	8S玫瑰金色	6GB LPDDR4x 双通道大内存、6.21英寸三星AMOLED 屏幕、2000万前置相机	250	2500	625000	1年
3	CS手机	cs	8S玫瑰金色	6GB LPDDR4x 双通道大内存、6.21英寸三星AMOLED 屏幕、2000万前置相机	250	2500	625000	1年
4	CS手机	cs	8S玫瑰金色	6GB LPDDR4x 双通道大内存、6.21英寸三星AMOLED 屏幕、2000万前置相机	250	2500	625000	1年
合计								

投标单位全称：四野诚石科技有限公司（公章）　　法定代表人（授权代表）签名：

2018 年 6 月 16 日

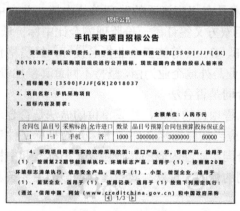

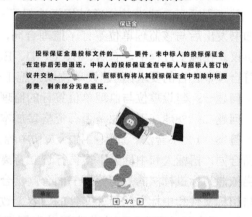

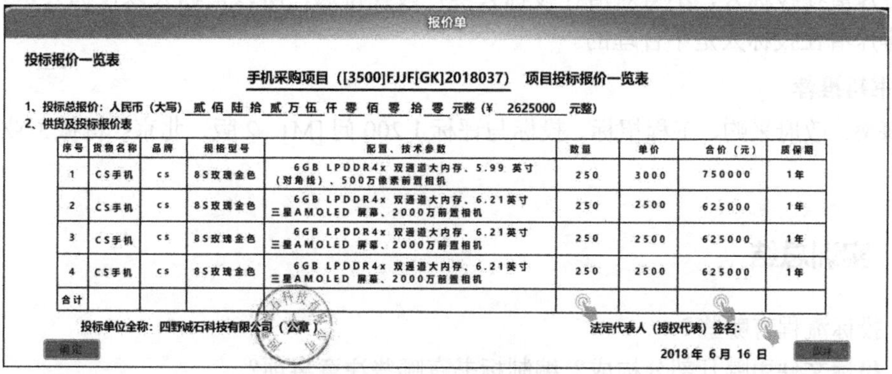

图 9-25　投标报价单

9.4.4 知识链接

1．招投标流程（图9-26）

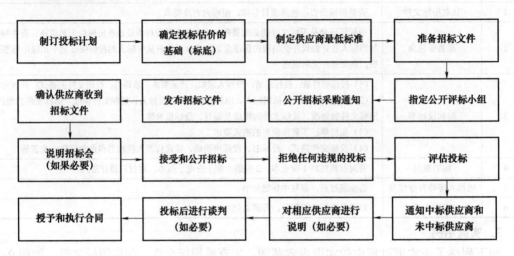

图9-26　招投标流程

2．案例分析

某工程项目，建设单位通过招标选择了一家具有相应资质的监理单位中标，并在中标通知书发出后与该监理单位签订了监理合同，后双方又签订了一份监理酬金比中标价低8%的协议。在施工过程中，有A、B、C、D、E、F、G、H等施工企业报名投标，经资格预审均符合预审公告的要求，但建设单位以A施工企业是外地企业为由，坚持不同意其参加投标。

问题一：建设单位与监理单位签订的监理合同是否合法？

问题二：外地施工企业是否有资格参加本工程项目的投标，建设单位的做法是否合理？

答案：1）不合法。原因：招标人和中标人应当按照招标文件和中标人的投标文件订立书面合同，招标人和中标人不得再行订立背离合同实质性内容的其他协议。招标人和中标人应当依照招标投标法的规定签订书面合同，合同的标的、价款、质量履行期限的主要条款应当与招标文件和中标人的投标文件的内容一致。

2）不合理。理由：《中华人民共和国招标投标法》规定，招标人不得以不合理的条件限制和排斥潜在投标人，不得对潜在投标人实行歧视待遇，所以招标人以投标人是外地企业的理由排斥潜在投标人是不合理的。

3．书籍推荐

刘海桑．政府采购、工程招标、投标与评标1 200问 [M]．2版．北京：机械工业出版社，2016．

9.4.5 实训总结

- 投标流程有哪些？
- 投标文件由哪几部分构成？编制标书有哪些注意事项？

9.5 签订合同

合同是商务谈判后期的重要环节,是在双方达成一致意见后的产物。合同具有法律约束力。在签订合同时,必须对合同的内容进行仔细审查。

9.5.1 实训目标

知识目标:了解商务合同的含义和作用,以及影响商务合同签订的因素。
技能目标:掌握商务合同签订的注意事项,并学会草拟商务合同。
素养目标:培养契约精神,具备依法办事的理念。

9.5.2 实训要求及方法

- ➤ 必须认识商务合同的含义和作用,明确实训目的;
- ➤ 实训前须对商务合同有所了解;
- ➤ 实训中通过扮演销售助理的角色完成合同签订的体验任务,并在完成实训任务的基础上,填写实训总结;

实训指导教师对学生实训进行点评,帮助学生发现不足之处。

9.5.3 实训情景与实训流程及内容

1. 实训情景

此次实训以虚拟企业环境为实训场所,扮演销售助理的角色,实训内容为签订合同。实训场景模拟图如图 9-27 所示。

图 9-27 实训场景模拟图

2. 实训流程及内容(表 9-5)

表 9-5 实训流程及内容

序 号	实训流程	实训内容
1	合同概述	合同的概念及其特征:合同是当事人确立、变更和终止权利义务的协议,合同具有法律约束力

(续)

序号	实训流程	实训内容
2	合同订立的程序	合同订立的程序：合同的磋商、书写、签约、执行和维护
3	合同的形式与内容	(1) 合同的构成：标题；开头部分；正文部分和结尾部分 (2) 合同的主要内容：标的；数量和质量；价款或酬金；履行的期限、地点和方式；包装和验收方法；违约责任 (3) 合同书：包括货物名称、数量、价格、型号、质量要求、送货及验收、付款方式、质量保证及售后服务、违约责任等 (4) 合同担保：合同担保的主要形式有保证担保、定金担保、留置权担保、抵押权担保和违约金担保
4	签订合同的注意事项	(1) 在合同签订前应做好"三个审查"：对合同相对方基本情况的审查；审查合同相对方有无签约资格；调查相对方的商业信誉和履约能力 (2) 合同签订时的注意事项：合同相对方应加盖其单位的公章，且加盖的公章应清晰可辨等 (3) 合同纠纷的处理：调解、仲裁和诉讼
5	实训小结	对签订合同的流程进行复习，答疑总结

3. 实训示例

如下列举了在实训过程中的实训内容截图：首先需要了解合同的概念及其特征，如图 9-28 所示；接着熟悉合同的构成、主要内容及主要形式，分别如图 9-29、图 9-30 和图 9-31 所示；最后掌握签订合同的注意事项，包括合同签订前的审查及合同纠纷的处理等，分别如图 9-32 和图 9-33 所示。

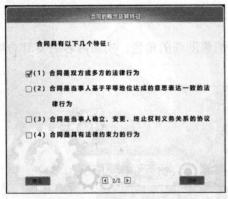

图 9-28 合同的概念及其特征

图 9-29 合同的构成

图 9-30 合同的主要内容

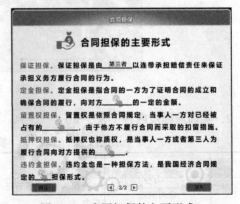

图 9-31 合同担保的主要形式

图 9-32　合同签订前的审查

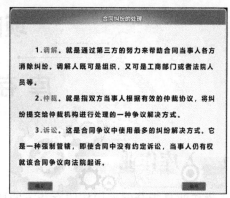
图 9-33　合同纠纷的处理

9.5.4　知识链接

1．商务合同签订注意事项

商务合同如今已成为企业间交易必不可少的一项内容，为避免合同违约后较高的诉讼成本，公司的负责人在起草合同时就应注意如下事项。

> 注意合同名称与合同内容的一致性。合同的名称不同，将会导致合同履行的性质不同，从而影响了对合同违约责任的认定。故企业除注意合同名称与合同内容严格一致外，在合同的开头，也必须准确地讲明签订合同的目的，或者言明签订此合同的前提条件。

> 注意列明每项商品的数量条款及单价，必要时以附件形式附在合同之后。《中华人民共和国合同法》规定了商品的数量为双方签订合同的一项必要条款，若未对具体数量进行特定约定，则对双方当事人的违约责任认定都将产生重大风险。如需方增大需求，将会导致供方应无法提供足够数量而违约。

> 在合同中明确违约金和赔偿金计算方法。《中华人民共和国合同法》虽然规定一方违约，另一方可以主张违约金，但是如果当事人双方没有在合同中约定违约金的具体数额，则法院往往就不会支持守约方对违约金的主张，则法院只能根据实际损失判决违约方承担赔偿责任。

> 确定管辖法院。一旦案件发生争议引起诉讼，为使己方方便参与诉讼，不妨在合同中明确管辖法院。

> 签约对象的主体资格。一些特殊的合同对签订方的主体资格都有严格限制，如经营单位的性质、种类等。在此情况下，为防范欺诈行为，减少交易风险，非常有必要考虑交易对方的主体资格、履行合同能力和信用情况等。

2．书籍推荐

吴江水．完美的合同：合同的基本原理及审查与修改 [M]．北京：北京大学出版社，2010．

9.5.5　实训总结

签订合同的程序有哪些？合同的主要内容有哪些？签订合同有哪些注意事项？

项目 10

库 存 管 理

10.1 入库作业

入库作业是指仓储部门按照存货方的要求合理组织人力、物力等资源,按照入库作业程序,认真履行入库作业各环节的职责,及时完成入库任务的工作过程。商品入库作业的整个过程包括商品接运、商品入库验收、办理入库交接手续等一系列业务活动。

10.1.1 实训目标

知识目标: 熟悉商品入库前的准备工作、了解入库流程。
技能目标: 熟悉和掌握入库各类表单的填写方法。
素养目标: 能够科学设计货位,高效组织货物入库。

10.1.2 实训要求及方法

> 必须认识入库作业的重要性,明确实训目的;
> 实训前须对入库作业组织有所了解;
> 实训中通过扮演仓库管理员助理的角色完成入库作业的体验任务,并在完成实训任务的基础上,填写实训总结;
> 实训指导教师对学生实训进行点评,帮助学生发现不足之处。

10.1.3 实训情景与实训流程及内容

1. 实训情景

此次实训以虚拟企业环境的立体仓库为实训场所,扮演仓库管理员助理的角色,实训内容为入库作业。实训场景模拟图如图 10-1 所示。

图 10-1 实训场景模拟图

2. 实训流程及内容（表10-1）

表10-1 实训流程及内容

序 号	实训流程	实 训 内 容
1	入库作业流程	（1）入库申请：生成入库作业计划的基础和依据 （2）入库作业计划分析：主要包括到货时间，接运方式，包装单元与状态，存储时间及物品的名称、品种、规格、数量，单件体积与重量，物理、化学、生物特性等详细信息 （3）入库准备：货位及材料准备；验收及装卸搬运器械准备和人员及单证准备 （4）接运卸货：包括车站、码头接货；专用线接车；仓库自行接货和库内接货 （5）检查入库凭证：包括入库通知单和订货合同副本；供货单位提供的材质证明书、装箱单、磅码单、发货明细表等 （6）物品验收作业：做好人员、资料、器具、货位等验收准备；实物检验以及入库中的问题处理 （7）办理交接手续：接收物品、接收文件和签署单证 （8）入库信息处理：登账；立卡；建档 （9）提货凭证（仓单）：仓库在接收物品后，根据合同的约定或者存货人的要求，及时向存货人签发仓单，并作为提货时的有效凭证
2	影响入库作业的因素	（1）供应商的送货方式：每天平均送货的供应商数量；送货的车型及车辆台数；每台车平均卸货的时间；物品到达的高峰时间；物品的装车方式和中转运输的转运方式 （2）物品的种类、特性与数量：每天平均送达的物品品种数；单位物品的尺寸与重量；物品包装形态；物品的保质期和装卸搬运方式 （3）仓储设备及存储方式：仓库设备是影响入库作业的另一主要因素，叉车、传送带、货架储位的可用性，以及人工装卸，无货架堆码等要加以综合考虑
3	填写入库表单	（1）填写外购入库单 （2）填写产品入库单 （3）委外加工入库单
4	实训小结	对入库流程及注意事项进行复习，答疑总结

3. 实训示例

如下列举了在实训过程中的实训内容截图：在"入库作业"实训环节，需要先了解入库作业的基本流程，如图10-2所示；在"影响入库作业的因素"实训环节，了解供应商的送货方式等影响入库作业的因素，如图10-3所示；最后需要填写外购入库单、其他入库单、产品入库单、委外加工入库单，分别如图10-4、图10-5、图10-6和图10-7所示。

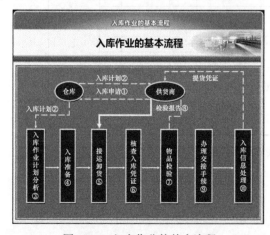

图10-2 入库作业的基本流程

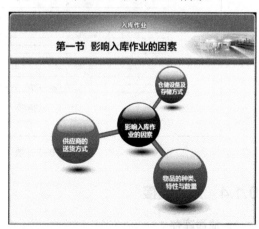

图10-3 影响入库作业的因素

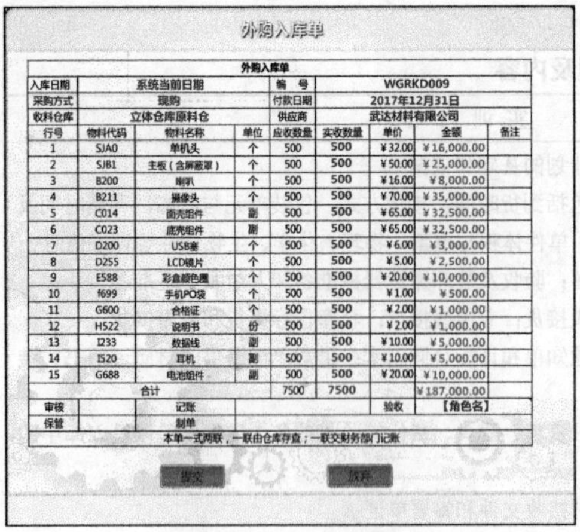

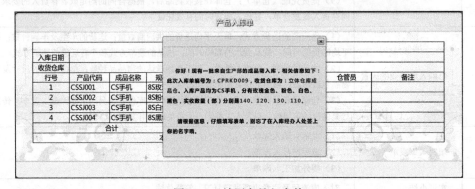

外购入库单								
入库日期	系统当前日期			编　号	WGRKD009			
采购方式	现购			付款日期	2017年12月31日			
收料仓库	立体仓库原料仓			供应商	武达材料有限公司			
行号	物料代码	物料名称	单位	应收数量	实收数量	单价	金额	备注
1	SJA0	单机头	个	500	500	¥32.00	¥16,000.00	
2	SJB1	主板（含屏蔽罩）	个	500	500	¥50.00	¥25,000.00	
3	B200	喇叭	个	500	500	¥16.00	¥8,000.00	
4	B211	摄像头	个	500	500	¥70.00	¥35,000.00	
5	C014	面壳组件	副	500	500	¥65.00	¥32,500.00	
6	C023	底壳组件	副	500	500	¥65.00	¥32,500.00	
7	D200	USB塞	个	500	500	¥6.00	¥3,000.00	
8	D255	LCD镜片	个	500	500	¥5.00	¥2,500.00	
9	E588	彩盒颜色圈	个	500	500	¥20.00	¥10,000.00	
10	f699	手机PO袋	个	500	500	¥1.00	¥500.00	
11	G600	合格证	个	500	500	¥2.00	¥1,000.00	
12	H522	说明书	份	500	500	¥2.00	¥1,000.00	
13	I233	数据线	副	500	500	¥10.00	¥5,000.00	
14	I520	耳机	副	500	500	¥10.00	¥5,000.00	
15	G688	电池组件	副	500	500	¥20.00	¥10,000.00	
合计				7500	7500		¥187,000.00	
审核		记账				验收	【角色名】	
保管		制单						
本单一式两联，一联由仓库存查；一联交财务部门记账								

图 10-4　外购入库单

其他入库单										
入库日期	系统当前日期				编　号	QTRKD010				
加工单位	生产部				收货仓库	立体仓库原料仓				
行号	物料代码	物料名称	规格	单位	应收数量	实收数量	单价	金额	备注	
1	SJA0	单机头		个	100	100	¥32.00	¥3,200.00		
2	SJB1	主板（含屏蔽罩）	2320（双卡双待）	个	100	100	¥50.00	¥5,000.00		
3	B200	喇叭	V18+/V28+/V68+/258+/268+/A206S/6600通用	个	100	100	¥16.00	¥1,600.00		
4	B211	摄像头	V18+/V28+/V68+/258+/268+/A206S/6600通用	个	100	100	¥70.00	¥7,000.00		
5	C014	面壳组件		副	100	100	¥65.00	¥6,500.00		
6	C023	底壳组件		副	100	100	¥65.00	¥6,500.00		
7	D200	USB塞		个	100	100	¥6.00	¥600.00		
8	D255	LCD镜片		个	100	100	¥5.00	¥500.00		
合计					800	800		¥30,900.00		
审核	【角色名】	记账	【角色名】				验收	【角色名】		
保管	张楚	制单	【角色名】				制单日期	系统当前日期		
本单一式两联，一联由仓库存查；一联交财务部门记账										

图 10-5　其他入库单

图 10-6　填写产品入库单

委外加工入库单									
入库日期	系统当前日期				编　号	WWJGRK005			
加工单位	生产部				付款日期	2017年12月31日			
收料仓库	立体仓库原料仓								
行号	加工材料代码	加工物料名称	规格	单位	应收数量	实收数量	单价	金额	备注
1	SJA0	单机头		个	200	200	¥32.00		
2	SJB1	主板（含屏蔽罩）	2320（双卡双待）	个	200	200	¥50.00		
3	B200	喇叭	V18+/V28+/V68+/258+/268+/A206S/6600通用	个	200	200	¥16.00		
4	B211	摄像头	V18+/V28+/V68+/258+/268+/A206S/6600通用	个	200	200	¥70.00		
5	C014	面壳组件		副	200	200	¥65.00		
6	C023	底壳组件		副	200	200	¥65.00		
7	D200	USB塞		个	200	200	¥6.00		
8	D255	LCD镜片		个	200	200	¥5.00		
合计					1600	1600			
审核		记账					验收	【角色名】	
保管		制单							
本单一式两联，一联由仓库存查；一联交财务部门记账									

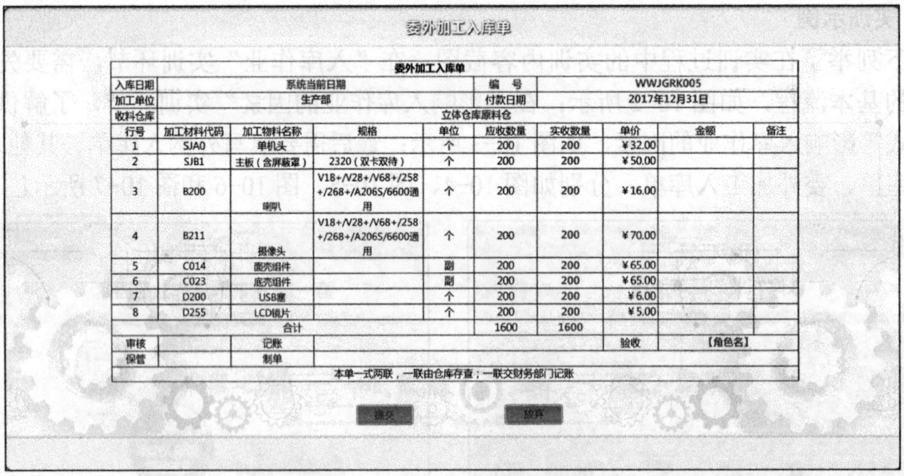

图 10-7　填写委外加工入库单

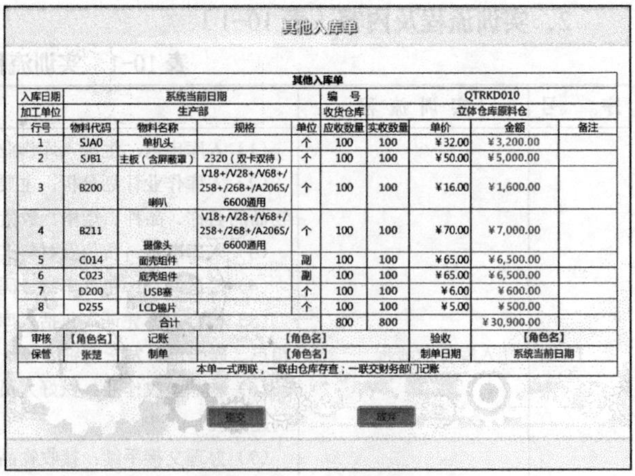

10.1.4　知识链接

1．流通库存

库存不仅存在于厂家、流通业者的仓库中，也存在于配送途中的卡车、港口和机场等处。

从离开生产线到进入店铺的货架上为止,在此过程中出现的所有库存,都称为"流通库存"。在进行库存管理时,不仅要减少生产库存,而且也要控制流通库存。但由于流通库存的情况比较复杂,流通库存的管理也比较困难。

2.自动化立体仓库案例

华为制造业务将实现原材料自动立体仓库的集自动收货、质检、储存、分拣和发货为一体的配套系统,包括:自动传输系统、物料分拣系统、货架系统、堆垛机系统、输送机系统、业务管理和控制系统、条形码系统、箱输送系统等的设计、制作、运输、装卸、安装及调试验收交付、技术资料、验证文档、售后服务等全过程。

物流中心采用国际、国内领先技术及设备,集光、机、电、信息于一体的高度复杂的自动化物流系统工程,以配合华为技术有限公司的整体战略思想,展示华为技术有限公司与时俱进的形象及现代化的物流管理能力。

用户解决方案的特点:(1)从入库到出库的全程自动化。入库周转箱从月台到拆包装区的自动化搬送;入库托盘与周转箱的自动上架;补货料箱的自动化搬送与分流;拣选货物的自动供给;分拣机实现自动化分拣。(2)有限空间的充分利用。自动仓库实现密集存储;水平旋转货架创造更多的拣选点。(3)特殊情况下的灾备方案。整个华为物流中心的设计采用了一二级库分级管理,确保整个供料系统面对临时灾难性状况导致的供料中断时可以有双重防护。通过各功能区的并行库存管理及多站点式拣选,可以有效降低单个站点或功能区障碍导致的无法拣料,在华为项目设计伊始就充分考虑了防灾预备方案,确保整个物流中心在紧急情况下仍然可以为生产线供料。

(资料来源:中国工控网 http://www.gongkong.com/article/201807/81751.html)

3.书籍推荐

滕宝红. 图说工厂仓储管理 [M]. 北京:人民邮电出版社,2014.

10.1.5 实训总结

> 入库作业流程有哪些?
> 影响入库作业的因素有哪些?
> 入库表单分为哪几类?填写过程中有哪些注意事项?

10.2 出库作业

及时准确地做好出库业务工作,是仓储管理的一项重要的工作。货物出库是仓储作业过程的最后一个环节,其业务水平、工作质量在一定程度上反映仓储企业的形象,直接影响到企业的经济效益和社会效益。

10.2.1 实训目标

知识目标:了解出库的基本方式,掌握出库作业流程。
技能目标:熟悉和掌握出库各类表单的填写方法。
素养目标:熟悉出库时发生问题的处理,培养细心、沉稳的工作态度。

10.2.2 实训要求及方法

- ➢ 必须认识出库作业的重要性,明确实训目的;
- ➢ 实训前须对出库作业组织有所了解;
- ➢ 实训中通过扮演仓库管理员助理的角色完成出库作业的体验任务,并在完成实训任务的基础上,填写实训总结;
- ➢ 实训指导教师对学生实训进行点评,帮助学生发现不足之处。

10.2.3 实训情景与实训流程及内容

1. 实训情景

此次实训以虚拟企业环境为实训场所,扮演仓库管理员助理的角色,实训内容为出库作业。实训场景模拟图如图 10-8 所示。

图 10-8 实训场景模拟图

2. 实训流程及内容(表 10-2)

表 10-2 实训流程及内容

序 号	实训流程	实训内容
1	出库前的准备	(1)领取发货通知单:包括客户信息;交货日期;产品数量等信息 (2)审核出库凭证:检查出库手续是否齐全,经办人、负责人是否签字;核对出库货物的品名、规格、型号、单价和数量;核对收货单位、到站等信息是否齐全和准确
2	审核出库凭证	带着出库单,找业务员和财务负责人签字
3	出库信息处理、拣货和包装	(1)货物出库的原则:先进先出、发陈储新 (2)货物出库应贯彻"三不三核五检查"的原则 (3)了解什么是刷唛 (4)填写拣货单 (5)四种拣货方式。按照拣货过程自动化程度的不同,拣货分为人工拣货、机械拣货、半自动拣货和自动拣货
4	发货后的清理工作	(1)出库过程中会出现的问题:出库凭证(提货单)上的问题;提货数与实存数不符;串发货和错发货;包装破漏;漏记账和错记账问题 (2)发货后的库内清理,包括现场清理和档案清理 (3)出库作业流程总结:出库前的准备;审核出库凭证;出库信息处理;拣货;包装;搬运到发货区;装车发货等
5	实训小结	对出库流程及注意事项进行复习,答疑总结

3. 实训示例

如下列举了在实训过程中的实训内容截图:仓库接到发货通知单,如图 10-9 所示,审核出库凭证，需要找业务员和财务负责人签字，如图 10-10 所示。根据发货通知单，进行拣货和包装，四种拣货方式如图 10-11 所示，拣货完成，填写出货单，如图 10-12 所示。做好发货后的清理工作。

发货通知单					
				编号	FHTZD001
	客户名称：		订单号码：	CSSJ001	☐ 一次交货
	交货日期：	2017/11/10	地址：	四野市家乐街86号106铺	☐ 分批交货
产品名称	产品编号	数量	单价	金额	
CS玫瑰金色手机	CS001	100	3000	300000	
CS粉色手机	CS002	100	2500	250000	
CS白色手机	CS003	100	2500	250000	
CS黑色手机	CS004	150	2500	375000	
主管	金源	核准	娄宇佳	填表	

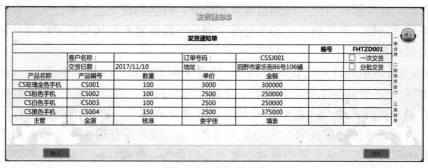

图 10-9　发货通知单

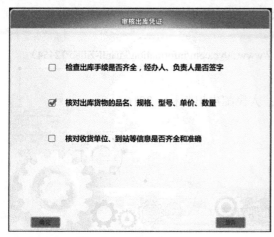

图 10-10　审核出库凭证

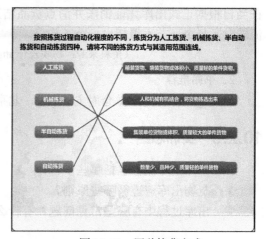

图 10-11　四种拣货方式

出库单									
出库类型	提货	收货单位	迪信通有限公司	库房	立体仓库成品仓	出库日期		2017/11/11	
序号	货号	品名	规格	包装件数	单位	数量	单价	金额	结存
1	CS001	CS手机	8S玫瑰金色	1	箱	100	3000	300000	30
2	CS002	CS手机	8S粉色	1	箱	100	2500	250000	30
3	CS003	CS手机	8S白色	1	箱	100	2500	250000	30
4	CS004	CS手机	8S黑色	1	箱	150	2500	375000	40
金额合计（大写）								¥壹佰壹拾柒万伍仟元	
负责人				业务员		金源			
库管员		张楚		财务部经理					

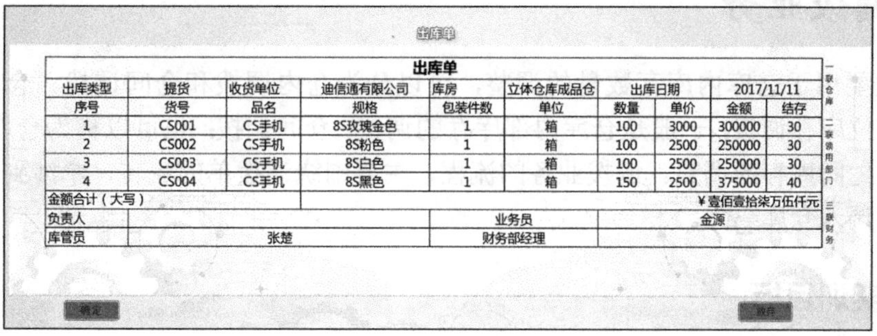

图 10-12　出货单

10.2.4　知识链接

1．电商淘宝仓库管理流程

（1）物资退库仓库管理制度

①由于生产计划需要或更改引起领用的物资剩余时，应及时退库并办理入库手续；②废品物资退库，仓库管理员根据废品损失报告单进行查验后，入库并做好记录和标识，并做好报损

单上交。

物资退回供应商保修或更换外包项目：①有质保的物资在质保期内有质量问题应及时汇报并与采购员协调安排返回供应方保修或更换；②外包项目的物资出入库登记与外包承接商的对接管理，仓库管理员应与采购员等互相配合，外包物资不宜在外过久，有特殊情况应及时汇报可另做安排，责任到人；③在仓库中划分一块位置专门放保修更换与外包的物资。

（2）商品出库流程

1）销售部开具销售订单或仓库整装单，或者采购部开具退换单。单据上应该注明型号、配置和数量等；2）整装技术员拿到销售订单或仓库整装单，到仓库领取；3）仓库收到以上单据后，在对出库商品进行实物明细点验时，必须认真清点，核对准确无误后，双方签字认可出库，否则造成的经济损失，由当事人承担；4）出库要分清实物负责人和接收者的责任，在商品出库时双方应认真清点核对出库商品的型号、数量、配置等以及外观完好情况，办清交接手续。若出库后发生货损等情况，责任由接收者承担；5）商品出库后仓库管理员在当日根据正式出库凭证销账并清点货品结余数，做到账货相符。6）按出货流程进行单据流转时，每个环节不得超出一个工作日。

（资料来源：物联云仓 https://www.50yc.com/information/guanli-ziliao/12454）

2．书籍推荐

徐健．从零开始学做仓库主管 [M]．北京：人民邮电出版社，2016．

10.2.5 实训总结

> 产品出库流程包括哪些步骤？
> 货物出库应遵循哪些原则？
> 出库过程中有哪些常见问题？有什么处理方法？

10.3 调拨业务

调拨主要用于仓库内库存数量的调整，可以分为仓内调拨和仓间调拨。仓内调拨：也可以称为库位库存调拨，一般是仓库内部库存的调整。仓间调拨：也可以称为仓库库存调拨，一般是仓库之间库存的调整。调拨业务的流程，主要围绕调拨单的流转，牵涉到业务人员、调出仓库和调入仓库三方。

10.3.1 实训目标

知识目标：了解调拨业务的含义。
技能目标：掌握调拨业务的流程，会填写调拨单。
素养目标：密切关注库存情况，实事求是，及时调整。

10.3.2 实训要求及方法

> 必须认识调拨业务的重要性，明确实训目的；
> 实训前须对库存调拨有所了解；

➢ 实训中通过扮演仓库管理员助理的角色完成调拨作业的体验任务，并在完成实训任务的基础上，填写实训总结；

➢ 实训指导教师对学生实训进行点评，帮助学生发现不足之处。

10.3.3　实训情景与实训流程及内容

1．实训情景

此次实训以虚拟企业环境为实训场所，扮演仓库管理员助理的角色，实训内容为调拨作业。实训场景模拟图如图 10-13 所示。

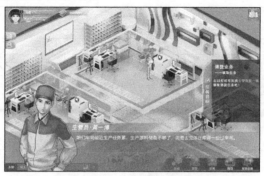

图 10-13　实训场景模拟图

2．实训流程及内容（表 10-3）

表 10-3　实训流程及内容

序　号	实 训 流 程	实 训 内 容
1	领取任务	找生管员领取原料调拨需求单：包括物料名称、规格和数量等信息
2	开具调拨单	拿着原料调拨需求单找仓管员开具调拨单：包括单据号、转出仓库、转入仓库、物料名称和数量等信息
3	审核调拨单	拿着调拨单找会计审核签字
4	物品出库	出具出库单：包括出库类型、收货单位、库房和货物数量等信息。物品出库
5	物品入库	填写入库单：包括入库日期，加工单位，收货仓库，物料名称及数量、金额等信息。物料入库
6	实训小结	对调拨业务流程及注意事项进行复习，答疑总结

3．实训示例

如下列举了在实训过程中需要填写的各类表单：原料调拨需求单、货物出库调拨单、出库单和入库单，分别如图 10-14、图 10-15、图 10-16 和图 10-17 所示，在填写过程中，点击确定按钮进行提交，即可判断正误。

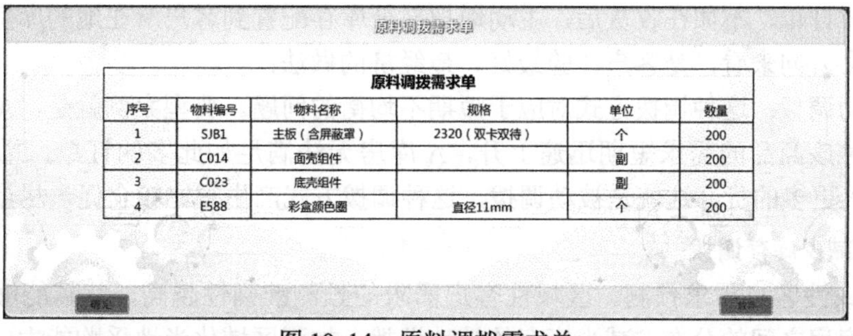
原料调拨需求单

原料调拨需求单

序号	物料编号	物料名称	规格	单位	数量
1	SJB1	主板（含屏蔽罩）	2320（双卡双待）	个	200
2	C014	面壳组件		副	200
3	C023	底壳组件		副	200
4	E588	彩盒颜色圈	直径11mm	个	200

图 10-14　原料调拨需求单

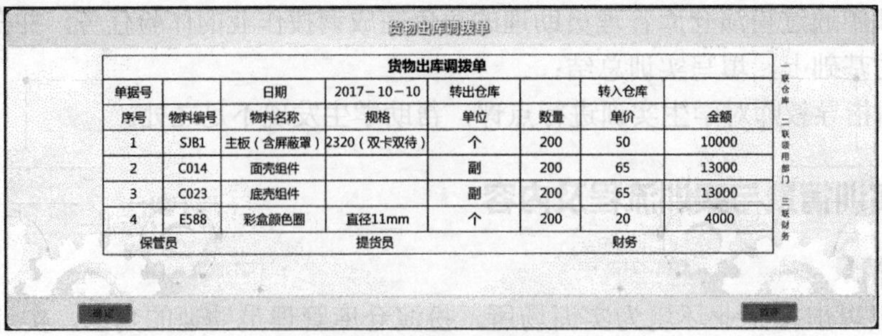

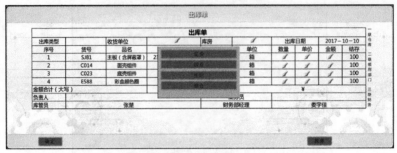

货物出库调拨单

单据号		日期	2017－10－10	转出仓库		转入仓库	
序号	物料编号	物料名称	规格	单位	数量	单价	金额
1	SJB1	主板（含屏蔽罩）	2320（双卡双待）	个	200	50	10000
2	C014	面壳组件		副	200	65	13000
3	C023	底壳组件		副	200	65	13000
4	E588	彩盒颜色圈	直径11mm	个	200	20	4000
保管员		提货员			财务		

图 10-15　货物出库调拨单

出库单

出库类型		收货单位		库房		出库日期		2017－10－10	
序号	货号	品名			单位	数量	单价	金额	结存
1	SJB1	主板（含屏蔽罩）	23		箱				100
2	C014	面壳组件			箱				100
3	C023	底壳组件			箱				100
4	E588	彩盒颜色圈			箱				100
金额合计（大写）						¥			
负责人					业务员				
库管员		张楚			财务部经理		娄宇佳		

图 10-16　出库单

入库单

入库日期	2017－10－10				编　号	QTRKD010			
加工单位	生产部				收货仓库				
序号	物料代码	物料名称	规格	单位	应收数量	实收数量	单价	金额	备注
1	SJB1	主板（含屏蔽罩）	2320（双卡双待）	个	200	200	50	¥10,000.00	
2	C014	面壳组件		副	200	200	65	¥13,000.00	
3	C023	底壳组件		副	200	200	65	¥13,000.00	
4	E588	彩盒颜色圈	直径11mm	个	200	200	20	¥4,000.00	
		合计			800	800		¥40,000.00	
审核		记账					验收		
保管	黄一博	制单					制单日期	2017－10－10	

本单一式两联，一联由仓库存查；一联交财务部门记账

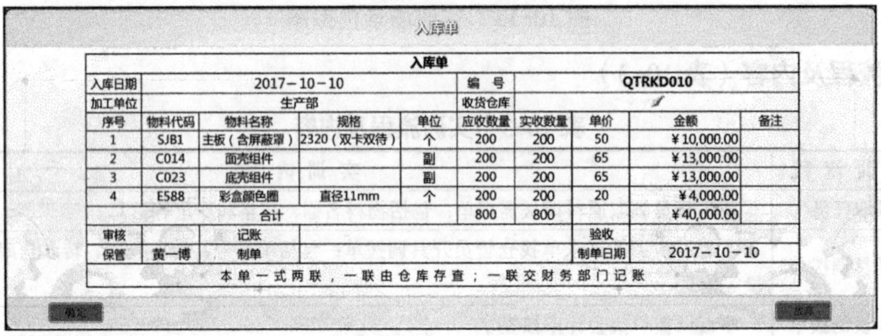

图 10-17　入库单

10.3.4　知识链接

1．库存调拨的两种类型

➢ 主动调拨：这种调拨方式对应于长期不均衡的问题。例如，产品来自于上海，库房也在上海，那么订单产生在其他距离较远的地区时，如果从上海一件件发货，不管是从配送时间还是配送成本上看，这样效率很低、成本很高。与其被动地零散应付客户订单，不如在收货后，主动地把部分库存配置到客户所在地的库房。主动调拨从大方向来看，是客户体验最好、最经济的做法；

➢ 被动调拨：这种调拨方式对应于短期不均衡的问题。典型案例就是，A 库房周边地区对该商品的需求短期迅速上升，A 库房无法满足如此多的订单，需要从 B 库存调入更多的货，这就是被动调拨，这种调拨方式产生得比较仓促，尽量避免发生。

2．如何减少库存调拨

做好区域性客户需求预测。区域性客户需求的预测准确性越高，就越能够合理地安排库存在各地库房之间的分布，减少库存的被动调拨；加强区域化当地采购能力。我们无法选择客户，但我们可以优化供应商组成。若某件商品当前只能在北京采购，而上海的消耗量最大，那就必须考虑在上海寻找合作伙伴，并将上海客户的订单转移给新的合作伙伴；发掘供应商的配送能力。对于全国性的供应商，可以要求供应商直接将商品送到各地库房中。这相当于将原来的主动调拨转移到供应商身上，对于那些调拨困难、费用高昂的商品，也是很有意义的。

库存调拨虽说只是从一个仓库调到另一个仓库的操作，但它产生的原因、具体操作的步骤等都不是很简单的事，一个小小的环节的数据出错或者更新不及时可能会导致整个库存环节或者财务数据出现错误，影响企业经营管理。

3．书籍推荐

王兰会．仓库管理人员岗位培训手册——仓库管理人员应知应会的 9 大工作事项和 72 个工作小项 [M]．北京：人民邮电出版社，2015．

10.3.5 实训总结

调拨有几种方式？调拨流程包括哪些？在调拨过程中需要填写哪些单据？

10.4 盘点作业

商品在储存过程中，因其本身性质、自然条件的影响、计量工具的合理误差或人为的原因，易造成商品数量和质量的变化。为了对库存物资的数量进行有效控制，并查清其在库中的质量状况，必须定期或不定期地对各储存场所进行清点、查核，这一过程称为盘点作业。

10.4.1 实训目标

知识目标： 了解盘点的概念、内容、原则和目标。
技能目标： 掌握盘点方法与步骤，会填写账面盘点表和实地盘点表。
素养目标： 了解呆废料的处理，注重环保。

10.4.2 实训要求及方法

➢ 必须认识盘点作业的重要性，明确实训目的；
➢ 实训前须对盘点作业有所了解；
➢ 实训中通过扮演仓库管理员助理的角色完成盘点作业的体验任务，并在完成实训任务的基础上，填写实训总结；
➢ 实训指导教师对学生实训进行点评，帮助学生发现不足之处。

10.4.3 实训情景与实训流程及内容

1．实训情景

此次实训以虚拟企业的立体仓库为实训场所，扮演仓库管理员助理的角色，实训内容为盘点作业。实训场景模拟图如图 10-18 所示。

图 10-18 实训场景模拟图

2. 实训流程及内容（表 10-4）

表 10-4 实训流程及内容

序 号	实训流程	实训内容
1	盘点前准备	了解盘点方法，分为账面盘点法和现货盘点法。账面盘点法是把每天入库及出库商品的数量及单价记录在电脑或账簿上，而后不断地累计相加算出账面上的库存量及库存金额。现货盘点法就是实地去调查仓库内商品的库存数
2	盘点人员培训	（1）盘点原则：真实、准确、完整和清楚 （2）了解盘点机 （3）查看盘点表：包括盘点日期、物品名称、存放位置、盘点数量、复查数量和盘点人等信息 （4）盘点表使用的注意事项：所有的盘点表必须进行号码编排，并进行登记 （5）盘点表必须经过盘点专员抽查确认后，才能封存，等待输入系统；如果要修改盘点表上的数字，不能用涂改液或圈涂法，必须将原来的数据划掉，重新书写；盘点人员必须在盘点表上签字，字迹清晰
3	清理盘点现场和库存资料	储存场所在关闭前应通知各需求部门预领所需的物资；储存场所整理、整顿完成，以便计数盘点；预先鉴定呆料、废品和不良品，以便盘点等
4	盘点	（1）盘点成品区和原料区的数量及质量 （2）填写成品区盘点表和原料区盘点表 （3）交叉复盘以后，填写原料区复盘表和成品区复盘表
5	核对账面盘点与现货盘点	（1）查看账面盘点表 （2）核对账面盘点表和实地盘点表，查看是否有差异
6	查清差异原因	是否为记账员疏忽导致物资数目有误；是否为料账处理制度的缺陷导致物资数目无法表达；是否为盘点制度的缺陷导致货账不符等
7	处理盘点结果	（1）查明原因后，要针对主要原因进行适当的调整与处理。还有呆废品、不良品等需要与盘亏一并处理 （2）总结盘点作业的基本步骤：盘点前准备（确定盘点时间和盘点方法）；盘点人员培训；清点盘点现场；清理库存资料；盘点；查清差异原因和处理盘点结果
8	实训小结	对盘点作业流程及注意事项进行复习，答疑总结

3. 实训示例

如下列举了在实训过程中的实训内容截图：在"盘点前准备"实训环节，需要了解盘点方法，如图10-19所示；在"盘点人员培训"实训环节，盘点人员需要掌握盘点原则和熟悉盘点机的使用，分别如图 10-20 和图 10-21 所示；在"盘点"实训环节，需要填写盘点表和复盘表，以及查看盘点作业动画，分别如图 10-22、图 10-23 和图 10-24 所示，最后核对账面盘点与现货盘点，查清差异原因，处理盘点结果。

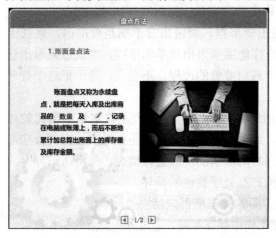

图 10-19　盘点方法　　　　　　　　　　图 10-20　盘点原则

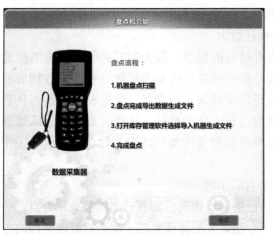 

图 10-21　盘点机介绍　　　　　　　　　图 10-22　盘点表

图 10-23　复盘表　　　　　　　　　　　图 10-24　盘点作业动画

10.4.4 知识链接

1. 盘点的意义

（1）仓库的盘点能让企业更加清楚地了解物资的库存量，提供经营决策的依据

财务账目中的库存量的来源数据出自于进出货单据，而进出货单据是否准确，就在于进出货是否真正地从仓库这个环节周转。盘点仓库能监督进出货单的准确，也反过来看出仓库保管是否按要求做到出入库无失误，这是一个双向监管的过程。不盘点，等于把这个管理监督手段自动取消了，失去了应有的作用。

通过仓库的盘点，企业能掌握一个准确的数据，出入货量大的产品肯定是市场比较热销的，而压库时间比较长的产品，必是滞销物，通过了解这些情况，企业做出相应的反应，调整自己的销售策略，改进自己的销售方向，同时对滞销的产品进行清仓，尽量压缩库存，减少资金的积压，增加资金的流动性，让企业的产品处于良性的循环。

（2）仓库的盘点能让企业了解仓库及其他方面的管理是否规范

仓库盘点以后货损量大，就能说明仓库管理工作中存在漏洞。通过分析盘点的缺损数据，追究相关的情况就能了解到问题出现在什么地方，是仓库的管理不善，还是进出货的渠道中有不完善的地方，还是流转过程中存在问题，这样可以针对性地拿出解决的方案，弥补管理漏洞。

（3）仓库的盘点能让仓库管理人员更好地执行规定

正常化的盘点工作会让仓库管理人员不敢有丝毫的懈怠，因为随时的缺损都能清楚地表现出来。仓库内的物资是否正确合理的摆放，报废过期物资是否正确处置，零散物资的处理的得当与否直接决定了仓库盘点工作能否正常快速有效地进行，是检验他们是否认真工作的一个主要手段，促进他们不敢有丝毫放松自己工作的想法，认认真真地把仓库管理工作抓实抓细抓好。同时决策者也可以了解仓库内的物资的摆放情况，对仓库的现场工作立即检查管理。

（4）仓库的盘点是检查仓库现场管理的一个有效手段

对于仓库的现场管理来说，每个企业针对自己的物资情况，都有一定的要求和特点，一般都会总结出一个最佳的保管、储运办法，这个办法最大的体现就在于现场的管理操作的方便性。是否方便、恰当、符合企业的要求，从仓库的盘点就能看出端倪，越快越好，说明方法越佳。而如果越慢越理不顺，除了流程上面有问题外，仓库的现场管理一定非常差，非常不符合规范的要求，企业在这个时候一定要做出调整的决定，对仓库的管理进行必要的改进。

（资料来源：搜狐 http://www.sohu.com/a/193776042_410344）

2. 书籍推荐

陈艳. 仓储管理实务 [M]. 武汉：武汉理工大学出版社，2015.

10.4.5 实训总结

- ➢ 在盘点前需要做哪些准备工作？
- ➢ 盘点原则有哪些？盘点表的使用有什么注意事项？
- ➢ 盘点步骤有哪些？盘点过程中，若出现差异，该如何处理？

10.5 仓库安全管理

仓库是商品高度集中的重要基地，也是广大仓储职工进行各种仓储作业的场所。做好商品的养护工作，确保商品安全，是仓储职工的基本职责，也是使仓储的商品进行正常流通的基本保证。做好仓库的安全管理工作直接影响到企业的生存和发展，是仓储工作的首要任务，也是每个工作人员的基本职责。

10.5.1 实训目标

知识目标： 熟悉仓库治安保卫管理的内容、管理组织和管理制度。
技能目标： 理解仓库安全作业的基本要求和安全生产管理的内容。
素养目标： 掌握仓库防台风、防雷和防雨汛等安全防护措施。

10.5.2 实训要求及方法

- ➢ 必须认识仓库安全管理的重要性，明确实训目的；
- ➢ 实训前须对仓库安全管理有所了解；
- ➢ 实训中通过扮演仓库管理员助理的角色完成仓库安全管理的体验任务，并在完成实训任务的基础上，填写实训总结；
- ➢ 实训指导教师对学生实训进行点评，帮助学生发现不足之处。

10.5.3 实训情景与实训流程及内容

1．实训情景

此次实训以虚拟企业的立体仓库为实训场所，扮演仓库管理员助理的角色，实训内容为仓库安全管理。实训场景模拟图如图 10-25 所示。

图 10-25　实训场景模拟图

2．实训流程及内容（表 10-5）

表 10-5　实训流程及内容

序　号	实　训　流　程	实　训　内　容
1	仓库作业安全管理	（1）安全生产措施：安全作业管理制度化；加强劳动安全保护和重视作业人员资质管理、业务培训和安全教育 （2）人力作业安全要求：包括着装和工作时间等 （3）机械作业安全要求：包括设备的运行和工作等要求 （4）库区的安全管理：包括仓储技术区的安全管理；库房的安全管理和物资装卸与搬运中的安全管理

(续)

序 号	实训流程	实 训 内 容
2	仓库消防	（1）仓库消防管理的方针：预防为主、防治结合 （2）仓库消防管理的具体措施：包括普及防火知识、遵守"建筑设计防火规范"、易燃易爆危险品仓库必须符合防火、防爆要求等措施 （3）仓库防火：包括储存管理、装运管理、火源管理等三个方面 （4）识别危险物品的包装标志
3	仓库的其他安全管理	防雨湿：仓库应具有良好的排水能力和做好货垛衬垫
4	实训小结	对仓库安全管理及注意事项进行复习，答疑总结

3．实训示例

如下列举了在实训过程中的实训内容截图：在"仓库作业安全管理"实训环节，需要知道安全生产措施和人力作业安全要求，分别如图 10-26 和图 10-27 所示，并参与库区的安全管理测试题，如图 10-28 所示；在"仓库消防"实训环节，需要选择出仓库消防管理的具体措施以及识别危险物品的包装标志，分别如图 10-29 和图 10-30 所示；最后需要了解仓库的其他安全管理，如如何防雨湿等，如图 10-31 所示。

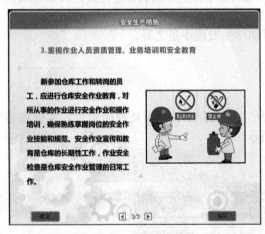

图 10-26　安全生产措施

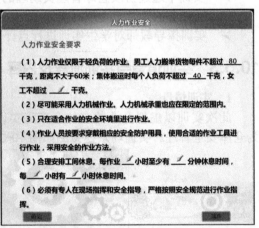

图 10-27　人力作业安全要求

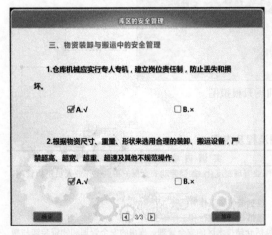

图 10-28　库区的安全管理测试题

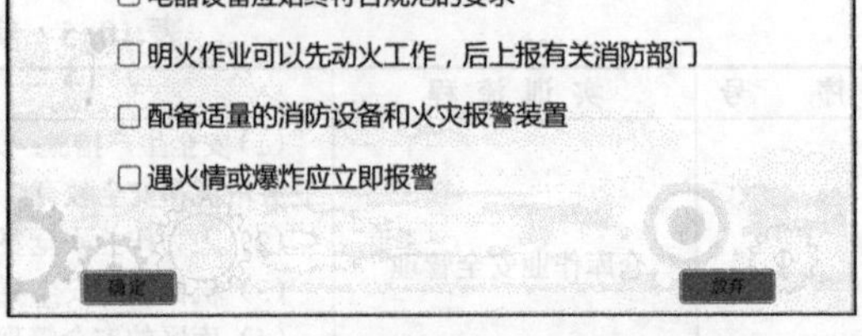

图 10-29　仓库消防管理的具体措施

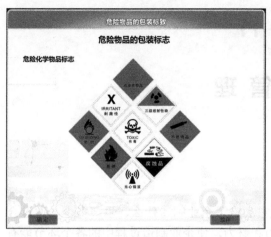

图 10-30　危险物品的包装标志

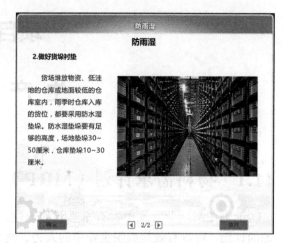

图 10-31　防雨湿

10.5.4　知识链接

1．仓库起火

2018 年 4 月 16 日晚上 7 点左右，郑州市南四环郑飞建材工业园内的仓库突发大火，现场火光冲天并伴着滚滚浓烟。大概有两三个仓库着火，每个仓库大概有二三百平方米，仓库里存储的大都是饮料酒水和日用百货等物品。这场大火一直持续到 4 月 17 日的深夜两点多，才得到基本控制。

一个消防验收合格的正规仓库，必须要办理相关的消防手续。仓库规划建设过程中，以及建设完毕之后，需要有一个验收。仓储必须要有消防栓以及烟感、喷淋等设施。除此之外，仓库里也不允许设置员工宿舍。

（资料来源：腾讯网 https://new.qq.com/omn/20180417/20180417B1LZRC.html）

2．书籍推荐

东方文慧，中国安全生产科学研究院．作业现场安全知识宣传教育手册 [M]．北京：中国劳动社会保障出版社，2012．

10.5.5　实训总结

➢ 仓库作业安全管理包括哪几个方面？
➢ 仓库安全作业的有哪些要求？
➢ 仓库消防有哪些措施？

项目 11

生 产 管 理

11.1 物料需求计划（MRP）

计划在制造业管理中占有很重要的地位，它决定了企业制造什么、生产多少。通过合理的计划，可以有效地组织企业中的人力、物力和财力，使企业制造过程中的各个环节能有计划、按比例地协调进行，达到较高的经济效益。

11.1.1 实训目标

知识目标： 掌握 MRP 基本原理及相关概念的含义。
技能目标： 能制订简单的物料需求计划和填写产品结构文件、库存记录表。
素养目标： 培养全局观，懂得计划与应变。

11.1.2 实训要求及方法

- 必须认识生产计划的重要性，明确实训目的；
- 实训前须对物料需求计划和主生产计划有所了解；
- 实训中通过扮演计划员助理的角色完成制订物料需求计划的体验任务，并在完成实训任务的基础上，填写实训总结；
- 实训指导教师对学生实训进行点评，帮助学生发现不足之处。

11.1.3 实训情景与实训流程及内容

1. 实训情景

此次实训以虚拟企业环境为实训场所，扮演计划员助理的角色，实训内容为制订物料需求计划。实训场景模拟图如图 11-1 所示。

图 11-1 实训场景模拟图

2. 实训流程及内容（表11-1）

表11-1　实训流程及内容

序　号	实训流程	实训内容
1	物料需求计划（MRP）	（1）物料需求计划是根据企业主生产计划（MPS）制定的用以描述企业所需全部制造件和采购件的时间进度计划。这是一种既要保证生产又要控制库存的计划方法 （2）制订物料需求计划前必须具备以下的基本数据：主生产计划（MPS）；物料清单；库存记录和提前期
2	主生产计划（MPS）	（1）了解主生产计划的含义：主生产计划是确定每一个具体的产品在每一具体的时间段内的生产计划。计划的对象一般是最终产品，即企业的销售产品，但有时也可能是组件。然后再下达最终装配计划。主生产计划是一个重要的计划层次 （2）了解主生产计划的重要性：承上启下和沟通内外
3	物料清单（BOM）	（1）了解物料清单的含义：产品结构文件（BOM）也叫物料清单，是MRP的核心文件，它在物料分解与产品计划过程中占有重要的地位，是物料计划的控制文件，也是制造企业的核心文件 （2）查看物料清单样例
4	库存记录	（1）查看原物料库存记录表 （2）提前期是一个作业从开始到结束所需要的阶段性时间的概念。整个产品的提前期并非是零部件提前期的简单加总，是有复杂的逻辑运算 （3）了解MRP计算软件
5	总结及知识拓展	（1）总结物料需求计划包含的内容，填写表单 （2）查看主生产计划的计算步骤 （3）查看MRP处理逻辑流程图 （4）答疑总结

3. 实训示例

如下列举了在实训过程中的实训内容截图：首先，需要了解MRP的含义，明确制订物料需求计划前必须具备的基本数据，如主生产计划、物料清单等，如图11-2所示；接着需要了解主生产计划、物料清单的含义，分别如图11-3和图11-4所示，并查看原物料库存记录表，如图11-5所示；最后对物料需求计划包含的内容进行总结，并复习主生产计划的计算步骤，分别如图11-6和图11-7所示。

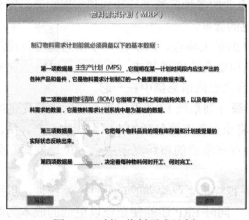

图11-2　制订物料需求计划

图11-3　主生产计划

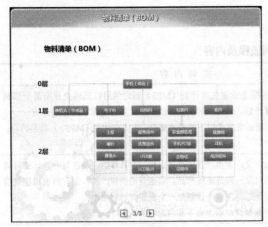

图 11-4 物料清单

图 11-5 原物料库存记录表

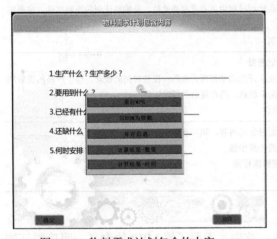

图 11-6 物料需求计划包含的内容

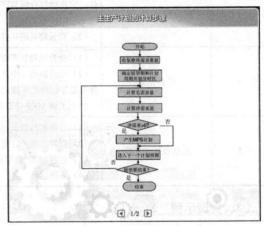

图 11-7 主生产计划的计算步骤

11.1.4 知识链接

1. ERP 概念简介

➢ 什么是 ERP？ERP（Enterprise Resources Planning，"企业资源计划"系统）是由不同功能模块组成的软件系统，是旨在对企业的多种资源进行计划和实现物流、资金流和信息流统一的操作平台和面向供应链的管理。

➢ ERP 的最大特点是什么？集成性是 ERP 的最大特点。ERP 是一个信息高度集成的管理系统，不仅可以使企业内部的物流和资金流实现集成，而且还可以将企业外部有关供应商以及其市场和客户的物流和资金流信息集中在一起。

➢ ERP 系统中的先进理念是什么？企业资源计划系统 ERP 引用当今国际上最先进的企业管理模式和理念。主要宗旨就是：将企业各方面包括的人、财、物、产、供、销等在内的资源充分调配和平衡，使企业在激烈的市场竞争中全方位地发挥充分的能力从而取得最好的经济效益。

➢ ERP 系统如何提高企业竞争力？ERP 系统注重企业管理的全面性、系统性，重视企业与外界的关系，支持全球化经营等，同时 ERP 还能使企业以更低的成本为客户提供更多的服务。成功地选择和实施 ERP 能有效地提高企业的管理、工作及设备等效率，实现快速信息传递与共享，从而达到管理水平的全面提高，使企业活力及竞争力加强。
- 在国际与国内上常用的 ERP 软件有哪些？目前国际上普遍被采用的 ERP 系统有 SAP，Baan，JDE，Oracle，QAD 等。而国内的 ERP 系统有用友、金蝶、浪潮、神州数码、新中大等。这些软件都是总结各行业的先进管理思想和经验而开发出来的。
- ERP 有哪些基本功能？ERP 核心业务功能包括：财务管理；销售管理；采购管理；客户关系管理；供应商管理；物流管理；生产计划管理；质量管理等。

2．书籍推荐

本间封一，北岛贵三夫，叶恒二．生产计划[M]．陈梦阳，译．北京：东方出版社，2012．

11.1.5 实训总结

- 什么是物料需求计划？什么是主生产计划？
- 什么是物料清单？
- 如何制定物料需求计划？

11.2 普通生产任务

生产任务管理是公司很重要的一块，生产任务单也有多种类型，其中普通生产任务是使用企业的物料进行生产的任务。普通生产任务需经过任务单处理、领料处理、跟进生产进度、任务单汇报和产品入库处理等流程。

11.2.1 实训目标

知识目标：了解普通生产任务流程及六种领料方式。
技能目标：学会填写生产任务单、领料单、生产任务汇报表及产品入库单等表单。
素养目标：主动跟进生产进度，及时发现问题并解决问题。

11.2.2 实训要求及方法

- 必须认识车间生产任务的重要性，明确实训目的；
- 实训前须对企业车间生产流程有所了解；
- 实训中通过扮演生产管理员助理的角色完成普通生产任务的体验任务，并在完成实训任务的基础上，填写实训总结；
- 实训指导教师对学生实训进行点评，帮助学生发现不足之处。

11.2.3 实训情景与实训流程及内容

1．实训情景

此次实训以虚拟企业环境为实训场所，扮演生产管理员助理的角色，实训内容为完成普通生产任务。实训场景模拟图如图 11-8 所示。

图 11-8 实训场景模拟图

2. 实训流程及内容（表 11-2）

表 11-2 实训流程及内容

序 号	实训流程	实 训 内 容
1	领取任务卡及任务单处理	（1）领取任务卡：跟进一项普通生产任务 （2）查看普通生产任务业务流程图 （3）根据任务卡填写生产任务单：包括任务单号、产品代码、生产数量、计划完成时间和所需物料名称及编号等信息
2	领料处理	（1）了解六种特殊的领料方式：合并领料、工序领料、分仓领料、配套领料、受托加工领料和倒冲领料 （2）填写领料单：包括生产任务单号、领料部门、物料编号、原物料、规格和数量等信息 （3）了解倒冲法的概念及内容：原理和用途、隐形会计处理、倒冲错误的原因和处理程序以及倒冲的应用
3	跟进生产进度	（1）找生管员查看生产进度统计表：包括生产任务单号、跟进人、已产成品数量、合格数和不合格数等信息 （2）不合格产品的处理：返工或报废
4	任务单汇报	28 天后，生产任务完成，查看任务单汇报：包括任务单号、跟进人、生产天数、需产成品数量和已产成品数量等信息
5	产品入库处理	填写产品入库单：包括任务单号、产成品名称、入库周期、规格型号和数量等信息
6	实训小结	对普通生产任务流程及生产任务单等表单填写的注意事项进行复习，答疑总结

3. 实训示例

　　如下列举了在实训过程中的实训内容截图：首先，领取任务卡，如图 11-9 所示，查看普通生产任务业务流程，如图 11-10 所示，并填写生产任务单，如图 11-11 所示；接下来了解六种特殊的领料方式等，并填写领料单，如图 11-12 所示；了解倒冲法的概念及内容，如图 11-13 所示；在进行生产任务过程中，需要跟进生产进度，填写生产任务汇报表，如图 11-14 所示；最后产品入库，填写产品入库单。

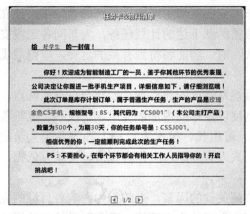

图 11-9　任务卡

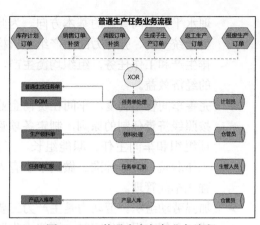

图 11-10　普通生产任务业务流程

图 11-11　生产任务单　　　　　　　　图 11-12　领料单

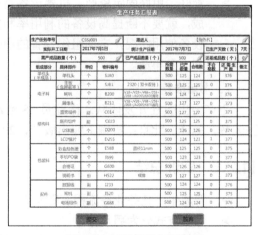

图 11-13　倒冲法　　　　　　　　　图 11-14　生产任务汇报表

11.2.4　知识链接

1. 车间管理的六大任务

➢ 健全车间生产组织，合理组织生产。车间的中心任务是生产，围绕生产提高车间管理水平是车间管理的基本方向。为此,车间应在厂部生产指挥系统的领导下,建立健全统一的、强有力的生产组织机构。根据厂部下达的计划任务,为车间各工段安排生产和工作任务,组织均衡生产,使人、财、物能够得到有效的运转,取得最优的经济效益。

- 完善车间管理制度。车间在贯彻企业各项规章制度的前提下,要结合自身的特点,按照经济责任制的原则,制定各项管理制度以及车间内部职能组、工段和班组等各项组织和车间主任、职能组长、工段长、班组长、技术人员和工人等各类人员的工作职责、工作标准。做到事事有人管,人人有专职,工作有标准,检验有依据,强化车间管理。
- 加强劳动组织。劳动力是生产力三要素中最关键的因素,人的行为影响着目标的完成。车间在组织生产时,要努力为职工创造良好的生产环境,研究科学的劳动组织和操作方法,制订先进合理的定额,实行按劳取酬的工资奖励办法,不断提高工人的技术和文化水平,使工人能够心情舒畅地、操作熟练地去工作,不断提高劳动生产率。
- 加强工艺纪律。车间生产过程,既是产品形成的过程,也是各种资源的消耗过程。车间要生产出高质量、低消耗的产品,就要加强工艺纪律,严格技术管理,健全消耗、质量管理制度,在保证生产任务的同时,力求降低生产成本,提高产品质量,把投入到车间生产过程中的各种要素以最优化的方式,最合理、最有效地组织起来,从而取得最高的经济效益。
- 大搞技术革新,促进技术进步。车间要保证高效率地、高质量地全面完成企业下达给车间的生产任务,就要有计划地进行大规模的技术改造,用新技术、新工艺改造老设备,合理有效地计划、组织和控制车间的生产技术经济活动,使车间所生产的产品和采用的工艺方法和机器设备在技术上是先进的,在经济上是合理的。
- 管好、用好固定资产。机器设备是车间生产的主要手段。车间要保证生产任务的完成,就要不断提高设备的利用率和完好率,建立科学的设备使用、维护制度,监督设备使用状况,定期组织设备的中修和小修,不断加强设备和工具管理,防止设备和人身事故。

2. 书籍推荐

生产力出版社开发团队. 作业员 5S 活动:可视化车间的五大支柱 [M]. 曹岩,杜江,张云辉,等译. 北京:机械工业出版社,2016.

11.2.5 实训总结

- 普通生产任务业务流程有哪些?
- 领料方式分为哪几种?
- 在普通生产任务过程中,需要填写哪些单据?有哪些注意事项?

11.3 返工生产任务

在实际生产中,因产品质量不合格、客户要求更改、市场变化等因素需要对已完成加工的产品再度加工,俗称"返工"。返工任务需要经过返工任务单处理、领料处理、跟进返工生产进度、任务单汇报、产品入库处理等流程。

11.3.1 实训目标

知识目标: 了解返工生产任务流程及注意事项。
技能目标: 学会填写返工生产任务单、领料单、返工生产进度统计表及产品入库单等表单。
素养目标: 严控产品质量,降低返工数量。

11.3.2 实训要求及方法

- ➢ 必须认识车间生产任务的重要性,明确实训目的;
- ➢ 实训前须对企业车间生产流程有所了解;
- ➢ 实训中通过扮演生产管理员助理的角色完成返工生产任务的体验任务,并在完成实训任务的基础上,填写实训总结;
- ➢ 实训指导教师对学生实训进行点评,帮助学生发现不足之处。

11.3.3 实训情景与实训流程及内容

1. 实训情景

此次实训以虚拟企业环境为实训场所,扮演生产管理员助理的角色,实训内容为完成返工生产任务。实训场景模拟图如图 11-15 所示。

图 11-15 实训场景模拟图

2. 实训流程及内容(表 11-3)

表 11-3 实训流程及内容

序 号	实 训 流 程	实 训 内 容
1	领取任务卡及任务单处理	(1) 领取任务卡:跟进一项返工生产任务 (2) 查看返工生产任务业务流程图 (3) 根据任务卡填写返工生产任务单:包括任务单号、产品代码、生产数量、计划完成时间、返工产品名称及编号等信息

（续）

序　号	实训流程	实训内容
2	领料处理	（1）返工生产任务需要注意的事项：良品和不良品资材一定要严格进行区分，避免混料。报废的资材和可再次利用的资材一定要注意区分使用，节约生产成本。返工及时整理产品不良率和反映返工进度，必要时增加返工的组数和人数。确保返品如期交货 （2）填写领料单：包括生产任务单号、领料部门、物料编号、原物料、规格和数量等信息
3	跟进生产进度	找生管员查看生产进度统计表：包括生产任务单号、跟进人、生产时间、已产成品数量、合格数和不合格数等信息
4	任务单汇报	14 天后，生产任务完成，查看任务单汇报：包括任务单号、跟进人、生产天数、需产成品数量、已产成品数量等信息
5	产品入库处理	填写产品入库单：包括任务单号、产成品名称、入库周期、规格型号和数量等信息
6	实训小结	对返工生产任务流程及返工生产任务单等表单填写的注意事项进行复习，答疑总结

3．实训示例

返工生产任务与普通生产任务实训流程类似，先领取任务卡，如图 11-16 所示，并查看返工生产任务业务流程，如图 11-17 所示，在进行返工生产任务的过程中，需要填写返工生产任务单等表单，如图 11-18 所示。

图 11-16　任务卡

图 11-17　返工生产任务业务流程

返工生产任务单

任务单号	CSSJ001		制单时间	系统默认为当前日期	
产品代码	CSSJ001		生产数量（个）	CSSJ001	
生产日期	系统默认为当前日期	计划完成天数(天)	CSSJ001	生产车间	3C&3D车间
序号	品名	规格	物料编号	备注	
1	彩盒颜色圈	直径11mm	E588		
2	手机PO袋		f699		
3	合格证		G600		
4	说明书	横排	H522		
下单人	CSSJ001		审核人	台瑞涛	

提示　提交　放弃

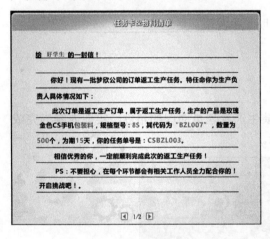

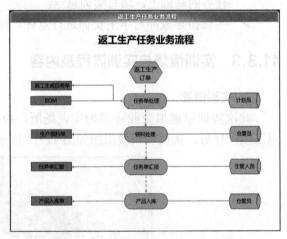

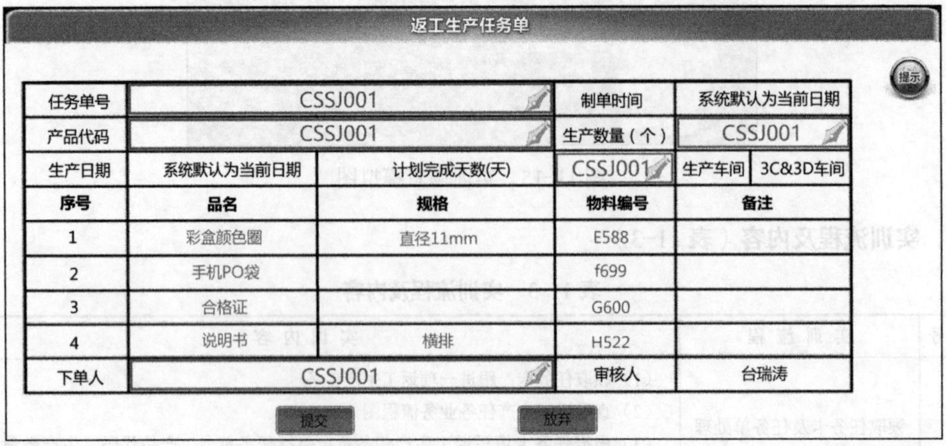

图 11-18　返工生产任务单

11.3.4 知识链接

1．返工/返修流程图（图11-19）

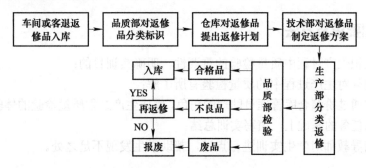

图 11-19　返工/返修流程图

2．避免不良品的浪费

不良品的浪费主要表现在工序生产无标准确认或有标准确认未对照标准作业，管理不严密、松懈所导致。产品制造过程中，任何的不良品产生，皆造成材料、机器、人工等的浪费。任何修补都是额外的成本支出。精益的生产方式，能及早发掘不良品，容易确定不良的来源，从而减少不良品的产生。关键是第一次要做正确，但实施起来却很困难。大家不妨仔细想一想，除了产品生产，管理工作中是否也存在类似的浪费情况？精益生产方式的思想之一就是要用一切办法来减少非增值活动，例如检验、搬运和等待等造成的浪费，具体方法就是推行"零返修率"，必须做一个零件合格一个零件，更重要的是在生产源头就杜绝不合格零部件、原材料流入生产后道工序，追求零废品率。

3．避免加工的浪费

加工浪费的主要因素表现为：制造过程中作业加工程序动作不优化，存在可省略、替代、重组或合并的工序。

4．书籍推荐

辛明珠．图解ERP：轻松跟我学企业管控[M]．北京：清华大学出版社，2016．

11.3.5 实训总结

> 返工生产任务业务流程有哪些？
> 返工生产任务需要注意的事项有哪些？
> 在返工生产任务过程中，需要填写哪些单据？有哪些注意事项？

11.4 生产过程质量检验

在实际生产中，生产过程质量检验是一项十分重要的过程。生产过程质量检验主要包括进货检验、生产过程检验、最终检验控制、品质异常的反馈及处理、质量记录等内容。

11.4.1 实训目标

知识目标：了解生产过程质量检验的意义和含义。
技能目标：掌握在生产过程各环节所需进行质量检验的要点。
素养目标：及时处理产品实现各过程中的品质工作，认真负责，勇于承担责任。

11.4.2 实训要求及方法

➢ 必须认识生产过程中质量检验的重要性，明确实训目的；
➢ 实训前须对生产过程中的质量检验有所了解；
➢ 实训中通过扮演仓库管理员助理的角色，完成生产过程质量检验的体验任务，并在完成实训任务的基础上，填写实训总结；
➢ 实训指导教师对学生实训进行点评，帮助学生发现不足之处。

11.4.3 实训情景与实训流程及内容

1．实训情景

此次实训以虚拟企业的立体仓库为实训场所，扮演仓库管理员助理的角色，实训内容为生产过程质量检验。实训场景模拟图如图 11-20 所示。

图 11-20 实训场景模拟图

2．实训流程及内容（表 11-4）

表 11-4 实训流程及内容

序号	实训流程	实训内容
1	进货检验	（1）进货检验是工厂制止不合格物料进入生产环节的首要控制点，它是指对供方交付的原材料、元器件、零件和组装件等进行质量检验 （2）进货检验的要求：按合同或协议明确交货产品的质量保证内容进行检验；外购产品应是经企业评定合格供方的产品，其他情况进货应经过审批并通知相关部门；按文件程序、质量计划、检验计划执行；合格放行，不合格追回等处置 （3）送货检验流程：供应商检验；仓管员检验
2	生产过程检验	（1）生产过程检验一般是指对物料入仓后到成品入库前各阶段的生产活动的品质控制。而相对于该阶段的品质检验，即是对本工序加工完毕的在制品、半成品的检验 （2）过程检验的要求：依据质量计划和文件要求进行检验；设置质量控制点进行过程检验，一般不得将未完成过程检验的产品转入下一过程

(续)

序号	实训流程	实训内容
3	成品出货检验	（1）成品出货检验也称成品检验或出产检验，是完工后的产品入库前或发到用户手中之前进行的一次全面检验。这是最关键的检验 （2）成品出货检验的要求：依据企业文件进行检验；按规定要求检验并做出结论
4	不合格品管理	（1）所谓不合格品，是指企业生产的产品中不符合质量标准的产品，它包括废品、返修品和超差利用品三类产品 （2）不合格品分类：报废、返工、返修和特采
5	质量记录	为已完成的品质作业活动和结果提供客观的证据。必须做到：准确、清晰、简洁、及时、字迹清晰、完整并加盖检验印章或签名。还要做到：及时整理和归档、并贮存在适宜的环境中
6	实训小结	对生产过程质量检验的内容进行复习，答疑总结

3．实训示例

如下列举了在实训过程中的实训内容截图：生产过程质量检验的内容和进货检验的流程分别如图 11-21 和图 11-22 所示。

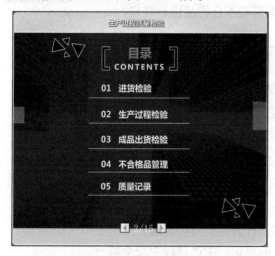 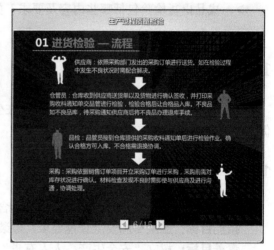

图 11-21　生产过程质量检验的内容　　　　　图 11-22　进货检验的流程

11.4.4　知识链接

1．产品质量是生产出来的，不是检验出来的

质量是产品生产出来以后所呈现的结果。有的人错误地认为：质量是检验出来的。从过程管理的角度来看，质量绝对不是检验出来的，质量应该是设计和生产出来的。懂得这一点，就会明白为什么有些企业质量人员一大堆，而且整天忙得要死，产品质量却一直未见提高了。

产品质量是生产出来的，不是检验出来的，美国质量管理大师威廉·爱德华兹·戴明（William Edwards Deming）博士在提出产品质量是生产出来的，不是检验出来的这一理念之前，早期的质量管理仅限于质量检验，仅能对产品的质量实行事后把关。

戴明的这句质量名言指出，只有在生产过程中的每个环节，严格按照生产工艺和作业指导书要求进行，才能保证产品的质量。如果忽略过程控制，只靠检验，是不可能保证产品质量的，因为质量检验只能剔除次品和废品，并不能提高产品质量。也就是说，质量控制的重点决不能放在事后把关，而必须放在制造阶段，即生产过程阶段。

合格品不是检验出来的，而是生产出来的。质量是每道工序生产出来的，只有好好重视生产过程中的质量，才能有效地保证产品质量水平。在精益生产过程中，实现产品质量零缺陷，必须坚持"三不"原则，即"不制造不良品、不流出不良品、不接受不良品"。这是对待不良品的基本原则，也是首先必须保证的原则，是具体保证品质"零不良"的基础。

2. 书籍推荐

菲利浦·克劳士比. 质量免费 [M]. 杨钢, 林海, 译. 太原：山西教育出版社，2011.

11.4.5 实训总结

- 进货检验包括哪些内容及要求？
- 生产过程检验包括哪些内容及要求？
- 成品出货检验包括哪些内容及要求？如何对不合格品进行管理？

11.5 安全文明生产

做好安全文明生产工作，对于保障员工在生产过程中的安全与健康，改善企业生产经营，促进企业发展具有非常重要的意义。

11.5.1 实训目标

知识目标： 了解安全文明生产的意义和含义。
技能目标： 服从车间安全管理要求，着装及行为规范符合标准。
素养目标： 树立"安全生产，人人有责"的意识，生产过程中安全第一。

11.5.2 实训要求及方法

- 必须认识安全文明生产的重要性，明确实训目的；
- 实训前须对安全文明生产有所了解；
- 实训中通过扮演生产管理员助理的角色完成安全文明生产的体验任务，并在完成实训任务的基础上，填写实训总结；
- 实训指导教师对学生实训进行点评，帮助学生发现不足之处。

11.5.3 实训情景与实训流程及内容

1. 实训情景

此次实训以虚拟企业环境为实训场所，扮演生产管理员助理的角色，实训内容为安全文明生产。实训场景模拟图如图 11-23 所示。

图 11-23 实训场景模拟图

2．实训流程及内容（表 11-5）

表 11-5 实训流程及内容

序号	实训流程	实训内容
1	换工作服	去车间，必须换上车间工作服
2	安全文明生产——着装要求	（1）戴好防静电帽，头发必须完全整理到帽子里 （2）不可佩戴手表、戒指、手链等饰物 （3）佩戴防静电手环 （4）按要求佩戴防静电指套，指甲长度不能超过 2 毫米 （5）穿着防静电鞋，防静电鞋不可当拖鞋穿 （6）不能佩戴有吊坠的耳环 （7）穿着防静电服上岗，衣服纽扣必须扣上 （8）佩戴防静电手套 （9）不准戴围巾
3	安全文明生产——作业区要求	（1）作业区域地面要防滑，保持清洁，做到定置管理，严禁嬉戏打闹 （2）工具箱内应分类摆放物件，不可随意乱放，以免损坏和丢失
4	安全文明生产——安全用电要求	（1）手湿时，不要接触电器 （2）电线芯外露时，用绝缘体的东西包住外露部分 （3）电气着火时，应立刻关掉总开关 （4）禁止使用大功率电器
5	实训小结	对安全文明生产的内容进行复习，答疑总结

3．实训示例

如下列举了在实训过程中的实训内容截图：在"安全文明生产——着装要求"实训环节，需要根据提示，学习仪表和着装要求，分别如图 11-24 和图 11-25 所示；接着学习作业区安全要求和工具摆放要求，分别如图 11-26 和图 11-27 所示；最后掌握安全用电要求，如图 11-28 所示；熟记"安全生产 人人有责"的标语，如图 11-29 所示。

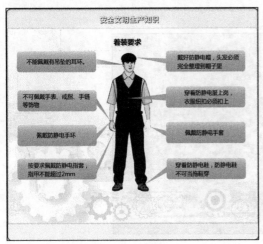

图 11-24　仪表要求

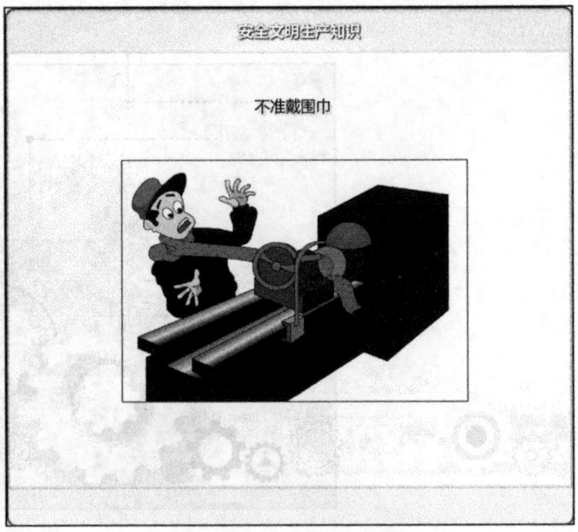

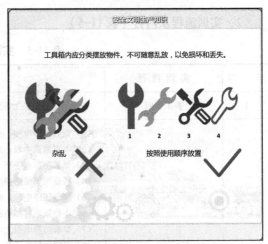

图 11-25　着装要求

图 11-26　作业区安全要求

图 11-27　工具摆放要求

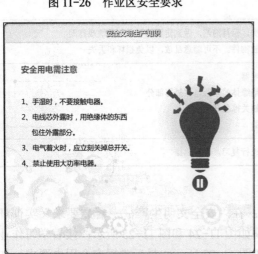

图 11-28　安全用电要求

图 11-29　安全生产 人人有责

11.5.4 知识链接

1. 安全事故频发,应引起高度重视

- 深圳一科技公司突发大火,公司法人等 5 人被刑拘。2018 年 6 月 7 日,龙华警方通报称,深圳市龙华区观澜黎光工业区一科技公司因贪图一时方便,未将电池放置到电池专库,造成严重火灾事故,包括公司法人在内的 5 名管理人员被刑事拘留。本次火灾事故过火面积达 400 平方米,造成直接财产损失 210 余万元,未造成人员伤亡。
- 北京一科技公司发生安全事故,1 人死亡。2018 年 6 月 8 日,北京一科技公司发生安全事故,造成 1 名员工死亡。
- 江苏一工人遭机器突然挤压身亡。2018 年 6 月 9 日,江苏常州一工厂内,一名工人在跨入一台机器后,突然遭到机器的平移挤压,旁边工友发现后急忙按停,但为时已晚。从现场拍摄到的画面可见,这名工人从注塑机内搬出材料后,便进入了注塑机内部继续操作,不料该机器却突然向工人挤压过去,这名工人躲避不及惨遭压死。
- 杨凌一科技有限公司发生"6·16"窒息较大事故。2018 年 6 月 16 日,杨凌一科技公司 1 名员工在发酵罐内取菌时在罐内昏迷,随后公司 3 名员工相继进入罐内救援时均昏迷。事发后,四名伤者经抢救无效相继不幸死亡。
- 安全实践的三大法则。法则一:安全知识胜于安全设施;法则二:安全意识强于安全知识;法则三:安全意愿优于安全意识。

2. 书籍推荐

张俊燕,刘建. 机械制造企业新工人三级安全教育读本 [M]. 2 版. 北京:中国劳动社会保障出版社,2015.

11.5.5 实训总结

- 安全文明生产对着装有何要求?对作业区有何要求?
- 在生产过程中,如何做到安全用电?

11.6 设备管理

设备管理的基本任务是通过对设备实行技术和经济的综合管理,以达到设备寿命周期费用最低、设备的综合效能最高、企业经济效益最好的目的。

11.6.1 实训目标

知识目标: 了解设备管理的意义和含义。

技能目标: 了解设备各阶段管理的要点,遵守"三好""四会""四项要求""五项纪律"等规定。

素养目标: 树立正确的设备管理观念,爱惜设备,降低设备维护费用。

11.6.2 实训要求及方法

- 必须认识设备管理的重要性,明确实训目的;

➢ 实训前须对设备管理有所了解;
➢ 实训中通过扮演生产管理员助理的角色完成设备管理的体验任务,并在完成实训任务的基础上,填写实训总结;
➢ 实训指导教师对学生实训进行点评,帮助学生发现不足之处。

11.6.3 实训情景与实训流程及内容

1. 实训情景

此次实训以虚拟企业的 3D 打印车间为实训场所,扮演生产管理员助理的角色,实训内容为设备管理。实训场景模拟图如图 11-30 所示。

图 11-30 实训场景模拟图

2. 实训流程及内容(表 11-6)

表 11-6 实训流程及内容

序 号	实训流程	实训内容
1	设备管理的认知	(1)对设备管理的错误认识:只要是设备,反正是要出故障的;设备是一定要定期大修的;操作与维修是独立的;设备只要运转,就是好设备 (2)设备管理的概念:设备管理是指设备一生的全过程管理,包括设备引进阶段的前期管理,试生产阶段的初期管理,生产现场的使用管理、维护管理、润滑管理、故障管理、精度管理(包括备件管理)、资产管理、技术改造管理、设备后期管理等内容
2	设备前期管理	(1)设备前期管理的内容:投资规划;采购计划;调研、选型;采购;到货安装调试;交付、验收及使用初期管理 (2)设备选购的原则:技术上先进、经济上合理、生产上可行
3	设备使用管理	操作人员要做到"三好""四会",遵守"四项要求""五项纪律"等相关规定 (1)三好规定:管好;用好;修好 (2)四会规定:会使用;会保养;会检查;会排除故障 (3)四项要求:整齐;清洁;润滑和安全 (4)五项纪律:凭操作证使用设备,遵守安全操作规程;经常保持设备清洁,并按规定加油;遵守交接班制度;管好工具附件,不得遗失;发现故障,立即停车,自己不能处理的应及时通知检查 (5)设备管理的 TPM 理念:全员生产维护保养,建立全员参加的、以设备综合效率为目标的、以设备一生为对象的生产维修制
4	设备后期管理	设备后期管理的内容:设备的磨损与故障;设备的封存与报废;设备的更新和技术改造
5	实训小结	对设备管理的内容和各阶段的注意事项进行复习,答疑总结

3. 实训示例

如下列举了在实训过程中的实训内容截图:首先,需要对设备管理有正确的认识,改变对设备管理的错误认知，理解设备管理的概念，分别如图 11-31 和图 11-32 所示；接着学习设备前期管理的内容，如图 11-33 所示，以及设备使用的"三好""四会"规定，分别如图 11-34 和图 11-35 所示；最后是设备的后期管理，以及建立 TPM 管理理念，如图 11-36 所示。

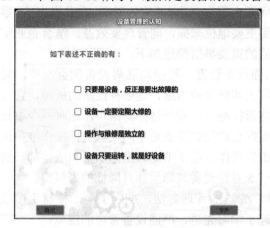

图 11-31　对设备管理的错误认知

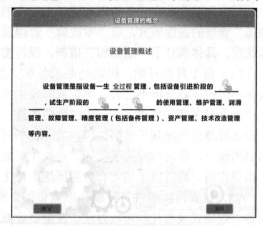

图 11-32　设备管理的概念

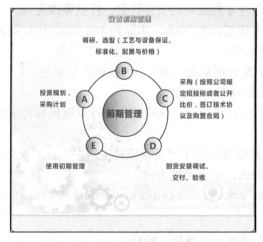

图 11-33　设备前期管理的内容

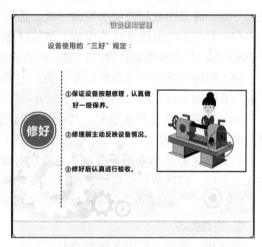

图 11-34　设备使用的"三好"规定

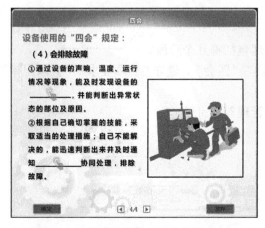

图 11-35　设备使用的"四会"规定

图 11-36　TPM 理念

11.6.4 知识链接

1．案例分享——如何实施设备"零故障"管理

目前钢铁企业在设备管理和维护上存在的问题也不少，面对严峻的现实，企业提出了"零故障"管理的课题研究，将"零故障"管理放到主要地位来抓，向管理要效益。结合企业实施状况，具体制订了一系列相关措施，现将实施的重要举措简述如下：

（1）自 1 月份开始，机动处要求各车间加强设备管理，特别加强周设备例会制度，对设备出现的故障分析不过天，确定故障发生的原因和解决的措施，是哪种性质的故障，管理和技术上存在哪些失误，下一步的预防措施，能否杜绝等，并严格抓好落实，这对减少事故和设备故障时间起到了重要作用，同时各车间根据机动处的要求对车间人员进行操作维护说明书的编写、学习并应用于实际，对操作工减少误操作、电钳工提高维修水平和质量都起到了指导作用。通过以上切实有效的措施，使 1～5 月份设备故障呈逐月降低的好势头。

（2）认真落实经济责任制，以点带面，推广先进的管理方法，推广了关于棒材生产线设备管理模式及责任制考核办法，在全企业掀起了学习先进、严谨设备管理的规范。

（3）通过周分析，认真研究设备管理中存在的实质性问题，针对问题拿出行之有效的处理方案，能立即处理的限期整改完成，需要条件才能处理的安排计划、择机整改完成。

（4）1～5 月份重点设备事故、故障计划考核指标为 700h，实际为 400.38h，比计划减少 299.62h，有效的控制管理，创造了历史最好水平。

（5）严格科学的制定各车间维修费用定额，配合财务处（部）共同控制维修费用。1～5 月份企业吨钢维修费用控制在 55.73 元 /t，较计划降低 1.27 元 /t。

（6）对备件质量严格追究，共追究挽回损失 11.55 万元，其中炼铁带冷减速机备件质量损失追索损失 11 万元。

（7）制定标准作业指导书，规范操作对重点设备制定了"设备操作说明书"，4～5 月进行了考试，按规范进行点检、维修、润滑等操作，加大考核力度。

（资料来源：e-works 数字化企业网 http://articles.e-works.net.cn/eam/article135821.htm）

2．书籍推荐

陈延德．图说工厂设备管理 [M]．北京：人民邮电出版社，2014．

11.6.5 实训总结

> 设备操作与维修是独立的吗？设备管理包括哪几个阶段？
> 在使用设备时，操作人员要做到"三好""四会"，遵守"四项要求""五项纪律"，这些分别是什么？
> 若设备发生磨损与故障，该如何进行管理？

项目 12

财 务 管 理

12.1 财务报表概述

财务报表是总括地反映企业某一特定日期的财务状况和某一会计期间的经营成果等会计信息的报告文件。会计核算工作的结果是资产负债表、利润表和现金流量表,这三张基本财务报表将有关企业财务状况、经营业绩和现金流量的变化等财务信息传递给信息使用者,使之据此做出合理的决策。

12.1.1 实训目标

知识目标:了解财务报表的意义、目标、作用及种类。
技能目标:掌握财务报表的编制要求及三大报表的名称。
素养目标:严格遵守国家规定的财务制度和财经纪律,建立财务思维。

12.1.2 实训要求及方法

➢ 认识编制财务报表的重要性,明确实训目的;
➢ 实训前对财务报表有所了解;
➢ 实训中通过扮演会计助理的角色完成了解财务报表的体验任务,并在完成实训任务的基础上,填写实训总结;
➢ 实训指导教师对学生实训进行点评,帮助学生发现不足之处。

12.1.3 实训情景与实训流程及内容

1. 实训情景

此次实训以虚拟企业环境为实训场所,扮演会计助理的角色,实训内容为了解财务报表。实训场景模拟图如图 12-1 所示。

图 12-1 实训场景模拟图

2. 实训流程及内容（表12-1）

表12-1 实训流程及内容

序号	实训流程	实训内容
1	了解财务报表的意义及内容	（1）财务报表是总括地反映企业某一特定日期的财务状况和某一会计期间的经营成果等会计信息的报告文件 （2）编制财务报表的目标：为当前和潜在的投资者、债权人提供有用的信息，以便有助于他们做出合理的决策
2	财务报表的编制要求	（1）数字真实；（2）计算准确；（3）内容完整；（4）报送及时
3	财务报表的种类	（1）按照财务报表反映的经济内容分类：资产负债表、利润表和现金流量表 （2）按照资金运动形态对财务报表进行分类：静态财务报表；动态财务报表、静态与动态相结合的财务报表 （3）按照财务报表编制的时期分类，分为月度财务报表和年度财务报表
4	实训小结	对财务报表的内容（三大财务报表）及编制要求进行复习，答疑总结

3. 实训示例

如下列举了在实训过程中的实训内容截图：首先，需要了解财务报表的意义及内容，如图12-2所示；编制财务报表的目标和作用分别如图12-3和图12-4所示；接着需要掌握财务报表的编制要求，参与测试题，如图12-5所示；最后需要了解财务报表的种类，图12-6和图12-7分别展示了按照财务报表反映的经济内容和资金运动形态分类。

图12-2 财务报表的意义及内容

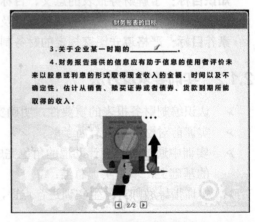

图12-3 财务报表的目标

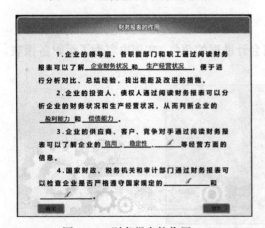

图12-4 财务报表的作用

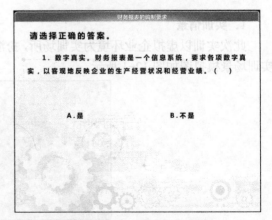

图12-5 财务报表的编制要求

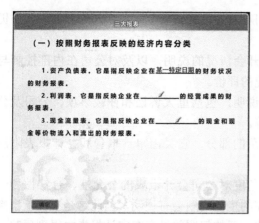

图 12-6　按照财务报表反映的经济内容分类

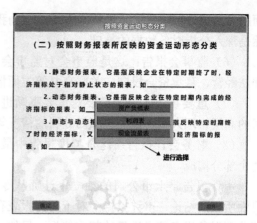

图 12-7　按照财务报表所反映的资金运动形态分类

12.1.4　知识链接

1. 上市公司年度报告的主要内容

我国上市公司每年定期对外披露的财务报告包括三个部分，一是年度报告，反映当年 1 月 1 日到 12 月 31 日公司的各项情况，在下一年度的 4 月 30 日前披露；二是中期报告，反映当年 1 月 1 日到 6 月 30 日之间公司的各项情况，在 8 月 30 日前披露；三是从 2002 年开始执行的季度报告，反映各个季度公司的各项情况，在季度结束后 1 个月内披露。这三类报告的格式比较相似，但详尽程度各不相同，而且除了已经被"特别处理"的上市公司以外，只有年度报告需要经过注册会计师的审计，所以一般来说年度报告是人们关注的重点。当然，这并不是说中期报告和季度报告不重要，将年度报告和中期报告、季度报告进行对比，常常能够帮助我们发现一些问题。

上市公司公布的年度报告包括从公司概况和经营情况到具体的财务数据及其附注的丰富内容，分析这些信息的第一步是了解公司的年度报告。下面，我们就来看一看上市公司年度报告的主要内容。

按照中国证监会的要求，上市公司的年度报告包括十项内容。

（1）公司简介：主要介绍公司的名称、注册地点、上市地点等基本信息。

（2）会计数据和业务数据摘要：这部分内容包括公司当年主要的财务数据和重要财务指标，以及报告期内股东权益变动的情况和原因。这些信息对于报表的使用者迅速掌握包括公司规模、盈利状况等在内的公司的大体情况比较有帮助。

（3）股本变动即股东情况：这部分包括三个内容，一是公司在当年发生的股份变动情况和股票发行与上市情况；二是年末的主要股东情况，包括年末的股东人数、前十大股东名称，以及持股 10% 以上的股东名称和基本情况；三是前十大股东是否存在关联关系的说明。在 2002 年以后，公司还需要披露它的最终控制人，并且具体描述从最终控制人到上市公司的控制链条。

（4）股东大会简介：这部分主要介绍当年召开股东大会的情况和重要的决议。

（5）董事会报告：这是公司的董事会对一年来公司的经营情况所做的比较全面的总结，可以帮助我们粗略地了解公司一年来面临的市场环境、行业状况，以及公司在经营和投资方面所做的努力，这些信息虽然并不足以帮助我们对财务数据做出全面和深入的分析，但是仍然是深入分析财务数据的基础。

（6）监事会报告：这是监事会对监事会的开会情况的说明，以及对公司在内部控制与守法经营、募集资金投向、关联交易等方面情况的评价。

（7）重要事项：公司需要对重要事项进行说明，包括重大诉讼和仲裁事项、公司及公司的高层管理人员受到监管部门处罚的情况等等。

（8）财务会计报告：这是年度报告中最复杂的部分，它又由审计报告和会计报表附注两个部分构成。

审计报告是上市公司的独立审计师从专业角度对公司会计报表的公允性、合法性和一贯性所做的结论，审计报告中对于财务报表存在的重要问题会有说明，因此这是独立董事判断公司财务报表信息质量的基本依据。虽然一些公司的问题并没有在审计报告中得到反映，但对于那些在审计报告中已经清楚说明的问题是需要首先给予关注的。

会计报表附注是帮助我们正确理解财务报表数字的重要说明。因为企业所面临的经营环境各不相同，而且千变万化，所以为了使财务报表能够更好地反映企业的经济实质，任何会计准则都给公司的管理者留下选择的余地，让他们选择更能反映公司经济实质的会计方法。但是这也为公司出于机会主义的动机操纵利润留下了空间。但企业选择不同的会计方法和会计估计时，就会使相同的经济实质以不同的会计数字体现出来，也可能使不同的经济实质反映为相似的会计数字。而要了解会计数字背后真实的企业，就必须仔细阅读这些会计报表的附注说明，一方面了解我们所看到的会计数字是在一个怎样的会计方法和会计估计之下产生的，另一方面也可以使我们了解财务报表上一个简单的会计数字背后详细的构成情况，以及那些在财务报表上没有直接体现出来的信息。因此，这部分内容是我们阅读一家公司的年度报告时，需要投入最大精力的部分，从某种角度说，阅读财务报表的附注甚至比阅读财务报表本身更加重要。在会计报表附注当中，又分为 13 个项目对财务报表的内容进行详细的解释。

（9）其他资料：包括公司的营业执照号码、税务登记号等信息。

（10）备查文件：主要说明如果年度报告的使用者需要更为详细的信息，可以在哪些地方找到这些信息。

2. 书籍推荐

肖星．一本书读懂财报 [M]．杭州：浙江大学出版社，2014．

12.1.5　实训总结

> 为什么要编制财务报表？编制财务报表的要求有哪些？
> 按照财务报表反映的经济内容，可以将财务报表分为哪三类？

12.2　资产负债表

资产负债表，简称资产表，反映企业一定日期全部资产、负债和所有者权益的情况，它反映了企业所掌握的各种资产的分布和结构，企业所承担的各种负债以及投资人在企业中所拥有的权益。阅读资产负债表可以了解企业的经营状况。

12.2.1 实训目标

知识目标： 了解资产负债表的含义、作用、组成及格式。
技能目标： 掌握"资产＝负债＋所有者权益"恒等式，学会填写资产负债表。
素养目标： 严格遵守国家法律和制度，建立财务思维。

12.2.2 实训要求及方法

- 认识资产负债表的重要性，明确实训目的；
- 实训前对资产负债表有所了解；
- 实训中通过扮演会计助理的角色完成了解资产负债表的体验任务，并在完成实训任务的基础上，填写实训总结；
- 实训指导教师对学生实训进行点评，帮助学生发现不足之处。

12.2.3 实训情景与实训流程及内容

1. 实训情景

此次实训以虚拟企业环境为实训场所，扮演会计助理的角色，实训内容为了解资产负债表。实训场景模拟图如图 12-8 所示。

图 12-8 实训场景模拟图

2. 实训流程及内容（表 12-2）

表 12-2 实训流程及内容

序号	实训流程	实训内容
1	了解资产负债表的含义	（1）资产负债表亦称为财务状况表，是表示企业在一定日期的财务状况的主要会计报表。资产负债表利用会计平衡原则，主要反映企业资产、负债和所有者权益三方面的内容。由于它反映的是某一时点的情况，所以又称为静态报表 （2）资产＝负债＋所有者权益
2	资产负债表的内容及格式	（1）假设你现在开始创立一家公司，初始投资 10 万元。因采购原材料时资金不足，从家人那边借款 5 万元，该如何填写资产负债表？注意恒等式：资产＝负债＋所有者权益 （2）如果采购了一批原材料，该如何填写资产负债表 （3）如果卖出了 200 部手机，该如何填写资产负债表
3	资产负债表的分析	（1）查看资产负债表简表：资产（流动资产、长期投资、固定投资、无形资产及其他）；负债（流动负债、长期负债）；所有者权益 （2）完成资产负债表测试题
4	实训小结	对资产负债表的内容及格式进行复习，答疑总结

3. 实训示例

如下列举了在实训过程中的实训内容截图：首先，需要了解资产负债表的含义，如图 12-9 所示；接着从具体案例着手，领取编制资产负债表的任务书，如图 12-10 所示，资产负债表的格式如图 12-11 所示，计算采购成本如图 12-12 所示；最后是对资产负债表的总结及资产负债表测试题，分别如图 12-13 和图 12-14 所示。

图 12-9　资产负债表的含义

图 12-10　任务书

图 12-11　资产负债表格式

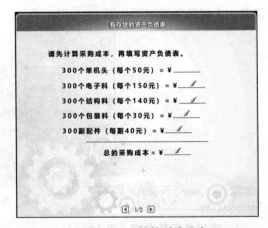

图 12-12　计算采购成本

图 12-13　资产负债表的总结

图 12-14　资产负债表测试题

12.2.4 知识链接

1．名词列表

- 流动资产：是指企业可以在一年或者超过一年的一个营业周期内变现或者运用的资产。
- 应收账款：核算企业因销售商品、提供劳务等经营活动应收取的款项。
- 存货：是指企业在日常活动中持有以备出售的产成品或商品、处在生产过程中的在产品、在生产过程或提供劳务过程中耗用的材料和物料等。
- 非流动资产：非流动资产是指流动资产以外的资产。
- 固定资产：指同时具有下列特征的有形资产：①为生产商品、提供劳务、出租或经营管理而持有的；②使用寿命超过一个会计年度，如设备、厂房、汽车和电脑等。
- 固定资产的折旧：指一定时期内为弥补固定资产损耗，按照规定的固定资产折旧率提取的固定资产折旧，或按国民经济核算统一规定的折旧率虚拟计算的固定资产折旧。
- 无形资产：指企业拥有或者控制的没有实物形态的可辨认非货币性资产。企业持有的无形资产包括专利权、非专利技术、商标权、著作权和土地使用权等。

2．某企业资产负债表示例（表12-3）

表12-3 某企业资产负债表示例

（单位：百万元）

资　产		负　债	
流动资产		流动负债	
货币资金	808	短期借款	1 262
应收账款	1 180	应付账款	688
其他应收款	21	其他应付款	9
预付账款	221	预收账款	0
存货	527	其他应付款	1 044
待摊费用	9	流动负债合计	3 003
其他流动资产	290		
非流动资产		非流动负债	
长期投资	60	长期借款	1 368
固定资产	5 422	应付债券	0
无形资产及其他非流动资产	168	长期应付款	12
资产总计	8 706	其他非流动负债	793
		所有者权益	
		实收资本	498
		资本公积	2 002
		盈余公积	308
		留存收益	722
		负债及所有者权益总计	8 706

3．书籍推荐

达雷尔·穆利斯，朱迪丝·奥洛夫．世界上最简单的会计书[M]．黄屹，译．北京：机械工业出版社，2013．

12.2.5 实训总结

> 资产负债表是静态表还是动态表？
> 资产负债表的恒等式是什么？
> 你所知道的资产包括哪些栏目？负债包括哪些栏目？

12.3 利润表

利润表，又称收益表，是反映企业在一定期间（如月度、年度）的经营业绩的报表，它反映了企业的各项收入和各项费用成本等支出以及利润或亏损总额的构成。利润表是动态表，它记载企业一段时间内的经营情况。

12.3.1 实训目标

知识目标：了解利润表的含义、作用、组成及格式。
技能目标：掌握"净利润 = 毛利 - 费用"恒等式，学会填写利润表。
素养目标：了解增值税和企业所得税，依法纳税。

12.3.2 实训要求及方法

> 认识利润表的重要性，明确实训目的；
> 实训前须对利润表有所了解；
> 实训中通过扮演会计助理的角色完成了解利润表的体验任务，并在完成实训任务的基础上，填写实训总结；
> 实训指导教师对学生实训进行点评，帮助学生发现不足之处。

12.3.3 实训情景与实训流程及内容

1. 实训情景

此次实训以虚拟企业环境为实训场所，扮演会计助理的角色，实训内容为了解利润表。实训场景模拟图如图 12-15 所示。

图 12-15 实训场景模拟图

2. 实训流程及内容（表 12-4）

表 12-4　实训流程及内容

序号	实训流程	实训内容
1	了解利润表的相关理论知识	（1）利润表属于动态报表 （2）毛利是销售收入减去商品销售成本的结果 （3）净利润 = 毛利 – 费用 （4）净利润也叫底线值、纯利、净利或收益 （5）会计期间是指编制利润表开始到结束的时间，这个时间段可以是一周、一个月或一个季度等
2	了解利润表的组成及结构	（1）假设公司成立了一个月，月底卖出了 200 部手机，每部售价 2 000 元。月底你需要缴纳场地租金 20 000 元，广告费 10 000 元，设备维护费 20 000 元。在这种情况下，该如何填写利润表呢 （2）查看企业编制的利润表示例 （3）了解增值税的基本知识：发票的种类与衔接；各类发票的使用；开具增值税专用发票必须提供的资料及注意事项
3	了解企业所得税	（1）了解企业所得税的含义，并根据所给示例，计算企业所得税 （2）了解留存收益的概念：即本月盈利到了下个会计期间的栏目
4	实训小结	对利润表的内容及格式进行复习，答疑总结

3. 实训示例

如下列举了在实训过程中的实训内容截图：首先，回顾资产负债表内容，如图 12-16 所示；接着领取编制利润表的任务书，如图 12-17 所示，填写企业利润表和企业利润表示例分别如图 12-18 和图 12-19 所示；最后是学习增值税发票和企业所得税的相关内容，分别如图 12-20 和图 12-21 所示。

图 12-16　回顾资产负债表内容

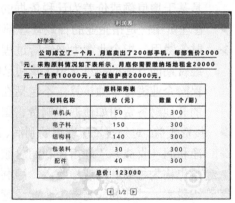

图 12-17　任务书

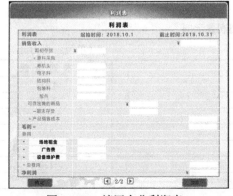

图 12-18　填写企业利润表

图 12-19　企业利润表示例

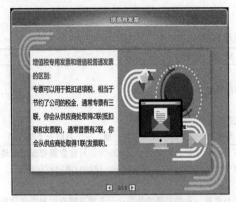
图 12-20　了解增值税发票

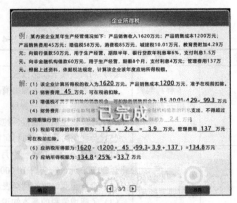
图 12-21　计算企业所得税

12.3.4　知识链接

1. 名词列表

- 费用：一般用于描述公司为销售而发生的各种成本支出；杂项管理；利息；税金及其他影响利润表的项目。
- 增值税：是一种销售税，是消费者承担的税费，属累退税，是基于商品或服务的增值而征税的一种间接税，增值税征收通常包括生产、流通或消费过程中的各个环节，是基于增值额或价差为计税依据的中性税种。
- 管理费用：是指企业的行政管理部门为管理和组织经营而发生的各项费用。
- 财务费用：指企业在生产经营过程中为筹集资金而发生的各项费用，包括企业生产经营期间发生的利息支出（减利息收入）、汇兑净损失（有的企业如商品流通企业、保险企业进行单独核算，不包括在财务费用中）、金融机构手续费，以及筹资发生的其他财务费用如债券印刷费、国外借款担保费等。
- 投资收益：对外投资所取得的利润、股利和债券利息等收入减去投资损失后的净收益。
- 净利润（收益）：是指在利润总额中按规定交纳了所得税以后公司的利润留存，一般也称为税后利润或净收入。净利润的计算公式为：净利润＝利润总额×（1－所得税率）。净利润是一个企业经营的最终成果，净利润多，企业的经营效益就好；净利润少，企业的经营效益就差，它是衡量一个企业经营效益的主要指标。

2. 某企业利润表示例（表 12-5）

表 12-5　某企业利润表示例

（单位：百万元）

项　目	本期金额
一、营业收入	4 454
减：营业成本	3 191
营业税金及附加	15
销售费用	250
管理费用	302
财务费用	130
资产减值损失	-
加：公允价值变动收益（损失以"-"号填列）	-

(续)

项　　目	本期金额
投资收益（损失以"-"号填列）	50
其中：对联营企业和合营企业的投资收益	
二、营业利润（亏损以"-"号填列）	616
加：营业外收入	
减：营业外支出	-7
三、利润总额（亏损总额以"-"号填列）	609
减：所得税费用	229
四、净利润（净亏损以"-"号填列）	380

3. 书籍推荐

唐朝. 手把手教你读财报：财报是用来排除企业的 [M]. 北京：中国经济出版社，2015.

12.3.5 实训总结

> 利润表是静态表还是动态表？
> 什么是会计期间？如何计算净利润？
> 增值税发票分为哪几类？如何计算企业所得税？

12.4 现金流量表

现金流量表能够跟踪企业的现金流入和流出情况。通过现金流量表，可以评价公司未来产生现金净流量的能力，谨慎判断公司财务状况。

12.4.1 实训目标

知识目标：了解现金流量表的含义、作用、组成及格式。
技能目标：学会对经济活动进行分类判断，并填写现金流量表。
素养目标：了解三大报表之间的联系，多角度对企业财务状况进行分析。

12.4.2 实训要求及方法

> 认识现金流量表的重要性，明确实训目的；
> 实训前须对现金流量表有所了解；
> 实训中通过扮演会计助理的角色完成了解现金流量表的体验任务，并在完成实训任务的基础上，填写实训总结；
> 实训指导教师对学生实训进行点评，帮助学生发现不足之处。

12.4.3 实训情景与实训流程及内容

1. 实训情景

此次实训以虚拟企业环境为实训场所，扮演会计助理的角色，实训内容为了解现金流量表。实训场景模拟图如图 12-22 所示。

图 12-22　实训场景模拟图

2．实训流程及内容（表 12-6）

表 12-6　实训流程及内容

序号	实训流程	实训内容
1	了解现金流量表的定义及组成	（1）了解编制现金流量表的必要性：现金流量表能够跟踪企业的现金流入和流出情况，描述了现金的来龙去脉 （2）现金流量表由三部分组成：现金流入、现金流出和现金流的净变化 （3）某店本月总收入 60 000 元。支出分别为进货费用 25 000 元，房租 8 000 元，广告费 3 000 元，员工工资 2 000 元，并支付 5% 销售税金和前月应付账款 25 000 元（免所得税）。填写现金流量表
2	了解现金流量表的分类	（1）企业发生的经济活动可以分为三类：经营活动、投资活动和融资活动。现金流量表也可以根据这三类经济活动进行分类 （2）根据列举的 13 项经济活动，判断属于三类中的哪一类 （3）根据 13 项经济活动的分类填写对应的现金流量表（经营活动产生的现金流量、投资活动产生的现金流量和融资活动产生的现金流量）
3	了解现金流量表与利润表的联系	将利润表与现金流量表进行比较分析可以知道：尽管你的企业是有利润的，但现金流量表显示出你的净现金流量却减少了 6 000 元。利润表显示公司盈利，而现金流量表显示净现金流量却减少了。所以在对企业的财务状况进行分析的时候，要结合三张财务报表分析，缺一不可
4	实训小结	对现金流量表的内容及格式进行复习，答疑总结

3．实训示例

如下列举了在实训过程中的实训内容截图：首先，了解现金流量表的组成，如图 12-23 所示；接着以具体案例为例，填写现金流量表，如图 12-24 所示；然后对经济活动进行分类，如图 12-25 所示，填写经营活动产生的现金流量表，如图 12-26 所示；最后是将现金流量表和利润表进行对比分析，并参加现金流量表测试题，分别如图 12-27 和图 12-28 所示。

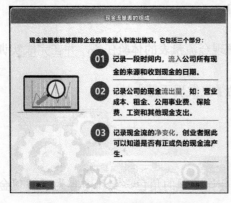

图 12-23　现金流量表的组成

图 12-24　填写现金流量表

图 12-25　对经济活动进行分类

图 12-26　填写经营活动产生的现金流量表

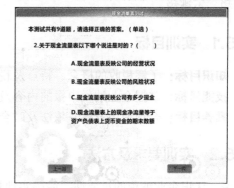

图 12-27　现金流量表和利润表的对比分析

图 12-28　现金流量表测试题

12.4.4　知识链接

1．名词列表

> 未分配利润：是企业未作分配的利润。它在以后年度可继续进行分配，在未进行分配之前，属于所有者权益的组成部分。

> 经营活动现金流量：是指企业投资活动和筹资活动以外的所有的交易和事项产生的现金流量。它是企业现金的主要来源。经营活动现金流入的主要项目包括：（1）销售商品、提供劳务收到的现金；（2）收到的税费返还；（3）收到的其他与经营活动有关的现金。经营活动现金流出的主要项目包括：（1）购买商品、接受劳务支付的现金；（2）支付给职工以及为职工支付的现金；（3）支付的各项税费；（4）支付的其他与经营活动有关的现金。

> 投资活动现金流量：指企业长期资产（通常指一年以上）的购建及其处置产生的现金流量，包括购建固定资产、长期投资现金流量和处置长期资产现金流量，并按其性质分项列示。

> 融资活动现金流量：指导致企业资本及债务的规模和构成发生变化的活动所产生的现金流量。

2．书籍推荐

宋娟，北京慧运会计师事务所．财务报表分析从入门到精通 [M]．北京：机械工业出版社，2010．

12.4.5 实训总结

> 现金流量表由哪三部分组成？
> 企业发生的经济活动可以分为哪三类？
> 现金流量表与利润表有何联系？

12.5 企业纳税

税收是政府最主要的收入形式，企业需要缴纳的税收涉及流转税和企业所得税。税收具有"强制性""无偿性""固定性"的特点。企业应依法及时做好纳税申报工作，不偷税、不漏税、不逃税。

12.5.1 实训目标

知识目标：了解税收的概念、特点及税收的分类。
技能目标：掌握企业纳税申报的内容及要求，对涉税账簿进行管理。
素养目标：合理使用发票，依法及时合理纳税，不偷税、不漏税、不逃税。

12.5.2 实训要求及方法

> 认识企业纳税的重要性，明确实训目的；
> 实训前须对企业纳税有所了解；
> 实训中通过扮演会计助理的角色完成企业纳税的体验任务，并在完成实训任务的基础上，填写实训总结；
> 实训指导教师对学生实训进行点评，帮助学生发现不足之处。

12.5.3 实训情景与实训流程及内容

1. 实训情景

此次实训以虚拟企业环境为实训场所，扮演会计助理的角色，实训内容为了解企业纳税。实训场景模拟图如图 12-29 所示。

图 12-29　实训场景模拟图

2. 实训流程及内容（表12-7）

表12-7　实训流程及内容

序号	实训流程	实训内容
1	了解企业纳税基础知识	（1）查看企业税务会计岗位说明书：工作内容包括抄税、抵扣、申报税款、税款交纳、发票的领购及使用、管理性工作 （2）了解税收的基本内涵：税收是国家为满足社会公众需要，凭借公共权力，按照法律所规定的标准和程序，参与国民收入分配，强制地、无偿地取得财政收入的一种方式。税收具有："强制性""无偿性""固定性"的特点 （3）了解税收的分类。按征税对象划分，可分为：流转税、所得税、财产税、资源税和行为税。按税收征收权限和收入分配权限划分，可分为：中央税、地方税和共享税。按计税标准划分：可分为从价税、从量税和复合税
2	熟悉企业纳税事项	（1）设置与管理涉税账簿：包括账簿管理；登记涉税业务账簿；编制税务报表及保管涉税资料等内容 （2）纳税申报：了解纳税申报对象；办理纳税申报时，应提供的证件及资料；纳税申报的方式、纳税申报期限及税款缴纳的方式 （3）熟悉减免税：了解减免税的概念及减免税的具体形式；税基式减免；税率式减免和税额式减免
3	认识并管理发票	（1）了解发票的种类及使用：增值税专用发票、普通发票和专业发票 （2）领购发票的手续：需要领购发票的单位和个人，应当持税务登记证件、经办人身份证明、按照国务院税务主管部门规定式样制作的发票专用章的印模，向主管税务机关办理发票领购手续 （3）做税收测试题，了解自己的掌握情况
4	实训小结	对企业纳税的内容及流程进行复习，答疑总结

3. 实训示例

如下列举了在实训过程中的实训内容截图：首先，了解税收的分类，如图12-30所示；接着熟悉企业纳税事项，设置与管理涉税账簿，包括账簿管理等，如图12-31所示；了解领购发票的手续，如图12-32所示，并参加企业纳税测试题，如图12-33所示。

图12-30　税收的分类

图12-31　账簿管理

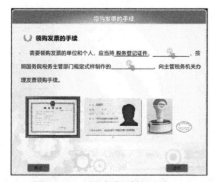

图12-32　领购发票的手续

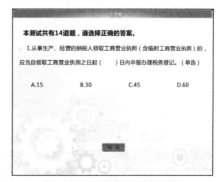

图12-33　企业纳税测试题

12.5.4 知识链接

1．税款征收
- 纳税人、扣缴义务人计算错误等失误，3年内追征，有特殊困难的，追征期5年。
- 税务机关的责任，使纳税人、扣缴义务人未缴或者少缴税款的，3年内征收。
- 抗税，偷税骗税的，税务机关可无限期追征。

2．税务检查
- 税务检查的机构。根据《中华人民共和国税收征收管理法》的规定，有权进行税务检查的机构是税务机关。
- 税务检查的概念。税务检查又称纳税检查，是指税务机关根据税收法律、法规的规定，对纳税人、扣缴义务人履行纳税义务和扣缴义务的情况进行的审查监督活动。作为纳税人、扣缴义务人，应积极配合税务机关的检查活动，应该对税务检查的机构、检查范围及应承担的义务有所了解。
- 税务检查的范围（一）。检查纳税人的账簿，会计凭证、报表和有关资料，检查扣缴义务人代扣代缴、代收代缴税款相关账簿、会计凭证和有关资料。
- 税务检查的范围（二）。到车站、码头、机场、邮政企业及其分支机构检查纳税人托运、邮寄应纳税商品、货物或者其他财产。

3．书籍推荐

李大军．纳税模拟实务 [M]．北京：清华大学出版社，2017．

12.5.5 实训总结

- 税收具有哪些特点？税收分为哪几类？
- 企业纳税申报的流程有哪些？
- 发票的种类有哪些？如何领购发票？

综合篇

- 项目13 创业企业经营

项目 13

创业企业经营

创业是一个由具体的想法、点子开始,经过评估论证,到创业规划,再到项目实际运营的过程。本篇将结合创业体验平台,讲述智能制造虚拟企业创业过程,同时介绍创业基础知识和运营知识,建立创业知识整体框架。

1. 企业基本构成

主要由采购部、生产部、市场部、仓储部、人事部、研发部、电商部以及财务部等部门构成。

采购部的主要职责为物料采购以及物流方式选择,其主要关注点:物料及时和足额供应;成本控制。

生产部的主要职责为生产线搭建、生产计划制定、物料申请以及生产任务调整等,其主要关注点:市场导向;生产适销对路的产品。

市场部的主要职责为市场开发、广告投入、订单谈判、订单接取以及投标等,其主要关注点:提高销售利润率。

仓储部的主要职责为物料出入库以及生成采购建议单等,其主要关注点:出入库的优先级;库存管理。

人事部的主要职责为生产人员、研发人员以及营业员的招聘与解聘等,其关注点:科学合理地进行人员规划;最大化人员效益。

研发部的主要职责为新品研发和资质研发,其关注点:在做出研发决策时需要综合考虑产品的市场需求、产品收益、可能竞争对手和企业资源条件等因素。

电商部的主要职责为网店注册、商品挂售、货物调拨和提升关注度等,其关注点:平衡售价与销量的关系;最大化电商收入。

财务部的主要职责为银行借贷、投资以及现金流水查看,其关注点:现金流;做好资金规划;避免资金链中断。

图 13-1 展示了创业体验平台中的智能制造虚拟企业基本构成。

图 13-1 智能制造虚拟企业基本构成

2. 企业经营过程

智能制造虚拟企业经营过程大致为:机会选择与评估——创业规划——融资——人员

招聘——研发设计——设备购建——生产计划制定——物料申请——生产采购——采购入库——生产出库——产品生产——产品入库——营销(电子商务)——销售出库——货款结算——经营分析与策略调整优化。图13-2所示为创业体验平台中的智能制造虚拟企业创业流程。

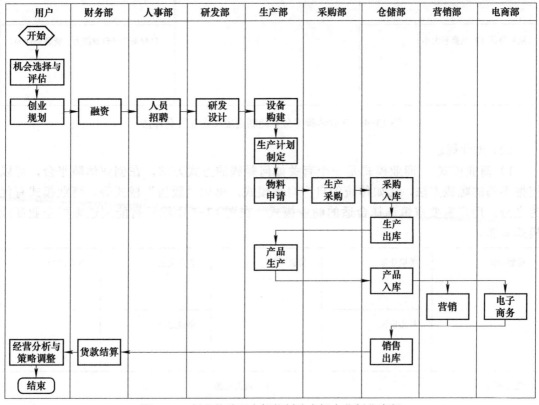

图13-2　创业体验平台智能制造虚拟企业创业流程

(1) 机会选择与评估

创业体验平台智能制造虚拟企业可以生产不同类型的产品,不同的产品组合有着不同的利润和收益,因而也就形成了不同的机会。在选择机会时,需要综合考虑市场需求、竞争对手以及产品利润等诸多因素。不同产品组合形成不同创业机会如图13-3所示。创业体验平台智能制造虚拟企业机会评估如图13-4所示。

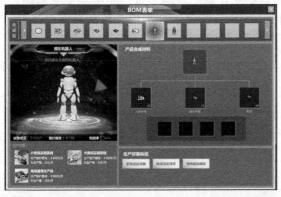

☞ 在平台,可以生产多种产品,不同产品组合,其收益有所差异,因而不同产品组合形成了不同的创业机会。但机会选择不能只考虑产品可能的利润,还需考虑可能的竞争对手,竞争对手过多,势必会抢占有限市场份额,最终影响企业赢利。

图13-3　不同产品组合形成不同创业机会

市场分析（有无市场）	所选机会	竞争分析（市场竞争状况）
赢利分析（产品赢利大小）		自身条件（自身能力、资源条件等）

图 13-4　创业体验平台智能制造虚拟企业机会评估

（2）创业规划

1）商业模式　商业模式是一个有关如何赚钱的方式方法，在创业体验平台，可以挖掘不同的赚钱方法，比如传统的自产自销模式，再如"贩售"模式等。商业模式有优劣之分，用户需要审慎选择合适的商业模式。在图 13-5 中编写智能制造虚拟企业商业模式画布。

重要合作	关键业务	价值主张	客户关系	客户细分
	核心资源		渠道通路	
成本结构		收入来源		

图 13-5　智能制造虚拟企业商业模式画布

2）创业计划　创业计划是一个回答"做什么""为什么做""怎么做""为什么是我们做""风险应对"等问题的文件。通过编写创业计划，有助于进一步梳理创业思路，明确创业目标和方向，达成创业共识。在图 13-6 中编写智能制造虚拟企业简易创业计划。

1. 做什么 （提供什么产品/服务）	2. 为什么做 （市场分析、竞争分析、赢利分析等）	3. 怎么做 （生产/服务流程、营销模式）	4. 自身优势 （如人员、运作模式优势等）	5. 风险应对 （可能遇到的风险以及应对措施）	6. 发展预测 （财务预测、发展展望等）

图 13-6　智能制造虚拟企业简易创业计划

(3) 资源整合——融资

融资能为企业扩大生产提供有力支撑。在平台，有不同的贷款方式供选择，其中每种贷款的贷款时间、期限以及利息等都不同。但融资并非越多越好，需要根据企业实际情况做出恰当的融资决策。

☞ 在平台，有不同贷款方式，如创业贷款、商业贷款等，如图 13-7 所示，用户需要根据各种贷款的特点，选择合适的贷款类型和贷款期限，最大化降低融资成本。

图 13-7　贷款方式介绍

(4) 人员招聘

人员招聘主要是为了保障企业正常运营。在平台，主要招聘的人员有营业员、生产人员以及研发人员三类，每个级别公司的人员规模有上限，需要根据企业发展情况，合理确定人员数量、结构并加以动态调整，以达到满足企业业务发展需求的同时实现人员精简和人员效益最大化的目标。

☞ 根据企业发展规划和要求，确定各类人员数量、结构，并根据实际情况的变化进行动态调整，实现人员效益最大化，如图 13-8 所示。

图 13-8　人力资源情况介绍

(5) 研发设计

研发活动有助于增强企业赢利能力。在平台，低、中、高端产品的利润有所不同，高端产品的利润大于中低端产品，但中高端产品需要通过研发相应的技术才能生产。尽管低中高端产品的利润有所差别，但研发决策的做出不能只考虑到产品利润，还需要考虑到市场需求情况、可能的竞争对手以及企业的资源条件等因素。

如果市场需求规模较小并有多个竞争对手抢占有限的市场份额，那么即使产品的利润再高，也可能因为接不到市场订单，无法提升企业整体利润。另外，通过研发设计来生产中高端产品，会带来一系列连锁反应，会增加企业整体支出，例如研发费用的增加、设备购置费用的增加、采购费用的增加、市场开发费用的增加等，因此，需要从企业可用的资源条件来综合考虑企业研发活动。

在平台，可以进行不同类型的技术研发和资质研发，用户需要综合考虑市场需求情况、可能的竞争对手以及企业的资源条件等诸多因素，做出研发决策，应避免盲目进行研发设计，如图13-9所示。

图13-9　研发相关介绍

> **知识链接：研发决策需要考虑的因素**
>
> ①产品的市场潜力；②产品的收益性；③市场竞争力；④可利用的资源条件；⑤现有的技术水平和生产能力；⑥经销能力、销售渠道以及市场服务能力；⑦国家政策、法律法规等。

（6）设备购建

设备是生产活动的核心要素之一，任何生产都离不开一定的设备。在平台，有不同种类和不同规格的设备供选择。在选购设备时，不能只考虑设备的产能，还应考虑设备的灵活性和经济性等因素。

产能越高的设备意味着单位时间内的产品产量越多，也意味着能够在较短的时间内交付产品，在市场有充分需求的情况下能有效提高单位时间内的销量，增加企业利润。另外，市场需求是多样和多变的，在选购设备时应当考虑设备的灵活性，即所购设备能够生产不同类型的产品，增强市场的适应性。最后，设备的购建需要从经济性的角度来考虑，反复拆建生产设备会加大企业运营成本。

在平台，有不同类型、不同规格的设备供选择，在购建设备时综合考虑设备产能、灵活性、经济性等因素，如图13-10所示。

图13-10　设备购建相关介绍

> **知识链接：设备选择需要考虑的因素**
>
> ①生产效率，即单位时间内的产品产量；②可靠性，即设备性能或精度的保持性，运行的稳定性；③维修性，即易于检修、便于拆卸、互换性好；④耐用性；⑤安全性；⑥节能性；⑦经济性；⑧灵活性。

（7）生产计划制定

生产计划是企业生产活动的依据和指南。在制定生产计划的过程中，需要以市场需求为导向,生产适销对路的产品。为此,在制定生产计划前,首先需要对市场的需求产品、数量等进行预测,然后根据市场预测的结果、企业产品的库存情况,确定产品生产种类、数量以及具体的生产设备等内容。

在生产计划制定的过程中需要以市场为导向,生产适销对路的产品,如图 13-11 所示。

图 13-11 制定生产计划

知识链接:柔性生产理念

柔性生产即市场导向型的按需生产的先进生产方式,其特征是多品种、小批量。它是针对大规模生产的弊端而提出的新型生产模式,目的是使生产系统能对市场需求变化做出快速的适应,增强企业的灵活性和应变能力。

(8)物料申请/申购

生产计划确定后,需要根据生产计划的安排,申请所需物料。当仓库所需物料的库存不足时,则需另外采购。

(9)生产采购

生产采购主要是为了保障企业生产活动有序正常进行。在采购前,首先需要明确具体需求(如物料名称、数量、规格以及需求时间等),在明确了具体的需求后,选择合适的供应商,进行物料采购,当采购到货后,由仓储部门接收货物。

1)供应商选择　明确采购需求后,需要根据所确定的需求选择供应商。在平台,有不同供应商供选择,各供应商的供货种类、价格、数量以及时间等都有所区别。在选择供应商时,应综合考虑供应商的供应能力、价格等因素。

在平台,有不同类型的供应商供选择,在实际选择供应商时,需要考虑各供应商的供应能力、价格等因素,如图 13-12 所示。

图 13-12 供应商的选择

知识链接：供应商选择标准

在选择供应商时，应着重考虑以下几点：质量、成本、技术水平、供应能力、交货的及时性与准确性、整体服务水平、地理位置和供应商的财务情况等。

2）采购　根据生产部门的物料申请，实施采购活动。需要保证生产物料的及时供应和数量的充足。采购时间不及时、数量不充足，势必影响到企业的正常生产，一方面会因为没法足额生产造成产能浪费，另一方面也会因为生产产品数量减少，无法按时交货，给企业造成重大违约成本（既有经济上的、也有声誉方面的），另外产品生产较少，在市场需求旺盛时会丧失市场机会，丧失市场份额，影响企业进一步发展。

采购需要做到时间及时、数量充足，如图 13-13 所示。

图 13-13　采购情况介绍

知识链接：采购 5R 原则

采购的基本原则，即适时（Right Time）、适质（Right Quality）、适量（Right Quantity）、适价（Right Price）、适地（Right Place）地从供应商手中买到生产所需要的材料。

3）供应物流选择　供应物流是指原材料、零部件或其他物品从供应地向接收地的实体流动过程。在平台，有空运、公路快运、铁路快运等不同物流方式供选择，不同的运输方式，其运输价格、保险费率以及到货时间都不同，其中价格最贵和最快的是空运、其次是公路、最后是铁路。在选择供应物流方式时，需要综合权衡物料紧急程度、企业发展规划以及企业承受能力等多种因素。

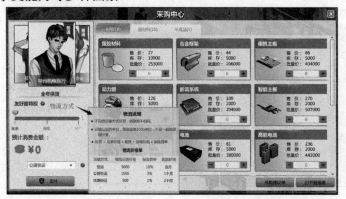

在平台，有不同物流方式供选择，需要综合权衡物料紧急程度、企业发展规划以及企业承受能力等多种因素加以选择，如图 13-14 所示。

图 13-14　供应物流选择

知识链接：物流方式选择基本原则

①安全性，即运输货物、设备以及人身的安全；②准确性和及时性，即货物准确及时地到达；③经济性，即运输成本低。

4）成本控制　对于制造型企业，物料成本占了整个产品成本的绝大部分，约 60% 以上，创业者需要着手降低物料成本，以增加企业利润。在平台，同一种物料有不同供应商供应，不同供应商在售价方面有所不同，应根据供应商的特点，选择性价比高的物料。在每年的特定月份，平台某些供应商有特价物料售卖，在这些时间点可以于这些供应商处购买材料。另外，也可以通过批量采购的方式采购物料，以获得一个相对实惠的批量价格。需要注意的是在采用批量的采购方式时，需要考虑到企业资金情况，大批量采购物料会大量占有企业资金，可能会造成企业资金链的中断；另外还需考虑企业的库存情况，在企业仓储能力不足的情况下，物料无法入库。最后成本控制还需恰当地选择物流方式，降低物流费用。

（10）采购入库

当采购货物到货需要入库时，需要注意企业有无充足库存空间，如果企业没有充足库存空间，则无法进行入库。因此，需要合理规划、利用企业库存，保障企业仓储活动有序进行。

在平台，企业库存容量有限，在进行入库操作时，需要预留出充足库存空间，否则无法入库，如图 13-15 所示。

图 13-15　采购入库

（11）生产出库

当采购的生产物料入库后，根据物料申请，进行出库。在生产出库的过程中，需要根据生产的紧急程度，优先安排物料出库顺序，保障紧急生产任务的物料需求。

在平台，当有多条生产出库任务时，需要优先安排紧急生产任务的物料出库，如图 13-16 所示。

图 13-16　物料出库

（12）产品生产

在产品生产过程中，需要对生产的作业过程进行管控，以保障生产任务能按时保质保量地完成。在平台，系统自动管控生产过程。

在平台，如有紧急任务需要插单生产，可在生产管理界面进行生产任务调整，如图 13-17 所示。

图 13-17　生产管理

知识链接：生产作业控制

生产作业控制，即按照既定的目标、计划和标准，通过监督和检查生产活动的进展情况，及时发现偏差，找出原因，采取措施，以保证生产计划目标实现的过程，包括进度跟进、制程检验和成品检验等。

（13）产品入库

当产品产品出来后，需要对产品进行入库。在产品入库时，需要注意仓库有无充足库存空间来存储产品，当仓储无充足库存空间时，产品无法入库。为此，需要做好规划，预留出足够的空间来存储产品。

在平台，企业库存容量有限，在进行产品入库时，需要保证仓库有充足容量。产品入库如图 13-18 所示。

图 13-18　产品入库

（14）销售

企业是以赢利为目的的经济组织，而销售是实现企业赢利不可缺少的环节，通过销售环节，企业把增值的产品/服务变现，从而实现了资金回流，获取了利润。

1）目标市场选择　目标市场即企业拟进入的市场。在平台，同一种产品，有不同市场供选择。在选择目标市场时，不仅需要考虑市场的需求规模、利润空间等，还需要综合考虑市场开发费用、企业承受能力等因素。

在平台，有不同细分市场供选择，在选择目标市场时，不仅需要考虑市场的利润空间还需要考虑企业市场开发的承受能力，如图13-19所示。

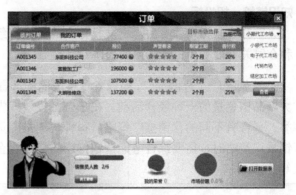

图 13-19　选择目标市场

2）销售渠道开发　　销售渠道，即产品从生产者向消费者转移所经过的通道或途径。在平台，有不同的销售渠道供选择，如市场上接取订单、投标以及电子商务等，分别如图13-20、图13-21和图13-22所示。不同的销售渠道，其需求规模、利润等有所不同。用户需要根据企业实际经营的状况，合理使用各种销售渠道，以最大化利润。

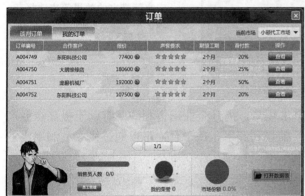

图 13-20　订单接取

图 13-21　投标

图 13-22　电子商务

知识链接：招投标

一种因招标人的要约，引发投标人的承诺，经过招标人的择优选定，最终形成协议和合同关系的平等主体之间的经济活动过程。

3）营销推广　营销推广，即以各种手段向顾客宣传产品，以激发他们的购买欲望和行为，扩大产品销售量的一种经营活动。在平台，投放广告能增加订单数量和质量，也能提高公司声誉。平台有不同的营销推广策略，每种营销推广策略的费用、效果有所不同，用户在选择营销推广策略时，需要综合考虑营销推广的目的、企业承受能力以及营销推广实际带来的效果等。

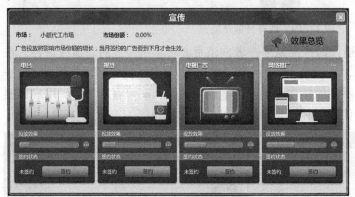

☞　在平台，有电台、报纸、电视和网络等不同宣传手段，需要综合考虑营销推广的目的、企业承受能力以及营销推广实际带来的效果等来选择营销推广方式，如图13-23所示。

图13-23　营销推广

4）销售利润率提升　销售是企业的产出环节，提升企业销售利润率有助于提高企业产出。因此，在产品销售环节，需要关注产品销售利润率。在平台，可以通过接取利润率高的优质订单、订单谈判等手段提高产品销售利润率。

在平台，订单价格谈判有助于提升订单利润率，除了可以谈价格，还可以谈时间和付款方式，如图13-24所示。

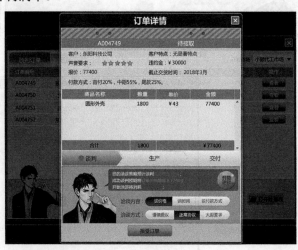

图13-24　订单价格谈判

（15）销售出库

销售订单生成后，需要按时交付订单，否则会扣除违约金和声誉。在销售出库时，如有多条订单待交付，需要注意紧急订单的交付，即优先交付临近到期的订单。

☞ 销售出库需要注意订单交付的优先级，优先交付临近到期的订单，如图 13-25 所示。

图 13-25　销售出库

（16）货款结算

产品成功交付后，系统会自动结算货款，如图 13-26 所示。这一过程中，需要清楚企业收支情况，即企业每月开支总额以及开支分布、每月收入总额以及收入来源等。把握企业各方面的收支情况有助于合理使用资金，同时也有助于做好资金规划，适时做出扩张决策，提升企业赢利能力，避免盲目扩张带来的资金链中断。

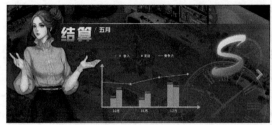

图 13-26　货款结算

知识链接：资金链

资金链即维系企业正常运转所需要的循环资金链条，即现金——资产——现金（增值）的循环。企业是通过向顾客提供产品/服务来获利的，企业把大量资金投入到产品生产和销售等活动中，如果企业生产的产品销售不出去，在企业资金有限而又没有外部资金注入的情况下，会出现资金链中断，导致企业没有资金调整生产，并陷入恶性循环：已生产的产品销售不出去、新产品生产不出来，而每月的固定支出都需要支付，最终导致企业倒闭。

防止资金链断裂：①外部资金投入；②资产/产品的变现能力，即企业生产的产品都销售出去，资金回流；③保存适当的流动资金。

3．经营分析与策略调整

（1）数据记录与行为记录

主要包括订单执行情况表、采购单执行情况表、生产任务执行情况表、库存余额情况表、月度报表，如图 13-27 所示，以及行为记录等。

1）订单执行情况表　订单执行情况表对订单接取时间、报价、订单状态等进行了详细记录。通过订单执行情况表，可以了解企业订单接取情况，以及订单是否交付、尾款是否结清等信息。

图 13-27 数据记录

2）采购单执行情况表　采购单执行情况表详细记录了每笔采购单的采购数量、采购价格、采购时间、到货时间以及采购货物状态（在途、已到货、已入库等）等信息。

3）生产任务执行情况表　生产任务执行情况表详细记录了各条生产任务的生产数量、生产时间以及生产状态，通过生产任务执行情况表，可以了解每条生产任务的生产进度、耗时等信息。

4）库存余额情况表　库存余额情况表反映了仓库各项存货的现有存量、预计交货、预计领料、未入库、预计生产、在途和预计库存等各方面的信息。通过库存余额情况表，可以及时把握仓库各种存货的库存情况。

5）月度报表　月度报表详细记录了企业收入情况以及支出情况。通过月度报表，可以把握企业资金流入与流出信息。

6）行为记录　平台实时记录企业模拟经营过程中的各项经营决策，并支持行为记录导出。通过行为记录，用户可以全面了解企业经营决策做出的全过程，如图 13-28 所示。

图 13-28 行为记录

（2）经营分析与行为分析

主要包括绩效分析、竞争力分析、采购分析、生产分析、市场分析、人力资源分析以及行为分析等。

1）绩效分析　即投入产出分析，在平台主要衡量指标为净资产。企业净资产由现金、固定资产、应收款以及未收回的投资等构成，经过一段时间的经营之后，净资产与初始资金的比值就展现了企业的赢利能力。

2）竞争力分析　在平台，衡量企业竞争力的指标主要有声誉，即企业的综合影响力和社会认可度，它体现着一个企业竞争力的大小，其中声誉高的企业，更能在市场上接取到优质的订单。而企业声誉的取得主要来源于成功交付订单以及广告投入等。

3）采购分析　采购分析的主要内容包括：采购是否能及时有效地满足生产活动的需要，如果不能及时足额供应物料势必会影响企业生产活动有序正常进行；成本控制，在平台衡量采购成本大小的指标主要有采购溢价率，即以市场参考价为依据，衡量企业采购支出的指标。其中，采购溢价率越高，意味着支付了越多的采购费用，如图 13-29 所示。

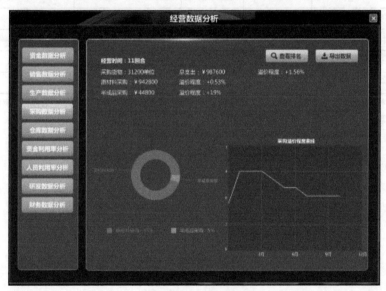

图 13-29　采购分析

4）生产分析　生产分析的内容主要包括：是否生产适销对路的产品，如果企业生产的产品大量积压，会大量占用企业资金，影响企业资金回流；最大化利用生产线，在平台衡量企业生产线使用与闲置情况的指标主要是生产线利用率，其中，生产线利用率越高意味着企业生产线越得到充分地利用。

5）市场分析　市场分析的主要内容包括：销售渠道分析，即是否合理利用各种销售渠道，扩大产品的销路和销量；营销推广分析，即是否合理利用各种广告策略，助推企业产品的销售；销售利润率，衡量企业产品整体利润率的指标，在同等条件下，销售利润率越高，企业赢利能力越强。

6）人力资源分析　人力资源分析的主要内容包括：人力资源数量分析，即企业人员数量是否能满足企业业务发展的需要；人力资源结构分析，即企业人力资源结构是否与企业业务发展状况相适应；人力资源管理成效分析，在平台，衡量企业人力资源管理成效的指标主要是人员利用率，它反映企业人员使用与闲置情况。

7）行为分析　在详细记录用户经营行为的基础上，通过大数据分析形成用户行为分析报告,支持行为分析报告导出。主要包括采购、电子商务、产品研发、市场、履约情况、生产产值占比、生产线利用、银行贷款以及公司级别等内容。

(3) 策略调整与优化

在经营数据分析与行为分析的基础上,通过横向对比(即与其他人的经营数据对比)和纵向对比(即与自身的历史经营数据对比),有助于发现企业经营过程中可能存在的问题和不足,进而采取针对性措施,调整优化经营策略,让用户在实训操作——反馈——修正、调整循环往复的过程,不断提升创新创业能力。策略调整与优化表见表13-1。

表13-1 策略调整与优化表

维度	数值	对比值	差距	优化调整
绩效分析——净资产				
竞争力分析——声誉				
采购分析——采购溢价率				
生产分析——生产线利用率				
市场分析——销售利润率				
人力资源分析——人员利用率				

注:结合平台行为记录和行为分析报告,比较净资产、声誉、采购溢价率、生产线利用率、销售利润率以及人员利用率等指标,发现可能存在的问题,调整优化经营策略。

参考文献

[1] 约翰·贝赞特，乔·蒂德．创新与创业管理 [M]．牛芳，池军，田新，等译．2 版．北京：机械工业出版社，2013．

[2] 郎宏文，安宁，郝婷．创业管理——理论、方法与案例 [M]．北京：人民邮电出版社，2016．

[3] 唐纳德·F·库拉特科．创业学 [M]．薛红志，李静，译．9 版．北京：中国人民大学出版社，2014．

[4] 李家华，张玉利，雷家骕．创业基础 [M]．2 版．北京：清华大学出版社，2015．

[5] 张玉利，薛红志，陈寒松，等．创业管理 [M]．4 版．北京：机械工业出版社，2016．

[6] 刘沁玲，陈文华．创业学 [M]．北京：北京大学出版社，2012．

[7] 贺尊．创业学概论 [M]．2 版．北京：中国人民大学出版社，2015．

[8] 李时椿，常建坤．创业学：理论、过程与实务 [M]．2 版．北京：中国人民大学出版社，2016．

[9] 刘志阳，李斌，任荣伟，等．创业管理 [M]．上海：上海财经大学出版社，2016．

[10] 斯晓夫，吴晓波，陈凌，等．创业管理：理论与实践 [M]．杭州：浙江大学出版社，2016．

[11] 王延荣．创新与创业管理 [M]．北京：机械工业出版社，2015．

[12] 王卫东，黄丽萍．大学生创业基础 [M]．北京：中国水利水电出版社，2013．

[13] 鞠殿民，张金明，付忠臣．大学生创业基础教程 [M]．西安：西安电子科技大学出版社，2015．

[14] 汪军民，等．创新思维与创业逻辑 [M]．北京：高等教育出版社，2016．

[15] 郭占元．创业基础——理论应用与实训实练 [M]．北京：北京大学出版社，2014．

[16] 亚历山大·奥斯特瓦德，伊夫·皮尼厄．商业模式新生代 [M]．黄涛，郁婧，译．北京：机械工业出版社，2011．

[17] 王卓，李剑玲，丁杰．商业模式创新与评价研究 [M]．北京：知识产权出版社，2015．

[18] 林嵩．创业学：原理与实践 [M]．2 版．北京：清华大学出版社，2015．

[19] 孙洪义．创新创业基础 [M]．北京：机械工业出版社，2016．

[20] 龚荒．创业管理：理论、实训、案例 [M]．北京：机械工业出版社，2013．

[21] 杰弗里·蒂蒙斯，小斯蒂芬·斯皮内利．创业学案例 [M]．周伟民，吕长春，译．6 版．北京：人民邮电出版社，2005．

[22] 布鲁斯 R. 巴林格，R. 杜安·爱尔兰．创业管理：成功创建新企业 [M]．杨俊，薛红志，等译．3 版．北京：机械工业出版社，2010．

[23] 亚瑟 C. 布鲁克斯．社会创业：创造社会价值的现代方法 [M]．李华晶，译．北京：机械工业出版社，2009．

[24] 罗伯特 D. 赫里斯，迈克尔 P. 彼得斯，迪安 A. 谢泼德．创业学 [M]．蔡莉，葛宝山，译．9 版．北京：机械工业出版社，2017．

[25] 张计划，李亮．从零开始学采购 [M]．北京：化学工业出版社，2012．

[26] 王峰，李春富．采购管理实务 [M]．北京：人民邮电出版社，2015．

[27] 傅莉萍．仓储管理 [M]．北京：清华大学出版社，2015．

[28] 吴健安，聂元昆，郭国庆，等．市场营销学 [M]．北京：高等教育出版社，2017．

[29] 董克用，李超平．人力资源管理概论 [M]．4 版．北京：中国人民大学出版社，2015．

[30] 达雷尔·穆利斯，朱迪丝·奥洛夫. 世界上最简单的会计书 [M]. 黄屹，译. 北京：机械工业出版社，2013.

[31] 肖星. 一本书读懂财报 [M]. 杭州：浙江大学出版社，2014.

[32] 宣国萍，甘泉，赖丽娜. 企业纳税实务 [M]. 2版. 北京：高等教育出版社，2017.

[33] 库拉特科，霍杰茨. 创业学：理论、流程与实践 [M]. 张宗益，译. 6版. 北京：清华大学出版社，2006.

[34] 辛保平. 中国创业者十大素质 [J]. 科学投资，2003（9）：34-61.

[35] 马克·J. 多林格. 创业学：战略与资源 [M]. 王任飞，译. 3版. 北京：中国人民大学出版社，2006.

[36] Steve Mariotti, Caroline Glackin. 创业管理：创立并运营小企业 [M]. 彭代武，陈昀，译. 2版. 北京：电子工业出版社，2012.

[37] 谢科范，吴倩，张诗雨. 基于七维度分析的创业团队岗位配置与角色补位 [J]. 管理世界，2010（1）：181-182.

[38] 克里斯托弗·F. 阿川，罗伯特·N. 罗瑟尔. 卓越领导力：理论、应用与技能开发 [M]. 赵晓明，赵子倩，译. 4版. 北京：清华大学出版社，2010.

[39] Gupta, Vipin, MacMillan, et al. Entrepreneurial Leadership: Developing and Measuring a Cross-Culture Construct [J]. Journal of Business Venturing, 2004, 19（2）：241-260.

[40] 迈克尔·波特. 竞争战略 [M]. 司哲，陈丽芳，译. 北京：中信出版社，2014.

[41] Murphy, Patrick J. A 2×2 Conceptual Foundation for Entrepreneurial Discovery Theory [J]. Entrepreneurship Theory and Practice, 2011, 35（2）：359—374.

[42] 亚历山大·奥斯特瓦德，伊夫·皮尼厄. 商业模式新生代 [M]. 黄涛，郁静，译. 北京：机械工业出版社，2016.

[43] 纪慧生，陆强，王红卫. 商业模式设计方法、过程与分析工具 [J]. 中央财经大学学报，2010（7）：87-92.

[44] 王卓，李剑玲，丁杰. 商业模式创新与评价研究 [M]. 北京：知识产权出版社，2015.

[45] 张慧菲. 商业模式评估方法的比较研究 [J]. 市场周刊（理论研究），2014（1）：8-10.

[46] H. 伊戈尔·安索夫. 战略管理 [M]. 邵冲，译. 北京：机械工业出版社，2010.